U0894843

# PPP模式促进老龄产业发展研究

张 韬 /著

Research on PPP Model Promoting the Development of

# AGING INDUSTRY

中国财经出版传媒集团
经济科学出版社
Economic Science Press

# 序

郑功成①

伴随人口老龄化的加速发展和家庭保障功能的持续弱化，养老已经成为重大民生问题，并日益全面而深刻地波及到社会、经济等各个领域。一方面，我国老龄人口规模庞大且还在持续快速增长。2019 年末，我国 60 周岁及以上人口为 2. 54 亿人，占总人口的 18. 1%，其中 65 周岁及以上人口达 1. 76 亿人，占总人口的 12. 6%，预计“十四五”期间将由轻度老龄化进入中度老龄化阶段。另一方面，我国的生育率在持续下降，已跌破维持人口均衡增长的警戒线且以难以逆转的态势发展，户均人口不足 3 人，人口高流动性和人户分离现象常态化更使熟人社会转化成了陌生人社会，亲友相济、邻里互助等传统走向式微，我们正面临着“谁来为中国老人养老”的世纪难题。因此，“十四五”期间将是我国妥善应对老龄化的重要窗口期，寻求有效解决方案特别是促使老龄产业快速健康发展已经迫在眉睫。

尽管理论学术界对老龄化问题的研究日趋繁荣，有关老龄产业的理论与政策研究成果日益丰富，但传统思维定势和政策路径依赖依然强劲。我很高兴地看到张韬博士的新作《PPP 模式促进老龄产业发展研究》提供了一种新思路。该书在深入剖析我国传统老龄产业供给模式即公办养老机构存在的问题及成因基础上，提出了现代老龄产业新模式，即政府与社会资本合作（PPP）模式，并对这一模式进行了深入的理论探讨。该书的创新之处是基于当前经济学界最新的理论视角，从供给侧和需求侧对我国发展中的老龄产

① 郑功成：全国人大常委会委员、中国社会保障学会会长、中国人民大学教授。

业进行了实证研究，并对养老产业运作的 PPP 模式类型作出了新的概括。作者所提供的方法论基础和价值观判断，其逻辑体系符合理论创新的范式标准，所提出的对策建议具有较高的理论价值和实践指导意义。

党的十九届五中全会和第十三届全国人大四次会议审议通过的《中华人民共和国国民经济和社会发展第十四个五年规划和 2035 年远景目标纲要》已经将积极应对人口老龄化上升为国家战略，这预示着国家将自“十四五”时期开始全面加快老龄产业特别是养老服务业的发展步伐。在这一进程中，任何依靠单方面力量都不可能解决好我国的养老问题。只有在进一步强化政府责任的同时，充分调动市场主体和社会力量及个人、家庭的积极性，实现养老责任合理分担，促使老龄产业朝着多元化、多层次化方向发展，才能全面有效地应对老龄化，并使老年人安享幸福晚年。PPP 模式正是将上述主体有机结合的有益探索，完全有可能成为服务老年人的一种重要机制，进而为我国应对人口老龄化巨大压力和挑战作出应有的贡献。

谨以此序祝贺《PPP 模式促进老龄产业发展研究》公开出版!

**2021 年 3 月 18 日于北京**

# 前言

"银色浪潮"势不可挡，随着老年人口占总人口比例的不断上升，人口老龄化已经发展成为一个全球性问题，世界各国普遍面临着愈来愈严峻的老龄化形势。而我国由于人口基数大，老年人口增长速度快，自20世纪末就进入人口快速老龄化的发展阶段，成为全球人口老龄化速度最快的国家之一，而这必然会对我国的社会经济发展带来深刻的影响，对养老保障制度和为老服务体系的建设提出更高的要求。在此背景下，一种新兴的综合性产业——老龄产业应运而生，它是指由企业、社会组织和个人根据市场需求提供的专门针对老年人的产品和服务的集合。大力发展老龄产业，不仅是有效应对人口结构老化引起的市场变动的必然举措，更是缓解我国人口老龄化问题、推动养老服务体系发展和深化社会主义市场经济体制改革的长久之计。

公共部门和私营部门结成合作伙伴关系的PPP模式，作为一种利益共享和风险分担的合作机制，可以将公共部门和私营部门的优势相结合，有效地解决公共产品和服务供给中存在的资金、技术、管理等方面的问题，正逐渐受到世界各国尤其是发达国家的青睐，成为公共物品供给的新模式。将PPP模式引入老龄产业的发展之中，不仅能有效增加养老事业的资金投入，提高养老服务水平，满足老年人日益多元的养老服务需求，还将在优化老龄产业供给结构、丰富养老服务市场等方面发挥重要作用。

本书以老龄产业为研究对象，将PPP模式引入老龄产业的发展和建设中，尝试以PPP模式的自身优势和先进经验更好地推动老龄产业的发展。以人口老龄化问题为切入点，通过对相关数据的分析，介绍了20世纪以来我国和发达国家及地区的人口老龄化现状，从经济学的角度分析了研究老年问题的意义。基于对国内外相关文献资料的梳理，从供给侧和需求侧两个方面概述了我国老龄产业的发展情况。通过对公共产品理论、产权理论、委托—代理理论、契约理论的阐释分析和 PPP 模式相关概念的综述，以及介绍国外 PPP 模式进入老龄产业的情况，分析了 PPP 模式进入老龄产业的具体实践。在借鉴国外养老服务体系的基础上，探讨了我国养老服务体系建设问题。针对国内外新的养老技术、理念和政策进行研究之后，以福建省闽清县为例，探讨了混合福利视角下养老服务政策。最后，结合我国的实际情况，提出了促进 PPP 模式更好地应用于我国老龄产业发展的对策建议，包括明确定位，做好老龄产业发展规划；健全法律，完善政策扶持体系；加强管理，规范老龄产业的服务标准和定价机制；完善监督，建立养老机构的行业评估和社会评议机制；依托技术，拓展养老服务发展新思维；积极引导，提高老年人的有效消费需求。

# 目 录


**第一章 中国老年问题的现状、背景** …… 1

一、20 世纪以来发达国家老龄化情况 …… 1

二、发达国家人口老龄化现状 …… 3

三、中国人口老龄化现状 …… 14

四、文献综述 …… 18

五、研究方法 …… 28

六、研究思路 …… 28

七、创新与不足之处 …… 29

**第二章 从经济学角度研究老年问题的意义** …… 30

一、人口老龄化对经济社会的影响 …… 30

二、应对人口老龄化挑战的基本对策与思考 …… 39

**第三章 中国老龄产业概述** …… 49

一、中国老龄产业供给侧情况 …… 49

二、中国老龄产业需求侧情况 …… 56

三、老龄产业供给模式 …… 59

**第四章 PPP 模式进入老龄产业现状和问题** …… 63

一、PPP 模式进入老龄产业的理论基础 …… 63

二、国外 PPP 模式进入老龄产业的情况 …… 68

三、我国引导 PPP 模式进入老龄产业的必要性 …… 86

**第五章　引导 PPP 模式进入老龄产业的实践** …… 89

一、PPP 模式的相关概念 …… 89

二、PPP 模式的养老产业运作模式 …… 92

三、PPP 模式进入老龄产业的新业态 …… 102

四、PPP 模式进入老龄产业实践存在的问题 …… 120

五、实证分析——以甘肃、宁夏、青海、江苏四省区为例 …… 126

**第六章　养老服务体系建设** …… 135

一、养老服务体系概念 …… 135

二、国内养老服务体系建设和发展 …… 149

三、国外养老服务体系建设及经验借鉴 …… 161

**第七章　新的养老技术、理念和政策探讨** …… 180

一、智慧养老 …… 180

二、医养结合 …… 193

三、长期照护 …… 212

四、以房养老 …… 229

**第八章　混合福利视角下养老服务政策研究** …… 244

一、问题的提出 …… 244

二、混合福利下养老服务社会多元主体结构 …… 245

三、地域性养老服务模式 …… 247

四、闽清县现行政策工具和养老现状 …… 255

五、四种地域性养老模式的对比 …… 263

六、结论与支持性社会环境不足探讨 …… 266

七、养老服务政策执行的优化路径 …… 268

**第九章　PPP 模式在老龄产业中的作用提升建议** ········ 272
一、明确定位，做好老龄产业发展规划 ········ 273
二、健全法律，完善政策扶持体系 ········ 277
三、加强管理，规范老龄产业的服务标准和定价机制 ········ 283
四、完善监督，建立养老机构的行业评估和社会评议机制 ········ 287
五、依托技术，拓展养老服务发展新思维 ········ 290
六、积极引导，提高老年人的有效消费需求 ········ 293

**参考文献** ········ 296

# 第一章　中国老年问题的现状、背景

## 一、20 世纪以来发达国家老龄化情况

进入 20 世纪后，欧洲国家的出生率普遍下降，20 世纪 20 年代以后的英国和德国相继成为老年型人口国家。1940 年，全世界 65 岁及以上老年人口所占比重超过 7% 的国家有：法国、瑞典、挪威、英国、德国、爱尔兰、瑞士、荷兰、奥地利、比利时、丹麦等国，其中，除了挪威和瑞士外，其他各国后来都成为欧盟成员国。由于这一时期欧洲国家出生率的下降比较缓慢，人口老龄化的进程也十分缓慢。到 20 世纪中叶，避孕技术在发达国家得到了发展，从而加快了欧洲国家生育率的下降和平均预期寿命的不断延长。1950 年，欧洲 65 岁及以上老年人口比重上升到 8.7%。20 世纪后半期以后，由于欧盟各国的总和生育率的不断下降和死亡率的下降，导致人口老龄化的速度加快。1960 年，法国、德国和瑞典等国 65 岁及以上老年人口所占比重均超过 10%；1970 年又都上升到 12% 以上①。从 70 年代开始，联邦德国、法国、英国、意大利、瑞典等主要欧盟国家的总和生育率低于维持出生和死亡平衡的更替水平（见表 1－1），而且逐年递减，从而使人口老龄化程度不断加重。

---

① World Bank, World Population Projection, 1909－2150, 1994. 河野稠果译. 世界人口长期预测 1990－2150（日译本），东洋书林，1994.

表 1－1　欧盟主要国家总和生育率的变化

| 年份 | 德国 | 法国 | 英国 | 意大利 | 西班牙 | 荷兰 | 葡萄牙 | 比利时 | 瑞典 |
|---|---|---|---|---|---|---|---|---|---|
| 1950～1955 | 2.08 | 2.73 | 2.18 | 2.32 | 2.57 | 3.06 | 3.05 | 2.34 | 2.21 |
| 1955～1960 | 2.32 | 2.71 | 2.50 | 2.35 | 2.75 | 3.09 | 3.04 | 2.51 | 2.23 |
| 1960～1965 | 2.48 | 2.85 | 2.82 | 2.55 | 2.89 | 3.12 | 3.09 | 2.66 | 2.33 |
| 1965～1970 | 2.33 | 2.61 | 2.52 | 2.49 | 2.93 | 2.74 | 2.86 | 2.34 | 2.12 |
| 1970～1975 | 1.62 | 2.31 | 2.04 | 2.27 | 2.89 | 1.97 | 2.76 | 1.94 | 1.89 |
| 1975～1980 | 1.44 | 1.86 | 1.72 | 1.92 | 2.63 | 1.58 | 2.42 | 1.71 | 1.65 |
| 1980～1985 | 1.36 | 1.87 | 1.80 | 1.55 | 1.83 | 1.51 | 1.99 | 1.59 | 1.66 |
| 1985～1990 | 1.38 | 1.85 | 1.80 | 1.45 | 1.70 | 1.45 | 1.75 | 1.55 | 1.65 |
| 1990～1995 | 1.43 | 1.84 | 1.80 | 1.85 | 1.65 | 1.47 | 1.70 | 1.60 | 1.65 |
| 1995～2000 | 1.50 | 1.85 | 1.82 | 1.80 | 1.70 | 1.50 | 1.75 | 1.70 | 1.70 |
| 2000～2005 | 1.60 | 1.87 | 1.85 | 1.80 | 1.75 | 1.55 | 1.80 | 1.75 | 1.73 |
| 2005～2010 | 1.60 | 1.90 | 1.87 | 1.85 | 1.80 | 1.60 | 1.85 | 1.80 | 1.75 |
| 2010～2015 | 1.70 | 1.90 | 1.90 | 1.90 | 1.85 | 1.65 | 1.90 | 1.80 | 1.78 |
| 2015～2020 | 1.70 | 1.90 | 1.90 | 1.90 | 1.90 | 1.70 | 1.90 | 1.80 | 1.80 |
| 2020～2025 | 1.70 | 1.90 | 1.90 | 1.90 | 1.90 | 1.70 | 1.90 | 1.80 | 1.90 |

资料来源：United Nations，World Demographic Estimates and Projections，1950－2025，New York，1989. 河野稠果译．世界人口预测数据 1950－2025 年（日译本）．原书房，1990.

综上所述，欧盟的人口老龄化是人口发展到一定阶段后出现的一种不可避免的趋势，它标志着经济的发展和进步。因为只有在人均国民生产总值和生活水平上升以及医疗发达的国家，出生率和死亡率才会呈现下降趋势，人类的平均预期寿命才会延长，从而使老年人口规模不断扩大，老年人口比重不断增加。进入 21 世纪以后，预计欧盟的人口老龄化的进程将持续进行，其严重性在于老年人口的比重不断上升，劳动年龄人口对老年人的抚养系数加大，从而影响欧盟的经济增长速度。

# 二、发达国家人口老龄化现状

## （一）日本、韩国人口老龄化现状

### 1. 人口老龄化水平

（1）人口规模的变化及老龄化率。日本是全世界人口老龄化最严重的国家，也是最长寿的国家。日本人口从1867年明治维新以后一直在增长，直到2005年，开始出现人口增长拐点，人口出现减少。近30年以来日本老龄化现象非常严重，可以说，日本是一个快速进入老龄化社会的国家。日本1970年进入老龄化社会，1994年就进入了老龄社会，2007年进入超老龄社会。根据日本内阁府2013年“日本高龄社会白皮书”（见表1－2），截至2013年10月1日，日本总人口为1.27亿人，其中65岁及以上人口为3190万人，占总人口的25.1%（老龄化率），创历史最高纪录。15～64岁的劳动年龄人口为7901万人，占总人口的62.1%，其劳动年龄人口时隔32年出现了低于8000万人的情况。低生育率所带来的年轻人口的减少和平均年龄的增长，使日本人口每4人中就有1人为65岁及以上老人①。

**表1－2　　日本人口老龄化现状**

| 数值 | | 2013年10月1日 | | | 2012年10月1日 | | |
|---|---|---|---|---|---|---|---|
| | | 总数 | 男 | 女 | 总数 | 男 | 女 |
| 人数（万人） | 总人口 | 12730 | 6191 | 6539 | 12752 | 6203 | 6549 |
| | 高龄者人口 | 3190 | 1370 | 1820 | 3079 | 1318 | 1762 |
| | 65～74岁 | 1630 | 772 | 858 | 1560 | 738 | 823 |
| | 75岁以上 | 1560 | 598 | 962 | 1519 | 580 | 939 |
| | 劳动人口（15～64岁） | 7901 | 3981 | 3920 | 8018 | 4038 | 3980 |
| | 儿童人口（0～14岁） | 1639 | 840 | 800 | 1655 | 847 | 807 |

① 资料来源：2013年日本老龄化白皮书［EB/OL］. http://www.cao.go.jp.

续表

| 数值 | | 2013 年 10 月 1 日 | | | 2012 年 10 月 1 日 | | |
|---|---|---|---|---|---|---|---|
| | | 总数 | 男 | 女 | 总数 | 男 | 女 |
| 占比（%） | 总人口 | 100.0 | 100.0 | 100.0 | 100.0 | 100.0 | 100.0 |
| | 老龄人口（老龄化率） | 25.1 | 22.1 | 27.8 | 24.1 | 21.2 | 26.9 |
| | 65～74 岁 | 12.8 | 12.5 | 13.1 | 12.2 | 11.9 | 12.6 |
| | 75 岁以上 | 12.3 | 9.7 | 14.7 | 11.9 | 9.4 | 14.3 |
| | 劳动人口（15～64 岁） | 62.1 | 64.3 | 59.9 | 62.9 | 65.1 | 60.8 |
| | 儿童人口（0～14 岁） | 12.9 | 13.6 | 12.2 | 13.0 | 13.7 | 12.3 |

资料来源：2013 年日本老龄化白皮书，http：//www.cao.go.jp.

根据韩国统计厅的数据，2013 年韩国的总人口为 5022 万人，比 1960 年的 2501 万人增加两倍，其中 65 岁及以上人口占总人口的 12.2%，是 1960 年 2.9% 的近 5 倍。韩国进入 20 世纪 70 年代以后人口老龄化进程加速，2000 年进入老龄化社会。据推测，2017 年韩国 65 岁及以上老年人口达到总人口的 14%，韩国社会将进入老龄社会，2026 年将达到 20.8%，进入超老龄社会。

（2）人口年龄结构的变化。第二次世界大战后的几十年来，日本的生育率保持了持续下降。自 20 世纪 70 年代初开始，日本 65 岁及以上人口占总人口的比重达到 7.07%，进入了人口老龄化社会。40 年间，日本人口老龄化进程不断加快，成为全球人口老龄化水平最高的国家之一。1970 年，日本 65 岁及以上老年人口比重达到 7.07%，到 1995 年，这一比重已经达到 14.56%（见表 1－3）。也就是说，在 25 年间日本 65 岁及以上老年人口比重从 7% 上升到 14%，翻了一番。这是世界上其他国家未曾经历过的急剧的人口老龄化过程。1995 年日本的人口老化系数为 91.2%，到 1997 年人口老化系数超过 100%，达到 102%。人口老化系数超过 100%，意味着人口中 65 岁及以上老年人口的数量已经超过了 0～14 岁少年儿童人口的数量，进而导致人口老龄化以更快的速度发展。到 2010 年，这一系数进一步增长到 174.30%，即老年人口的数量约为少年儿童人口数量的 1.7 倍①。

① 日本国立社会保障与人口问题研究所．人口统计资料集［G］．2007，2011.

表 1－3　　　日本人口年龄结构（1970～2010 年）　　　单位:%

| 年份 | 0～14 岁 | 15～64 岁 | 65 岁及以上 |
|---|---|---|---|
| 1970 | 23.93 | 69.00 | 7.07 |
| 1975 | 24.33 | 67.75 | 7.92 |
| 1980 | 23.51 | 67.39 | 9.10 |
| 1985 | 21.51 | 68.18 | 10.30 |
| 1990 | 18.24 | 69.69 | 12.08 |
| 1995 | 15.95 | 69.49 | 14.56 |
| 2000 | 14.58 | 68.06 | 17.36 |
| 2005 | 13.76 | 66.07 | 20.16 |
| 2010 | 13.20 | 63.70 | 23.10 |

资料来源：日本国立社会保障与人口问题研究所．人口统计资料集［G］．2007，2011.

具有高生育率、高死亡率传统特点的韩国人口于 1990 年以后因生育率和死亡率的持续下降和预期寿命的延长而发生了人口结构的变化。在 1970～1980 年期间韩国社会完成了第一次人口转变，20 世纪 80 年代中期完成了第二次人口转变并进入了人口稳定期。但 20 世纪 80 年代以后，生育率持续下降，2000 年以后一直维持世界最低水平生育率。随着社会经济的发展，韩国人口死亡率也随之下降。结果，韩国社会面临总人口和劳动力人口的急速减少的问题，韩国社会不得已提前作出进入老龄社会的准备。从表 1－4 可以看出，1990 年韩国 0～14 岁的儿童人口在总人口中所占的比重达到 25.6%，2000 年为 21.1%，2010 年为 16.2%。另外，15～64 岁人口比重从 1990 年的 69.3% 提高到 2000 年的 71.7%，2010 年提高到了 72.9%，人口增长将持续到 2016 年，之后进入人口减少阶段。同一时期，65 岁及以上的老年人口将快速增加①。

表 1－4　　　韩国人口年龄结构（1970～2010 年）　　　单位:%

| 年份 | 0～14 岁 | 15～64 岁 | 65 岁及以上 |
|---|---|---|---|
| 1970 | 42.5 | 54.4 | 3.1 |
| 1975 | 38.6 | 58.0 | 3.4 |
| 1980 | 34.0 | 62.2 | 3.8 |

① 韩国统计局．2010 年度社会指标［R］.

续表

| 年份 | 0～14岁 | 15～64岁 | 65岁及以上 |
|---|---|---|---|
| 1985 | 30.2 | 65.6 | 4.3 |
| 1990 | 25.6 | 69.3 | 5.1 |
| 1995 | 23.4 | 70.7 | 5.9 |
| 2000 | 21.1 | 71.7 | 9.2 |
| 2005 | 19.1 | 71.6 | 9.2 |
| 2010 | 16.2 | 72.9 | 11.0 |

资料来源：韩国统计局，2010年度社会指标［R］.

（3）平均寿命。日本和韩国均属于长寿国家，日本女性的平均寿命在全世界排第一位，韩国女性平均寿命排第四位。根据2012年各国政府发表的数据来分析，如表1－5所示，男性平均寿命最长的前五个国家分别是冰岛80.80岁、瑞士80.30岁、以色列80.00岁、日本79.94岁、瑞典79.87岁；女性平均寿命最长的前五位的国家分别是日本86.41岁、法国84.80岁、瑞士84.70岁、韩国和意大利84.50岁、澳大利亚84.20岁①。

**表1－5　平均寿命的国际比较**　单位：岁

| 地区 | 国家 | 统计时间 | 男 | 女 |
|---|---|---|---|---|
| 北美 | 美国 | 2011年 | 76.30 | 81.10 |
| 亚洲 | 以色列 | 2011年 | 80.00 | 83.60 |
| | 韩国 | 2011年 | 77.60 | 84.50 |
| | 日本 | 2012年 | 79.94 | 86.41 |
| 欧洲 | 法国 | 2012年 | 78.40 | 84.80 |
| | 冰岛 | 2012年 | 80.80 | 83.90 |
| | 意大利 | 2011年 | 79.40 | 84.50 |
| | 挪威 | 2012年 | 79.42 | 83.41 |
| | 瑞典 | 2012年 | 79.87 | 83.54 |
| | 瑞士 | 2011年 | 80.30 | 84.70 |
| | 英国 | 2009～2011年 | 78.66 | 82.64 |
| 澳洲 | 澳大利亚 | 2009～2011年 | 79.70 | 84.20 |

资料来源：日本人口老龄化现状，平成25年日本人口老龄化白皮书，http：//www.cao.co.jp.

① 日本人口老龄化现状，平成25年日本人口老龄化白皮书［EB/OL］. http：//www.cao.co.jp.

（4）抚养比和人口结构的变化。20 世纪 60 年代，日本和韩国老年人口抚养压力并不大。20 世纪 70 年代之后，日本慢慢进入老龄化社会，抚养压力加大，韩国老年人口的抚养压力从 2000 年起明显加大。

日本劳动人口的抚养比变化趋势可以通过图 1－1 中从属人口指标的变化中看出。根据出生中位数预测的老年从属人口数（每 100 名劳动人口对老年人口的比例），2022 年将从 2010 年的 36.1（每 2.8 名劳动人口抚养一名老年人）提高到 50.2（每 2 名劳动人口抚养 1 名老年人），到 2060 年将达到 78.4（每 1.3 名劳动人口抚养 1 名老年人）。同时，幼年从属人口指数（每 100 名劳动人口对幼年人口的比例）从 2010 年的 20.6 将降到 2022 年的 17～20①。根据韩国统计厅的人口预测，2010 年韩国 65 岁及以上老年人口占总人口的比重为 11%，到 2030 年将达到 24.3%，到 2050 年将达到 36.4%。2010 年韩国的老龄化指数从 1960 年的 6.9% 提高到 68.4%，总抚养比从 1960 年的 82.6% 降到 37.3%②，韩国人口老龄化正以前所未有的速度深化（见表 1－6）。

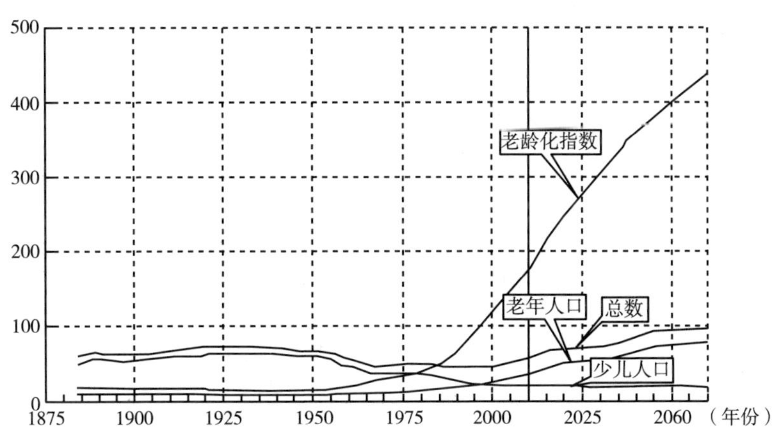


**图 1－1　1884～2060 年日本从属人口指数及老龄化趋势**

资料来源：日本国立社会保障人口问题研究所，人口问题统计资料（2014）.

① 日本国立社会保障人口问题研究所．人口问题统计资料（2014）［R］.

② 韩国统计厅．未来人口推移［EB/OL］. 2011.12. http：//www.kostat.go.kr.

表 1－6　　韩国老年抚养比及老龄化指数

| 年份 | 总抚养比（%） | 老年抚养比（%） | 老龄化指数（%） | 每 1 名老人对应劳动年龄人数（人） |
|---|---|---|---|---|
| 1960 | 82.6 | 5.3 | 6.9 | 18.9 |
| 1970 | 83.8 | 5.7 | 7.2 | 17.7 |
| 1980 | 60.7 | 6.1 | 11.2 | 16.3 |
| 1990 | 44.3 | 7.4 | 20.0 | 13.5 |
| 2010 | 37.3 | 15.2 | 68.4 | 6.6 |
| 2017 | 37.7 | 19.2 | 104.1 | 5.2 |
| 2026 | 50.8 | 31.4 | 161.9 | 3.2 |
| 2040 | 77.0 | 57.2 | 288.6 | 1.7 |
| 2060 | 101.0 | 80.6 | 394.0 | 1.2 |

资料来源：韩国统计厅．未来人口推移［EB/OL］．2011.12. http：//www.kostat.go.kr.

2. 人口老龄化特征

（1）日本人口老龄化特征。日本老龄化速度非常快。如表 1－7 显示，世界上最早进入老龄化社会的国家是法国，用了 126 年的时间，比法国晚 23 年进入老龄化社会的瑞典用了 85 年的时间进入老龄社会，日本则用了 24 年的时间进入老龄社会①。

表 1－7　　主要国家的人口老龄化速度

| 国家 | 到达年度（年） | | | | 所需年限（年） | |
|---|---|---|---|---|---|---|
| 比重（%） | 7 | 10 | 14 | 20 | 7～14 | 10～20 |
| 韩国 | 1999 | 2007 | 2017 | 2026 | 18 | 19 |
| 新加坡 | 1999 | 2013 | 2019 | 2026 | 20 | 13 |
| 日本 | 1970 | 1985 | 1994 | 2005 | 24 | 20 |
| 中国 | 2000 | 2017 | 2025 | 2035 | 25 | 18 |
| 德国 | 1932 | 1952 | 1972 | 2009 | 40 | 57 |
| 罗马尼亚 | 1962 | 1977 | 2002 | 2033 | 40 | 56 |
| 奥地利 | 1929 | 1945 | 1970 | 2020 | 41 | 75 |
| 希腊 | 1951 | 1968 | 1992 | 2018 | 41 | 50 |
| 西班牙 | 1947 | 1973 | 1991 | 2024 | 44 | 51 |

① 日本人口老龄化现状，平成 25 年日本人口老龄化白皮书［EB/OL］．http：//www.cao.co.jp.

续表

| 国家 | 到达年度（年） | | | | 所需年限（年） | |
|---|---|---|---|---|---|---|
| 比重（%） | 7 | 10 | 14 | 20 | 7～14 | 10～20 |
| 英国 | 1929 | 1946 | 1975 | 2027 | 46 | 81 |
| 俄罗斯 | 1968 | 1979 | 2017 | 2040 | 49 | 61 |
| 比利时 | 1925 | 1946 | 1976 | 2021 | 51 | 75 |
| 丹麦 | 1925 | 1957 | 1978 | 2021 | 53 | 64 |
| 瑞士 | 1931 | 1958 | 1986 | 2020 | 55 | 62 |
| 意大利 | 1927 | 1964 | 1988 | 2008 | 61 | 44 |
| 加拿大 | 1945 | 1984 | 2010 | 2024 | 65 | 52 |
| 荷兰 | 1940 | 1969 | 2005 | 2021 | 65 | 52 |
| 美国 | 1942 | 1972 | 2014 | 2031 | 74 | 50 |
| 澳大利亚 | 1939 | 1983 | 2013 | 2033 | 74 | 50 |
| 挪威 | 1885 | 1954 | 1977 | 2027 | 92 | 73 |
| 瑞典 | 1887 | 1948 | 1972 | 2015 | 85 | 67 |
| 法国 | 1864 | 1943 | 1990 | 2020 | 126 | 77 |

资料来源：日本人口老龄化现状，平成 25 年日本人口老龄化白皮书［EB/OL］. http：//www.cao. co. jp.

（2）韩国人口老龄化趋势。根据联合国确定的评价指标，2000 年，韩国 65 岁以上老龄人口占总人口的比例达到 7. 2%，已经进入老龄社会。到 2018 年，65 岁以上老龄人口比重达到 14%，进入到高龄社会。到 2026 年，老龄人口超过 20%①，进入超高龄社会，平均每 5 人就有 1 位老人。与法国、瑞典、美国等发达国家人口老龄化长期而缓慢的过程相比，韩国人口老龄化的速度是前所未有的。举例来说，老年人口比例由 7% 上升至 14% 的时间，法国约为 126 年、瑞典约为 85 年、美国约为 74 年，而韩国只用了 18 年。韩国人口的快速老龄化主要是由于平均寿命的延长和生育率的急速下降导致的。在平均寿命方面，由 2000 年的 76 岁，至 2010 年提高到 80. 8 岁，至 2060 年将达到 88. 6 岁。

① United Nations（UN）. World Economic and Social Survey 2007：Development in an Ageing World［M］. NewYork：Department of Economic and Social Affairs，2007.

3. 人口老龄化原因

（1）生育率、死亡率的快速下降。生育率下降是人口老龄化的决定性因素。总和生育率是指某年生育年龄女性人口的年龄别生育率之和。总和生育率是反映某一年每 1000 名育龄女性生育婴儿的数量。

第二次世界大战结束之后，日本婴儿潮时代的到来使出生率快速提高，1949 年的婴儿出生数达到 269. 7 万人，总和生育率为 4. 32。1951 年之后在日本政府的谨慎控制人口增长政策和家庭计划政策的推行下，出生率开始下降，1966 年出生数只有 136. 1 万人，总和生育率降到 1. 58。1973 年出生数达到 209. 2 万人，总和生育率为 2. 14。日本已婚女性的总和生育率一直下降，1975 年之后日本的人口更替水平开始下降，2011 年出生数为 105. 1 万人，总和生育率为 1. 39。而 2012 年日本人口的死亡率从 1930 年的 18. 6‰降到 10. 7‰，5 岁以下幼儿的死亡率从 1930 年的 47. 1‰降到 10. 7‰[①]，65 岁及以上的老年人口的死亡率比较高，这与日本高龄老年人口的数量增加有直接的关系。

韩国的生育水平从 1960 年之后开始下降。韩国政府从 1962 年开始实行“家庭计划”，计划实施初期以农渔村地区的家庭为实施对象，1970 年之后开始包括城市居民，进入 20 世纪 80 年代之后对特定群体推行该计划。“家庭计划”从 20 世纪 60 年代的“只要三个子女”发展成 1970 年之后的“只要两个子女”，1980 年之后发展成“只要一个子女”。1960 年之后初婚年龄的提高和做人工流产女性数量的增加是人口出生率快速降低的主要原因。韩国 1983 年的总和生育率低于更替水平 2. 1 之后持续下降，20 世纪 90 年代末的金融危机加速了生育率的下降[②]。

韩国的死亡率低于发达国家的水平。2004 ~ 2009 年死亡率为 5‰，2010 年之后死亡率呈上升趋势。死亡人数于 2006 年创历史最低纪录之后，不断

① 日本国立社会保障人口问题研究所．日本未来人口预测［EB/OL］．http：//www. ipss. go. jp/syoushika/tohkei/.

② 金斗燮等．韩国的人口．韩国统计厅，2002.

增长[①]。死亡率的提高和死亡人数的增长是伴随老年人口的增加而产生的现象，今后会持续下去。

2012 年日本人口的死亡率由 1930 年的 18. 6‰降到 10. 7‰，5 岁以下幼儿的死亡率从 1930 年的 47. 1‰降到 10. 7‰，65 岁及以上的老年人口的死亡率比较高[②]，这与日本高龄老年人口的数量增加有直接的关系。

（2）预期寿命的延长。人均寿命的延长是日本、韩国快速进入老龄化社会的最重要的原因。日本是全世界最长寿的国家，日本男性的平均寿命从 1950 年的 61. 50 岁提高到 2012 年的 79. 94 岁，预计到 2050 年将达到 90. 29 岁。日本女性的平均寿命从 1950 年的 58. 00 岁提高到 2012 年的 86. 41 岁，预计到 2050 年将达到 83. 55 岁[③]。

韩国人口的平均寿命从 20 世纪 50 年代的男性 51. 10 岁、女性 53. 70 岁到 2012 年提高到男性 77. 95 岁、女性 84. 64 岁。韩国人口的平均寿命达到发达国家的平均寿命近 70 岁是在 1989 年左右，之后也不断提高[④]。

（3）教育水平提高。在传统经济体制下，日本、韩国的主要产业以农业、渔业、林业为主，家庭成员一起从事生产。在没有系统的社会分工、政府不能够提供社会保障的农业社会里，人们普遍生活在大家庭里。因为在死亡率比较高的年代，拥有更多的子女有利于确保更多的劳动力。但进入现代化社会之后，男女均平等接受教育。随着女性权利的提高，人们的意识也发生变化，每个家庭拥有的子女数也在减少。过去，家庭子女数量多有利于经济和社会发展，但随着现代化的进展，人们的思考方式和价值观发生了变化。年轻夫妇改变了传统的生活方式、逐步改变性别歧视、实现男女平等、女性同样可以参加工作等因素也影响生育率。日本和韩国都非常重视教育，日本人口的受教育程度 1960 年以小学教育为主，占总人口的 63%，但到 2010 年接受中等教育和高等教育的人数已经占总人口的 65. 5%。1980 年，

---

① 韩国的社会动向［EB/OL］. 2013. http：//sri. kostat. go. kr.

② 日本社会保障人口问题研究所，人口统计资料（2014）［EB/OL］. http：//www. ipss. go. jp.

③ 日本《平成 25 年（2013 年）人口老龄白皮书》中人口老龄化现状［EB/OL］. http：//www. cao. go. jp.

④ 金斗燮等. 韩国的人口. 韩国统计厅，2002.

韩国小学和中学毕业人数占总人口数的比重达64.2%，但20年后的2000年，韩国人口受教育层次主要以高中毕业和大专、大学毕业为主，占总人口的71.6%。[①] 韩国人的教育热，在短时间内实现了公民的平均学历的提高。

（4）城市化。城市化进程对加速日本、韩国人口老龄化进程起到了不可忽视的作用。在20世纪50年代，日本经济进入高度增长时期，大量的年轻劳动力从农村向城市集中，使城市人口的规模不断扩大。一方面，为满足大城市的劳动力需求；另一方面，当时的日本农村每个家庭都养育着几个孩子，有充足的劳动力，农村的过剩劳动力可以到城市工作。大量农村人口向城市集中，导致人口迁入的城市资源短缺，需要增设相关设施，如住宅等。农村人口流出的同时，加速了农村人口的老龄化进程。1965年以后，日本的农村人口逐渐移动到大城市周边的中小城市，实现中小规模城市的人口增长。1975年以后，日本大城市的人口迁入和人口迁出基本平衡。1983年以后，日本又再次出现人口向大城市集中的现象[②]。

韩国城市化主要围绕首都圈及部分大城市为中心进行。1990年首尔人口为1061万人，创历史纪录之后缓慢减少，2010年降到979万人，是1960年首尔人口的4倍。首尔的面积仅占韩国的0.6%，但人口占总人口的20.2%。如包括仁川和京畿道，首都圈人口达到2383万人，占总人口的49.1%。首尔等大城市的人口规模是20世纪60年代快速形成的。1960～1970年，首尔的人口数从244万增加到542万，同一时期韩国50.7%的人口增长主要在首尔。釜山和大邱的人口也快速增长，形成了以首尔、釜山、大邱三大城市为主的城市化格局。20世纪60年代，人口少于10万人以下的韩国中小城市人口开始减少。20世纪70年代至80年代期间，一些新型工业化城市的形成使部分中小城市的人口开始增长。

韩国城市化的特点是城市人口的增加并不是在所有的城市里均衡地发生。为控制韩国其他城市及农村人口大规模地向首尔集中，韩国政府从1964

① 日本社会保障人口问题研究所，人口统计资料（2014）［EB/OL］. http：//www.ipss.go.jp.

② 1984年日本人口白皮书．日本人口、日本社会高龄化社会的未来图［M］．人口审议委员会，日本人口问题研究所．

年开始采取相关政策限制人口过分向首都集中。1972 年以后通过国土综合开发计划，在不同地方培育人口增长基地城市，以此来实现城市的均衡发展。

（5）快速的经济发展。快速的经济发展使日本、韩国很快从农业社会进入工业社会。经济发展提高了医疗水平和医疗服务，使人们的营养状况得以改善，降低了传染病的发病率。这些因素是延长预期寿命、降低死亡率的主要原因。另外，日本、韩国都环绕大海，水资源比较丰富，饮食以低热量的蔬菜和鱼为主，这些都使日本、韩国的老年人死亡率降低。日本老年女性比欧美其他老龄国家寿命更长的原因除了日常生活的习惯之外，她们大部分可以从政府得到丰厚的社会保障金，有比较稳定的经济收入支撑，无后顾之忧，这是日本女性在全世界最长寿的原因之一。

## （二）德国的人口老龄化和老年人状况

从 20 世纪 80 年代以来，德国人口老龄化危机不断加重，成为欧洲老龄化比较严重的国家之一。根据 OECD 统计，2010 年德国老龄化率（65 岁以上人口占总人口比重）为 20.6%，英国为 16%，瑞典为 18.3%，美国为 13.1%，日本为 23%；预计 2050 年德国老龄化率为 33.1%，英国和瑞典均为 24.1%，美国为 20.9%，日本为 38.8%。在这些国家中，德国人口老龄化程度仅低于日本。在经历了第二次世界大战后至 20 世纪 80 年代的退休黄金时期后，德国养老保险制度随后遭遇了严重危机，出现了养老金筹资与给付的两难困境。其一是经济因素，经济衰退和失业率上升导致筹资能力下降；其二是人口因素，人口老龄化加剧引起老年抚养比上升，造成资金供求比例失衡。如果保持替代率不变，按照预期的老年抚养比，德国现收现付养老保险制度将难以为继甚至崩溃。与此同时，由于总和生育率的下降及平均预期寿命的延长，德国人口还出现了少子化和高龄化趋势。高龄化及老年女性比重较高，导致老年贫困率上升，这也是一个需要并行解决的问题。为应对人口老龄化危机，克雷默（Cremer）等人主张进行参量改革，即养老保险制度的关键参数（如养老金替代率、缴费率与退休年龄等）应调整到合适的水平，此外还应提倡个人或集体进行养老储蓄。在人口老龄化危机加剧的背景下，德国政府从 20 世纪 90 年代开始对养老保险制度进行了一系列相关改革。针对老年低收入群体，德国政府主要通过完善养老保险制度、建立最低养老金机制、实施老年低收入者社会救助等对策，来有效解决他们的养老保障问题，并取得了令人满意的成效。

## 三、中国人口老龄化现状

就当前和未来很长一段时间内中国人口老龄化的发展态势来看，21 世纪的中国将进入一个不可逆转的老龄社会阶段。不仅如此，与西方发达国家相比较，中国是在尚未实现现代化、经济发展水平还处在一个较低阶段的时期就进入到老龄化社会，属于典型的“未富先老”和“未备先老”。

### （一）人口老龄化的严峻挑战

人口老龄化是指随着总人口中年轻人口数量的减少、老年人口占总人口的比重不断增加，人口的年龄构成发生结构性转变。根据 1956 年联合国《人口老龄化及其社会经济后果》确定的划分标准，当一个国家或地区 60 岁以上的人口占总人口比例达到 10%，或 65 岁以上人口占总人口的比重达到 7% 时，意味着这个国家或地区进入老龄化社会。人口老龄化是社会、经济发展的必然结果，也是人类社会由农业社会向工业社会转型所必须经历的过程。从历史上看，人口年龄结构老龄化始于 19 世纪中后期。法国最先遭遇该现象，挪威和瑞典等国随后步其后尘。到 20 世纪中叶，从全球视角来看，大多数经济发达国家都经历了这一过程①。

改革开放以来，随着社会经济的迅速发展、生活水平的大幅提高以及医

① 杨菊华. 人口转变与老年贫困［M］. 北京：中国人民大学出版社，2011：47.

疗条件的极大改善，中国的生育率、死亡率开始持续下降，平均预期寿命得到不断延长。加之中国在20世纪80年代开始实行的限制性计划生育政策，中国在短时间内完成了人口结构转型，迎来了人口的老龄化，并且老龄人口规模大、增长快，发展迅速。人口老龄化是一个世界性的问题，但与西方发达国家的老龄化进程相比，中国呈现出以下几方面特点。

1. 老年人口规模巨大

目前，中国虽然还不是老龄化程度最严重的国家，但已经是世界上老年人口最多的国家。2000年，当中国刚进入老龄化社会时，老年人口数量即达到1.3亿人，占当年全球老年人口数量的20%，相当于英国、法国、瑞典、挪威四国人口的总和①。2010年，第六次全国人口普查数据显示，中国大陆人口中60岁及以上人口达到1.78亿人，占总人口的13.26%，其中65岁及以上人口为1.19亿人，占8.87%。虽然中国人口老龄化程度只相当于发达国家平均水平的一半，但60岁以上和65岁及以上老年人口数量已经超过整个欧洲的老年人口数。欧洲60岁以上和65岁及以上老年人口数量分别为1.61亿人和1.19亿人②。截至2012年底，中国60周岁及以上老年人口数量达到1.94亿，2013年老年人口数量突破2亿大关，达到2.02亿，老龄化水平达到14.8%。

2. 老龄化进程迅速

中国是全球人口老龄化发展速度最快的国家之一。中国人口从成年型（1982年60岁以上的人口占总人口比例为5%）到老年型（2000年60岁以上的人口占总人口比例为10%）的转变仅仅用了短短的18年时间，而法国完成此转变过程用了115年，美国用了近60年③。中国0～14岁人口的比重在逐步降低，而65周岁及以上人口的比重却持续上升，人口年龄结构呈现出由年轻型向老年型过渡的明显态势。

① 时正新，朱勇．中国社会福利与社会进步报告2012［M］．北京：社会科学文献出版社，2002：23.

② 华声在线．杜鹏：中国老年人口数已超过整个欧洲老年人口数［EB/OL］．http：www.voc.com.cn/article/201110/201110201132415631.html.

③ 杨菊华．人口转变与老年贫困［M］．北京：中国人民大学出版社，2011：49.

3. 老龄化超前于现代化

纵观世界各国老龄化进程可以发现，一般而言，发达国家都是在基本实现现代化的背景下进入老龄社会，国家经济发展与老龄化同步，进入老龄社会时人均国民生产总值（GNP）一般在 5000 ~ 10000 美元以上，属于先富后老或者富老同步。但中国却在人均仅为 800 美元（购买力平价为 3976 美元）的 2000 年即进入老龄化社会，老龄化超前于现代化使得中国应对人口老龄化的经济实力十分薄弱①。

4. 老年人口内部高龄化、空巢化、失能化

据全国老龄办测算，目前全国 80 岁以上老人数量正在以每年 5.4% 左右的速度高速增长，约为老年人口增速的 2 倍，预计到 2050 年每 5 个老年人中就有 1 个是 80 岁以上老人。2010 年我国城乡老年人口状况追踪调查显示的结果表明，80 周岁及以上高龄老人占老年人口总数的比例已达到 11.8%。老年人口中独立居住比例呈上升趋势，城乡合计“空巢”老年人占 49.3%；城乡日常生活完全不能自理（失能）的老年人数量为 1208 万（6.8%），有部分自理困难的老年人数量为 2824 万（15.9%），这与之前的调查数据相比分别增加了 268 万人和 930 万人。

人口老龄化给全社会提出了巨大的挑战，但同时也为发展养老服务产业提供了一个前所未有的战略机遇期。中国拥有世界上最大的老年群体，面对如此庞大的老年人口，继续采取政府包办社会福利的方式显然是不可持续的。老年人作为特殊的消费群体，其庞大的人口基数、不断提高的物质文化需求和不断转变的消费观念将成为推动我国养老服务产业发展的强大动力。

## （二）我国老年人口养老现状和特点

我国人口老龄化趋势不断加快，老年人口基数庞大，未富先老的基本国情使得我国的经济发展压力持续增强。

---

① 中国人口与发展研究中心课题组．中国人口老龄化战略研究［J］．经济研究参考，2011（34）：2 - 23.

1. 高抚养比和低 GDP

我国的老年人口比重和美国、日本、新加坡、韩国相比较低，但是比世界平均水平高出 2.2 个百分点①。中国的养老负担重于亚洲的新加坡和韩国，老龄化情况比较严峻。另外，我国基于购买力平价的人均 GDP 却比美国、日本、韩国等经济发展水平较高的国家低很多，国民养老保障水平相对低一些。

从抚养比率来看，世界平均水平为 53.59%，低收入国家和最不发达国家抚养比率高达 87.46%，中等偏上收入国家为 42.38%，高收入国家为 51.96%②。可以看出，抚养比系数与一国经济发展程度成反相关。

2. 医疗支出水平低

我国未富先老带来的最大的问题就是医疗保健和养老问题，医疗支出反映一个国家的医疗保障水平。我国医疗支出占国内生产总值的比重始终低于低收入国家的水平，无论是2002 年、2006 年、2010 年还是2014 年，始终低于低收入国家 0.49 个百分点、1.49 个百分点、1.57 个百分点以及 0.2 个百分点，更是远远低于高等收入国家 5.99 个百分点、6.48 个百分点、7.18 个百分点和 6.72 个百分点③。我国的医疗支出在国内生产总值的比重，仅仅高于新加坡，低于亚洲的日本和韩国。我们知道日本的医疗支出水平在亚洲国家里算是比较好的，但是其绝对数额也才达到美国医疗人均支出水平绝对数额的 1/2 左右，新加坡虽然医疗支出占比较低，但是人均医疗支出水平的绝对数额比韩国还要稍高一些。我国的医疗保障水平远没有达到世界上中等国家的医疗保障水平，却要应付比世界平均水平还高的人口老龄化问题。未富先老的基本国情对我国经济的持续稳定发展是一个巨大的挑战。

3. 养老床位匮乏

目前，国际上通行的养老标准是每万名老年人拥有 500 张床位，④ 但

---

①② wind 数据库数据.

③ 世界银行数据库数据.

④ 中央电视台. 明天我们如何养老——一床难求［EB/OL］. http://xiyou.cntv.cn/v-84e5d670-ee81-11e1-b140-a4badb469111.html.

是我国却远远没有达到这一标准。2015 年，我国 60 岁以上的人口数为 20382.81 万人，占总人口比重为 14.8%，其中 65 岁以上的人口数为 14433.51 万人，占总人口比重为 10.5%。与此同时，全社会各种提供社会服务机构数共 33467 个，提供住宿的社会服务床位数 672.7 万张。按 60 岁以上的人口数计算，每万名老人拥有的养老床位为 303 张，按 65 岁以上的人口数计算，每万名老人拥有的养老床位为 215 张。如果按照国际上的通用标准，即每万名老人拥有 500 张养老床位数的标准来衡量的话，我国还存在着相当大的养老床位缺口问题。以北京市为例，2015 年，全市 60 岁以上老人有 321.6 万人，共有养老机构数 1.5 万家，提供的床位有 12 万张，每万名老人拥有的养老床位为 380 张，养老床位缺口近 5 万张①。与世界一些发达国家比较，美国平均每万名老人大约有 400 张床位，英国平均每万名老人大约有 390 张床位，荷兰平均每万名老人大约有 900 张床位，瑞典平均每万名老人大约有 870 张床位②。无论是从医疗卫生条件看还是从养老所需的床位看，我国都没有达到与国情相匹配的老龄化发展程度，没有为迎接大规模的人口老龄化做好充分的准备，我国的经济实力的发展稍显脆弱，这样仓促的被拉进人口老龄化的大潮中，这是我国面对“银发”浪潮时面临的主要问题。

## 四、文献综述

### （一）国外文献综述

#### 1. 养老服务

现行的养老服务主要包括“社区照顾”和“居家照顾”两个概念。《社区照顾白皮书》对社区照顾的定义是，为让受益者能够享有舒适的老年生

---

① 周明明，冯喜良．2015 北京养老产业发展报告［EB/OL］．http：//www.bj.xinhuanet.com/bjyw/2015-05/27/c_1115423749.html.

② 未富先老怎么养——养老床位，到底有多缺［EB/OL］．http：//money.163.com/12/0410/08/7UNETV6R00253B0H.html.

活，同时还能获得一定的自主性选择，以“团体之家”等方式来拓展照顾的范围，为老年人提供日间、全面的照顾。罗莉莎·凯恩（1995）在《扩大居家照顾概念》中指出，狭义居家照顾的定义是指在家里为老年人（残疾人或病人）提供照顾。他认为这些老年人不仅需要在家中被照顾，还需要在更大的生活范围内娱乐或工作。居家照顾供给者要为生活在社区的老年人提供个人帮助服务，也要为那些在带有辅助生活设施单元公寓里的老年人提供照顾服务。

2. 政府购买公共服务

1761 年，在美国的《联邦采购法》中，第一次出现政府购买公共服务的说法。现在所普遍使用的“政府购买”一词，则产生于 20 世纪 80 年代。为了应对当时的福利危机、政府财政赤字、公共服务提供的低效率及对于建设服务型政府的迫切要求，西方福利国家进行了大规模的福利改革，提出了“政府购买服务”这一新型的公共服务供给模式，到现在已经发展了四十多年，相关的理论知识的研究也较为丰富。

（1）从理论的角度进行研究。政府购买公共服务的理论依据，为其政府在公共服务购买的过程中奠定了坚实的基础。唐纳斯·F. 凯特尔和詹姆斯·W. 费斯勒（2002）认为：政府随着自身日益增加的复杂性，促使其依靠更多的其他部门和社会组织去完成更多的政府职能，进而可以通过契约购买的形式与社会组织达成共识，建立良好的合作关系，通过资源合理优化和整合，进而降低购买的成本，缩小政府的生产规模，通过运用专业化水平相对较高的社会组织来提高政府的服务水平和服务质量。政府的角色由原来的掌舵政府进而转变为了服务型的新型政府①。文森特·奥斯特罗姆（2004）则指出：公共服务的提供者既可以是政府，也可以是社会组织。政府并不是公共服务的提供者与生产者唯一的合法主体②。

（2）从实证的角度进行研究。亚当·斯密指出：公共设施和公共产品的

① 唐纳斯·F. 凯特尔，詹姆斯·W. 费斯勒．公共行政学新论：行政过程的政治［M］．陈振明，朱芳芳译校．北京：中国人民大学出版社，2002：31－36.

② 文森特·奥斯特罗姆．美国地方政府［M］．井敏译．北京：北京大学出版社，2004：129－132.

供给，可以由两方进行提供。第一，最直接、有效的供给方式是由社会组织来提供。在有社会组织提供的地方，尽可能地由他们来提供，因为社会组织供给效率远远高于政府供给效率。第二，政府部门免费供给。其所提供的资金来源可以是征收税金和其他方式。政府与社会组织在不同的供给需求面上有着不同的功能侧重点①。萨拉蒙（2008）认为：在美国的联邦政府中，政府负责购入资金，进行监督管理，而具体的服务则由营利、非营利组织和其他主体机构提供。政府和社会组织往往需要紧密配合，才能更好地发挥自身作用②。想要更好地完善政府购买公共服务这一体系，则需要从以下几个方面着力入手：切实转变思想观念；认识到观念误区；区别政府和社会组织各自的责任所在；购买费用的使用透明化；确保公共资源的合理化使用；健全服务购买的流程。

3. 政府购买养老服务

玛丽·圣安妮在《90 年代的社区服务：它们是否满足了照顾者的需求》一文中提出，社区养老服务包括一系列广泛的服务内容，有家务服务、购物协助、个人照顾、成人间照顾、送餐上门、法律服务、居家健康照顾、热线电话、为家庭照顾者提供的支持以及服务。克劳迪娅·科尔顿和阿比·K. 弗罗斯特（1982）认为政府应不断创新养老服务的供给理念，在提倡居家养老服务的同时，还应不断拓展机构、私人养老等服务供给方式。

政府购买养老服务的动因主要有以下几点。第一，政府与社会组织走向合作伙伴关系。詹姆斯·W. 费斯勒和唐纳斯·F. 凯特尔（2002）认为政府日益增长的复杂性使政府更多依赖私人部门的专家和外部组织，政府应通过合同购买的方式来体现双方交换的条件，还需要政府雇佣官员设定合同标准、以低价位协商有效项目和监督承包商履行合同的结果③。第二，社会组

① 亚当·斯密．国民财富的性质和原因的研究［M］．谢祖钧，孟晋，盛之译．北京：商务印书馆，2011：294 - 302.

② 萨拉蒙．公共服务中的伙伴——现代福利国家中政府非营利组织的关系［M］．田凯译．北京：商务印书馆，2008：79 - 90.

③ 詹姆斯·W. 费斯勒，唐纳德·F·凯特尔．公共行政学新论：行政过程中的政治［M］．陈振明，朱芳芳译校．北京：中国人民大学出版社，2002：40.

织在购买服务中的优势明显。萨瓦斯（2013）认为要想更大程度上提升社会整体福利，就需要将原本由政府部门提供的公共产品服务转交给社会组织来提供。罗伯特·莫里斯和戴尔文·安德森（1975）、肯·贾奇（1982）认为，养老制度的出发点是养老服务的高效供给，因此通过政府购买养老服务的方式来满足老年人的多元化需求，是提高养老服务质量和效率的重要方式①。

4. PPP 模式

英国是最早提出公私合作伙伴关系模式（Public Private Partnership，PPP）概念的国家。PPP 模式在 20 世纪 90 年代就在西方开始流行，如今，已经广泛地应用到世界各国各地。在英国，每个由政府建设层级的项目都会在一定程度上涉及 PPP 模式，这些项目涵盖了诸如道路、医疗、桥梁、教育、国防等领域。

（1）PPP 模式。查德·威克（Chad Wick）在 19 世纪通过引入特许经营权这一方式来解决污水处理的问题，这被普遍认为是 PPP 模式的雏形②。20 世纪 90 年代初英国政府推出了私人主动投资模式，即 PFI 模式（Private Finance Initiative），掀起了公共领域引入民营资本的新浪潮，现代 PPP 模式随即产生。

早在 1982 年，斯科特（R. Scott Foster）与伦塞（Rence A. Berger）就一起研究了美国公共部门和私人部门合作提供公共物品和服务的模式，并且提出了在选择有针对性的公私合作体制时，应该以美国各个地区的政治、自然、文化、经济等条件的不同作为依据③。

苏姆罗（Soomro Mohsin Ali）认为，创新的公私合作伙伴关系能够同时为公共部门和私营企业创造潜在的机会。通过 PPP 机制，公共部门能够克服预算和技术的约束，同时私营企业可以获得长期和稳定的业务前景。吉福斯

① 孙丽．政府购买居家养老服务的必要性与可行性研究［J］．德州学院学报，2013，29（5）：11－14.

② 余晖，秦虹．中国城市公用事业绿皮书——公私合作制的中国试验［M］．上海：上海人民出版社，2005：80－81.

③ Albert P. C. Chan，Critical Success Factors for PPPs in Infrastructure Developments：Chinese Perpective［J］．Journal of Construction Engineering and Maragement，2010（5）：484－494.

和彭宁—罗塞尔（Geaves Linda H. and Penning - Rowsell）认为，公私合作模式同时为公共部门和私营企业提供利益，也有利于财政风险管理①。

近些年来，国外很多国家在国防建设中应用 PPP 模式，这种现象更是催生了许多学者对 PPP 模式的探索。罗斯（Ross）研究融资理论时，以不完全合约框架下为基础，探索融资中的公私合作制度，并用来说明应该在什么情况下应用 PPP 模式，并且说明了应该把哪部分交付私人部门来运营是最得当的。默斯罗和加西奥洛夫斯基（Moszoro and Gasiorowski）提出了应用 PPP 模式建立企业一说，方法是把公私合作制度分类，进而探究了政府部门与私人部门的股权投资比例的问题②。

（2）PPP 模式推进养老事业的研究。美国目前主要采取的是机构养老的模式，即社会投资建造、享受政府福利补助的“集中式”的养老服务。机构养老为独居或需要照顾的老人提供了安度晚年的老年福利机构。日本采用的是居家养老模式，即使老年人在不脱离家庭并以家庭赡养关系为前提条件下，能在政府或福利组织在社区建立小型化、专业化具有家庭人文情怀的服务机构养老，这种模式占比达到 97%。日本政府高度重视养老事业发展，并以立法的形式设立了看护保险制度法案，并给予一定的财政补贴，如通过社会保险来负担养老所需要的有关支付。此外，日本政府还支持和倡导养老项目市场化发展，并将居家用品和设施服务实行租赁化发展，为促进养老住房、养老用品、理财服务专业化、规模化发展，积极引导民间资本进入养老行业，将产业开发和养老金融融合发展③。

总的来看，西方国家的有关学者对 PPP 模式的养老事业文献成果较少，特别是对于 PPP 模式在具体实践中的成长和发展。具体原因大致涵盖以下方面：首先，西方国家很早便尝试采用公私分立的形式发展养老事业，这种形式起步早、发展快，目前已经形成了比较成熟的机构养老模式；其次，西方

① Albert P. C. Chan，Critical Success Factors for PPPs in Infrastructure Developments：Chinese Perpective［J］. Journal of Construction Engineering and Management，2010（5）：484 - 494.

② 董红亚．中国政府养老服务发展历程及经验启示［J］. 人口与发展，2016，16（5）：16 - 18.

③ 刘洋．应用 PPP 模式推进国内养老事业发展研究［D］. 沈阳：辽宁大学，2016：4 - 5.

国家的养老事业与就业、医疗等相关问题协同发展，且政府和养老机构各司其职，运作规范；最后，西方社会民间资本参与养老投资积极性较高，私人性质的养老机构基本满足市场整体需求，并且总体经济运行良好。综上所述，国外 PPP 模式的养老模式并没有成为主流。

## （二）国内文献综述

从严格意义上来说，PPP 模式对中国来说算是“舶来品”，国内对它的正式探索也不过几十年的历史，因此国内的研究相对较少。

1. 政府购买公共服务

（1）政府购买公共服务的定义。在二十年前，政府购买公共服务的概念被引入我国，很多学者都对其表达出了自己的观点。国内学者对公共服务概念的阐述主要有以下几种。贾西津、韩俊魁等人（2010）认为：政府购买公共服务就是政府转变之前生产者的角色，通过与提供公共服务的社会组织建立契约合作关系，为实现特定的公共服务目标机制，而向社会组织支付相应费用的行为①。李慷（2010）认为：政府通过财政支付的购买行为，向社会服务机构（营利组织、非营利组织或其他政府部门）购买全部或部分公共服务，政府承担资金筹集、服务监督和绩效考评的责任。② 王浦劬、萨拉蒙（2010）认为：政府通过直接委托或公开招标的方法，把公共服务提供的工作任务，交给社会组织去完成，政府只需根据提供服务的数量和质量来交付服务费，不再承担生产任务③。

（2）政府购买公共服务的模式。目前，政府购买公共服务大体上被分为两大类——三种模式与四种模式。王名、乐园（2008）通过区分政府和社会组织二者之间的契约合作方式及购买程序的不同，将政府购买公共服务的模

① 苏明，贾西津，孙洁，韩俊魁．中国政府购买公共服务研究［J］．财政研究，2010（1）：9－17.

② 李慷．关于上海市探索政府购买服务的调查与思考［J］．中国民政，2001（6）：23－25.

③ 王浦劬，莱斯特·M. 萨拉蒙等．政府向社会组织购买公共服务研究：中国与全球经验分析［M］．北京：北京大学出版社，2010：5－7.

式细化为三种：独立关系的竞争性购买、依赖关系的非竞争性购买、独立关系的非竞争性购买①。贾西津、韩俊魁等人（2010）则认为政府的购买模式可以分为：竞争性购买、非竞争性购买、形式性购买②。朱玉知（2008）依据政府的参与方式，总结出四种购买模式：授权委托模式、直接资助模式、服务合同模式、补贴模式③。

（3）政府购买公共服务中存在的问题。我国政府购买的发展历程只有短短的二十年，因此不论是对政府部门，还是对社会组织而言，都难免存在很多问题。从大量的文献检索不难发现，直到 2007 年，我国关于政府购买公共服务这一研究才开始比较集中的出现。苏明、贾西津、韩俊魁、孙杰（2010）认为我国政府购买公共服务中存在的问题主要有以下几点：购买过程中缺乏规范的流程；购买对象范围具有局限性；购买服务的数量规模远远满足不了社会需要；购买主体缺乏独立性，难以形成契约关系；相关部门间的协调性较差，缺少与之相适应的配套政策④。周俊（2010）认为，政府购买公共服务这一行为缺乏规范化的发展，社会组织自身的组织能力有待提高，社会组织与政府二者之间的关系不明确⑤。王浦劬（2010）认为政府在购买公共服务时，社会组织自身缺乏足够的与政府间的谈判能力，在购买过程中扮演被动的合作角色；政府对社会组织在执行服务的监督管理的力度明显不足。只有从观念想法的转变、体制的改革创新、供给模式的优化、法律制度的完善、专业化水平的提高等方面协同推进，才能从根本上解决购买过程中出现的问题⑥。

（4）政府购买公共服务经验总结。从总结经验、吸取教训出发，以促进公共服务的多元化供给为研究目标，我国的学者从多角度对其进行了深刻的

---

① 王名，乐园．中国民间组织参与公共服务购买的模式分析［J］．中共浙江省委党校学报，2008（4）：5－13.

②④ 苏明，贾西津，孙洁，韩俊魁．中国政府购买公共服务研究［J］．财政研究，2010（1）：9－17.

③ 朱玉知．政府购买养老服务的公共政策分析［J］．天水行政学院学报，2008（4）：72－76.

⑤ 周俊．政府购买公共服务的风险及其防范［J］．中国行政管理，2010（6）：13－18.

⑥ 王浦劬，莱斯特·M. 萨拉蒙等．政府向社会组织购买公共服务研究：中国与全球经验分析［M］．北京：北京大学出版社，2010：5－7.

探讨。朱眉华（2004）认为，要想更好地改进政府购买公共服务这一体系，就必须从三方面入手：建立健全的法律法规；营造一个公平、公开、透明的竞争机制；提高社会工作者的专业化水平，壮大队伍[①]。闫海、张天金（2009）从法律角度进行分析研究，认为我国应该加快相关政府购买立法体系的建设，同时做到购买过程信息的公开透明化，提高绩效评估水平，加强监督力度[②]。苏明、贾西津、孙洁、韩俊魁（2010）认为，要想从根本上促使我国政府购买公共服务的事业得以进一步的发展，就要遵循以下几点意见和建议：第一，健全购买程序，大力推进契约式的公共服务；第二，明确政府在购买公共服务过程中的职责，提高自身意识；第三，加大政府购买的资金投入力度，扩大购买范围；第四，建立多元化的专业监督机制；第五，根据当地自身情况，选择公共服务购买模式；第六，规范购买流程[③]。

2. PPP 模式的研究

武志红（2005）认为，PPP 模式具有增加市场供给、减轻财政负担等优势，可以达到政府和私人部门共赢的良好局面。作为一种政府与私人部门合作的新型融资模式，PPP 模式在我国市场化运作背景下，可以被广为推广且具有光明的前景。但也说明了 PPP 模式目前还存在各种风险，如市场风险、法律风险等[④]。

杜亚灵、尹贻林（2011）通过从理论到理论、从理论到实践和从实践到理论这三种思路指出了 PPP 项目未来发展方向以及容易忽视的几方面问题，即风险分担的比例、过程角度、其他相关发展方向，并在总结大量相关文献的基础上分类解释了 PPP 项目风险研究的成果[⑤]。

王舒（2012）把 PPP 项目分成五个风险承担主体，分别是公共部门、民间投资方、贷款金融机构、项目设计单位、项目运营方。并且提出具体问题

---

① 朱眉华．政府购买服务——一项社会福利制度的创新［J］．社会工作，2004（8）：8－11.

② 闫海，张天金．政府购买公共服务的法律规制［J］．唯实，2010（6）：68－72.

③ 苏明，贾西津，孙洁，韩俊魁．中国政府购买公共服务研究［J］．财政研究，2010（1）：9－17.

④ 武志红．我国运行 PPP 模式面临的问题及对策［J］．山东财政学院学报，2005（5）：20－25.

⑤ 杜亚灵，尹贻林．PPP 项目风险分担研究评述［J］．建筑经济，2011（4）：29－34.

要具体分析，针对不同行业不同特点的项目，构建不同的风险承担模型，通过改进密切值的方法实现多目标共赢的决策。最后通过一个污水处理的案例证实了理论论证的准确性①。

杨秋波、侯晓文（2008）指出，PPP 模式能否实现效益最大化，其关键还在于能否建立一种利益共享、风险同担的长期合作机制。作者从 PPP 模式的内涵、运营和风险性三个方面出发，结合了马克维茨模型，建立了比较合理的 PPP 模式框架，并且提出了政府和私人部门之间的最合理的风险共担比例，这对于降低 PPP 模式应用的整体风险性，具有重要借鉴意义②。

除了上述文献，学者还尝试了对国内的城镇廉租房、水利设施、文体场馆项目等方面应用 PPP 模式进行了理论论证，为我国更好地推进 PPP 模式的养老事业提供了一定的理论基础。

3. PPP 模式推进养老事业的研究

张世英和李秀辉（2002）在总结国外养老经验并立足我国养老基础设施建设的基础上，深入分析了 PPP 融资模式的组织形式和运行特点等，最后提出我国应倡导政府和私人部门进行合作，共同促进养老事业的发展③。

胡桂祥、王倩（2012）对我国养老机构建设应用 PPP 模式的必要性和可行性进行了研究。主要分析了我国养老机构目前存在的问题、如何最优地解决问题，并从理论层面上和从实践结果上对 PPP 模式的可行性进行了研究论证④。

祁恒珺（2007）使用借鉴分析法对我国农村养老保险制度进行探索，分析了国外部分有代表性国家的 PPP 模式的制度以及国内较为成功的地方 PPP 模式制度，指出 PPP 模式与农村养老保险结合的风险性，并且根据这一问题提出了 PPP 模式应用到养老保险模式中的方法，可为我国养老机构建设提供

---

① 王舒，何寿奎．我国 PPP/BOT 项目风险评价综述［J］．价值工程，2012，31（15）：51－52.

② 杨秋波，侯晓文．PPP 模式风险分担框架的改进研究［J］．项目管理技术，2008（8）：13－17.

③ 李秀辉，张世英．PPP 与城市公共基础设施建设［J］．城市规划，2002（7）：74－76.

④ 胡桂祥，王倩．PPP 模式应用于养老机构建设的必要性与应用条件分析［J］．建筑经济，2012（2）：101－104.

参考与借鉴①。

张羽、徐文龙、张晓芬（2012）指出PPP项目契约的天然不完全性以及所带来的效率的损失问题，他们把PPP项目划分为四个模块，并依次分析各模块对项目的影响。这一研究结论，可为我国养老机构建设在引入PPP模式的实际中，在不完全契约的条件下，如何提高PPP契约效率提供理论指导②。

## （三）文献评述

从以上国内外文献及国内外研究现状可以看出，国外有关PPP模式推进养老事业的文献和研究比较少，而国内的相关文献和研究则相对比较丰富。这是因为国外尤其是西方发达国家的养老体系比较成熟，在PPP模式出现之前，这些国家就已经具备覆盖面较广的养老服务建设，所以西方发达国家对PPP模式的应用主要涉及市政公用工程事业等的基础设施建设领域，而在养老事业领域应用较少，但对于我国来说，国内的养老事业还不够发达，并且对养老服务的需求也很旺盛，这两个方面使得国内专家学者对PPP模式在养老事业领域应用的研究较为广泛。

国外学者们主要围绕着政府购买的制度建立、运作机制等方面进行研究，在理论分析的基础上，通过在具体实施操作过程中，证实政府购买的必要性。在具体的运作过程当中发现一些问题，展开了广泛的分析和讨论，并提出了针对性的改进方法。因此，国外在政府购买这一领域的相关研究，不论是从理论角度，还是从实证角度，都领先于我国目前的相关研究成果，国外的实际经验也可以为我国开展公共服务的供给提供参考，对我国政府的购买发展具有一定意义上的指导作用。但由于政治形态不同、经济基础不一致，要求我们必须具体问题具体分析，结合我国目前自身的发展状况，将西方的理论本土化，形成真正适合我国国情发展的理论体系。

① 祁恒珺．我国农村社会养老保险制度中PPP模式的价值取向［J］．发展，2007（10）：151－153.

② 张羽，徐文龙，张晓芬．不完全契约视角下的PPP效率影响因素分析［J］．理论月刊，2012（12）：103－107.

## 五、研究方法

1. 文献研究法

通过查阅文献对有关老龄化和 PPP 的研究进行了梳理，深入了解将 PPP 模式引入老龄产业的发展阶段、现状及特点，同时对目前有关 PPP 模式引入老龄产业的主体、结构及体制的研究进行相应的总结和归纳，以此作为探讨将 PPP 模式引入老龄产业的发展与治理的基础。

2. 比较研究法

研究了 PPP 模式进入老龄产业的情况，分析了 PPP 模式进入老龄产业的具体实践。研究了 PPP 模式的养老产业运作的不同模式：公建民营、民办公助；以及 PPP 模式进入老龄产业的新业态：健康老龄化、积极老龄化、智慧老龄化。

3. 实地访谈法

通过对山东济南养老服务中心、北京市朝阳区恭和养老公寓、杭州富春江曜阳国际老年公寓领导、工作人员以及入住的老人进行实地访谈，充分了解将 PPP 模式引入老龄产业运行现状、所面临的实际困难和困扰，同时通过访谈可以得到老人和管理人员对于解决现实问题的可行性建议。

## 六、研究思路

本书以老龄产业为研究对象，将 PPP 模式引入老龄产业的发展和建设中，尝试以 PPP 模式的自身优势和先进经验更好地推动老龄产业的发展。以人口老龄化问题为切入点，通过对相关面板数据的分析，介绍了 20 世纪以来我国和发达国家及地区的人口老龄化现状，从经济学的角度分析了研究老年问题的意义。

基于对国内外相关文献资料的梳理，从供给侧和需求侧两个方面概述了我国老龄产业的发展情况。通过对公共产品理论、产权理论、委托—代理理

论、契约理论的阐释分析和 PPP 模式相关概念的综述，以及介绍国外 PPP 模式进入老龄产业的情况，分析了 PPP 模式进入老龄产业的具体实践。

在借鉴国外养老服务体系的基础上，探讨了我国养老服务体系建设问题。针对国内外新的养老技术、理念和政策进行研究之后，以福建省闽清县为例，探讨了混合福利视角下闽清县养老服务政策。最后，结合我国的实际情况，提出了促进 PPP 模式更好地应用于我国老龄产业发展的对策建议，包括：明确定位，做好老龄产业发展规划；健全法律，完善政策扶持体系；加强管理，规范老龄产业的服务标准和定价机制；完善监督，建立养老机构的行业评估和社会评议机制；依托技术，拓展养老服务发展新思维；积极引导，提高老年人的有效消费需求。

## 七、创新与不足之处

1. 创新

首先，从中国老龄产业供给侧和需求侧进行研究，基于当前经济理论界最新的理论视角，对发展中的老龄产业进行了研究，包括：我国老龄产业的发展现状；代表性老龄产业的供给现状；我国老龄产业发展的现存问题；老龄产业整体需求情况分析；细分产业需求情况。

其次，基于研究，提出了 PPP 模式的养老产业运作的不同模式：公建民营、民办公助；PPP 模式进入老龄产业的新业态：健康老龄化、积极老龄化、智慧老龄化。

2. 不足之处

首先，理论提升不够，在世界范围内，老龄产业的研究已经取得了一定的成果。在中国，老龄产业刚刚兴起，实践还处于摸索阶段，理论研究也处于起步阶段，本书的研究作出了努力，但是，在理论上还有提升空间。

其次，实地访谈还可以进一步深入，由于调研时间等方面的原因，调查研究还不够深入，今后还需进一步加强，做更进一步的深入研究。

# 第二章　从经济学角度研究老年问题的意义

人口老龄化是指人口生育率降低和人均寿命延长导致的总人口中因年轻人口数量减少、年长人口数量增加而导致的老年人口比例相应增长的动态过程。人口老龄化有两层含义：一是指老年人口相对增多，在总人口中所占比例不断上升；二是指社会人口结构呈现老年状态，进入老龄化社会。国际上通常看法是，当一个国家或地区 60 岁以上老年人口占人口总数的 10%，或 65 岁以上老年人口占人口总数的 7%，即意味着这个国家或地区的人口处于老龄化[①]。人口老龄化对一个国家的经济社会发展具有深刻的影响。

## 一、人口老龄化对经济社会的影响

### （一）人口老龄化对人口结构的影响

人口老龄化意味着老年人口比重加大，劳动适龄人口比重下降，将会引起人口抚养比上升，“人口红利”逐渐消退。抚养比是指从整个社会来看，每 100 名劳动年龄人口负担多少非劳动年龄人口，15 ~ 64 岁为劳动年龄人口，14 岁及以下和 65 岁及以上为被抚养人口。“理论抚养比”是以老年、

① 马力，桂江丰．中国人口老龄化战略研究［J］．经济研究参考，2011（34）．

少儿人口为消费人口，劳动年龄人口为生产人口；“实际抚养比”由未就业人口与就业人口的比例决定①。在人口老龄化进程中，虽然生育率降低，少儿人口所占比重下降，但是老年人口比重上升，且增速快于少儿人口下降比例，而且劳动适龄人口比重下降，人口抚养比上升。有学者测算，随着人口老龄化进程的发展，中国2010～2050年劳动年龄人口比例不断下降，社会总抚养比逐渐上升（见表2－1），社会负担加重。

**表2－1　　2010～2050年中国劳动年龄人口预测**

| 年份 | 总人口（亿人） | 15～64岁人口（亿人） | 劳动年龄人口比例（%） | 总抚养比（%） |
|---|---|---|---|---|
| 2010 | 13.58 | 9.83 | 72.41 | 37.89 |
| 2015 | 14.01 | 9.97 | 71.15 | 39.97 |
| 2020 | 14.29 | 9.93 | 69.50 | 43.06 |
| 2025 | 14.42 | 9.98 | 69.20 | 44.23 |
| 2030 | 14.47 | 9.81 | 67.81 | 46.21 |
| 2035 | 14.46 | 9.38 | 64.87 | 52.54 |
| 2040 | 14.38 | 8.96 | 62.32 | 59.78 |
| 2045 | 14.15 | 8.72 | 61.64 | 62.06 |
| 2050 | 13.83 | 8.44 | 61.04 | 63.40 |

资料来源：钟志平，刘丰有，李楚婷．我国人口老龄化的社会经济影响及对策［J］．河南科学，2016（4）．

另外，随着中国人口老龄化进程的加快，“人口红利”将逐渐消退。“人口红利”是在人口转变过程中，出现生育率迅速下降、适龄劳动人口比重提高、老年人口比例未达较高水平，形成劳动力充足、抚养比低、储蓄率高的更具生产性人口结构，作为启动经济发展的引擎，助推经济加速发展，为经济增长提供额外源泉，创造经济社会发展黄金期②。中国改革开放四十多年来经济的飞速发展离不开“人口红利”，据世界银行测算，“人口红利”的结构性优势对中国经济高增长贡献度达30%以上。但是随着人口老龄化程度加深，“人口红利”将逐渐消退。

① 徐剑，吴先明．论人口老龄化对我国经济社会的影响［J］．中国地质大学学报（社会科学版），2013（1）．

② 马力，桂江丰．中国人口老龄化战略研究［J］．经济研究参考，2011（34）．

## （二）人口老龄化对劳动生产率的影响

许多学者认为人口老龄化不利于劳动生产率的提高，因为劳动生产率高低的决定因素之一，是劳动者素质的高低，且身体素质是劳动者素质的自然条件和基础。老年人生理功能退化，精力或体力下降，劳动能力衰退，反应速度慢，难以从事繁重的劳动和快节奏的生产；与年轻劳动力相比，高龄人口因身体衰老经常生病，医疗费用大幅增加，造成企业养老和医疗保险支出增加，不利于企业增加利润、技术进步和扩大投资。从数量上看，老龄化意味着劳动适龄人口比重下降，老年人口比重上升，这将带来劳动力供给的相对减少。从结构上看，老龄化提高了劳动力的平均年龄，对劳动生产率的提高产生负面影响。

随着社会技术的不断发展和进步，新的行业、新的职业和新的工种将不断涌现，社会分工将更加复杂和频繁，而这些都要求劳动力有较强的适应能力和较新的知识技术结构。一些高科技领域已呈现出明显的要求其从业人员年轻化的倾向，如在电子信息、计算机软件开发、航天航空、海洋探测等一些技术密集度高、技术更新频率快、智力乃至体力工作强度大的相关技术及产业领域，从业人员特别是一线专业人员很多时候只能是年轻人①。很显然，总体上人口老龄化与劳动力队伍平均年龄提高相伴随的情况，与科技发展对劳动力队伍年轻化的要求是相矛盾的，不利于劳动生产率的提高。

生命周期假说认为，年龄对于劳动力的劳动生产率具有重要影响，年龄与劳动生产率之间呈现出倒“U”形的曲线关系，即在劳动年龄的开始阶段劳动生产率较低，以后随着技术的进步和经验的积累劳动生产率会逐步提高，最后又会出现一个随着年龄增加而劳动率下降的过程，50 岁左右为转折点，生命周期中认知能力的下降是造成这一趋势的主要原因②。

因此，在我国人口持续增长的情况下，人口老龄化快速发展，虽然在短

---

① 祁峰．人口老龄化对我国经济社会发展的影响及对策［J］．生产力研究，2010（7）．

② 杨雪，侯力．我国人口老龄化对经济社会的宏观和微观影响研究［J］．人口学刊，2011（4）．

期内不会使我国出现劳动力资源规模减小的状况，但是将会使劳动力有效供给水平下降；而从长期来看，这一问题将会日益突出，特别是在劳动力资源整体规模下降以后，我国也必然面临劳动力供给短缺问题。

### （三）人口老龄化对科技创新的影响

一些学者认为，人口老龄化会对科技创新产生负面影响。科学技术发展表明，人类社会的许多发明创造大多是在中青年时期创造出来的，劳动人口高龄后，记忆力减退，创新能力和接受新技术能力将会减弱，不利于产业结构调整和技术更新①。人口老龄化会使更多社会资源用于老年人养老和医疗支出，一定程度上不利于科技创新投入的增加。有学者指出不同年龄段人口采纳新技术的成本不同，由于新技术产生收益具有时滞性，许多老年人在新技术收益产生前可能会离世，但仍要承担采用新技术牺牲休闲的机会成本，所以对采用新技术持反对意见。他们认为，人口老龄化加大了持反对意见人口的比例，不利于技术进步②。

但也有学者认为，人口老龄化导致劳动力日益稀缺，会引起人们对劳动力素质的重视，从而加大人力资本投资，通过教育和培训增强劳动力技术创新能力，人口老龄化对技术创新也有正向影响③。人口老龄化对科技创新的影响取决于正负效应的合力作用。

### （四）人口老龄化对消费、投资和储蓄的影响

1. 人口老龄化对储蓄、投资的影响

人口老龄化影响养老制度选择，养老制度的变动影响消费者的养老预期，进而影响储蓄与消费行为，而储蓄、消费及投资的变化会对经济增长产

---

① 李志宏．国家应对人口老龄化战略研究总报告［J］．老龄科学研究，2015（3）．

② 武永生．人口老龄化的经济效应研究综述［J］．西北人口，2011（5）．

③ 祁峰．人口老龄化对我国经济社会发展的影响及对策［J］．生产力研究，2010（7）．

生作用。学者指出人口老龄化会引起储蓄率下降。

首先，老龄化使私人储蓄水平下降。生命周期假说理论指出消费者在其生命中的不同时期（少年、壮年和老年）具有不同的消费和储蓄方式。工作期间是以储蓄和投资为主，而在老年时期，则是储蓄量减少并且消费从前储蓄的过程①。老年人口属于消费人口，日常生活、医疗等费用支出往往通过消耗他们自身的储蓄来实现，必然使其储蓄水平下降。老年人口的不断增加，将使这部分人口的储蓄水平逐渐下降。另外，人口老龄化也会引起家庭结构的变化，中国“四二一”的家庭逐渐增多，家庭养老负担加重，用于赡养老人的支出增加，也会降低家庭储蓄水平。

其次，人口老龄化也会导致社会储蓄水平的下降。随着人口老龄化进程的不断加快，老年人口比重大幅提高，低生育水平虽然使 0 ~ 14 岁人口所占比重不断下降，但其速度将低于老年人口比重的上升速度，社会将面临总抚养比不断提高的问题。人口老龄化所带来的人口结构变化、劳动适龄人口比重下降使养老保险基金的来源逐渐减少，老年人口比重上升使养老和医疗保障支出不断增加，老年人口大量增加，将会使国家用于老年社会保障、改善老年福利设施与老年服务的公共支出比例不断提高。同时，企业用于支付社会保障的各项支出也将随着人口老龄化水平的提高而增加，使企业用于生产性的投资比例缩小，在技术等其他条件变化较慢的情况下，使企业产出水平下降，进而导致社会总产出水平和人均国民收入增长速度的下降，对经济发展产生不利影响。

储蓄是投资和资本积累的源泉，投资是经济社会发展的依托，储蓄率的下降会抑制投资的增长。一般认为国家的投资主要来源于个人投资和政府投资，老年人口的增加促使国家拿出大量资金改善老年福利设施，支付大量医疗保障金、退休金，其势必影响投资规模，对经济社会的长期发展不利。

对中国而言，人口老龄化对储蓄和投资的影响存在不确定性，因为生命周期理论没有充分考虑国家之间制度差异和文化差异对人们行为的影响。生命周期模型没有考虑上下两代人的抚养行为特征，在下一代为父辈提供养老

① 杨雪，侯力. 我国人口老龄化对经济社会的宏观和微观影响研究［J］. 人口学刊，2011（4）.

保障的情况下，他们的数量和收入水平会对父辈将来养老产生重要影响，即下一代数量越多，收入水平越高，父辈的养老就越有保障。有学者提出如果存在可操作的馈赠动机，在寿命提高和财富增加的情况下，就不会出现生命周期理论中所说的反储蓄行为，因为生命周期模型并不考虑代际间财富的流动①。生命周期理论没有考虑文化差异对人们行为的影响，中国传统中的"孝文化"已经形成一种隐性的家庭养老制度安排，"反哺"习俗倡导子代有义务和责任为父辈提供物质和精神保障，使得父辈倾向于投资后代的教育以保障自己未来的养老，而这是生命周期理论所缺失的。因此在研究中国的人口老龄化对储蓄的影响时，需要更多具体的实证。

2. 人口老龄化对消费的影响

从理论上说，人口的消费水平与消费需求在很大程度上取决于其收入水平，但在收入水平一定的情况下，人口结构的变化也将在一定程度上影响总的消费需求。有关研究表明，儿童与老年人的消费需求均低于成年②。

对于老年人口来说，收入水平和收入来源稳定性、消费倾向、消费行为等方面都具有与其他年龄人口不同的特点，这也决定了老年人口的消费需求。从老年人口个体来说，其往往更加节俭，用于食品等生活用品的消费支出将会低于年轻人口，同时，老年人口在社会交往方面的消费需求将会显著下降，而健康保健、医疗、服务和护理方面的消费需求较高，在老年人口消费支出中往往占有较大的比重。对于一个国家来说，老年人口的消费水平还取决于老年人口的规模。我国人口老龄化过程中，老年人口规模庞大，且快速增长，这将推动老年人口消费需求的迅速增长。因为老年人口的显著增加，其物质和精神需求也会日益增长。这时，市场机制将引导社会资源不断向开发满足老年人的生活用品、医疗产品、保健用品及老年大学、老年旅游等产业转移，社会对老龄产品和服务的需求将会不断增长。

人口老龄化一方面使储蓄率下降，进而使投资减少；但另一方面老人消

---

① 武永生．人口老龄化的经济效应研究综述［J］．西北人口，2011（5）．

② 于宁．后人口红利时代中国的挑战与机遇——基于老龄化经济影响的视角［J］．社会科学，2013（12）．

费需求增加促进老龄产业发展，进而拉动经济增长。人口老龄化通过影响储蓄投资消费，影响物质资本积累，进而影响经济增长。人口老龄化对经济增长的最终影响取决于投资减少的负效应和需求增加的正效应的合力作用。

### （五）人口老龄化对产业结构的影响

人口老龄化使人口抚养比上升，人口红利逐渐消退。老人身体机能下降，劳动能力减弱，耐受力下降，影响农业发展。农业急需转型，需要依靠科技创新和机械化生产，发展高效农业和生态农业，需要培育高素质人才。人口老龄化意味着劳动力人口比重下降，劳动力日益稀缺将导致劳动力成本上升，依赖廉价劳动力的劳动密集型产业也需要转型。人口老龄化使储蓄率降低，进而对投资产生不利影响，导致依靠投资拉动经济增长的动力减弱。人口老龄化导致越来越多的经济建设资源被占用，从而制约提升技术进步、促进产业结构升级所需有关投入的增加，企业转型、产业升级难度增大①。这种变化将促使整个社会转变经济增长方式，从依赖劳动力、资本、土地和其他自然资源等传统要素转变为依靠技术进步和创新。

老年人养老、医疗等需求日益增加，将为第三产业提供巨大的市场，促进老龄产业的发展。老年市场与其他细分市场相比，具有更大的潜力。老年人是特殊生活用品、住房、医疗保健及护理服务等产品的主要消费者。特别是随着生活水平的提高，在满足物质消费的前提下，老年人对家庭服务、心理咨询、休闲旅游等老龄服务的需求也很多。巨大的养老需求将会促进老龄产业的发展。日本老年人的两大主要消费项目为高档电器和旅游，日本在1986 年成立的“银色产业振兴室”，就是为了开发“银色”市场，以满足老年人的不同需求。“银色产业”为日本的经济增长作出了巨大贡献②。目前，老龄产业是我国大力扶持的产业之一，涉及房地产、旅游、医疗、保健、食

---

① 李军．人口老龄化影响经济增长的作用机制分析［J］．老龄科学研究，2013（1）．

② 钟志平，刘丰有，李楚婷．我国人口老龄化的社会经济影响及对策［J］．河南科学，2016（4）．

品、保险、教育等数十个行业。

### （六）人口老龄化对社会保障和养老模式的影响

发达国家经验表明，人口老龄化带来的另一个直接后果是养老保障负担的日益加重，这已经成为许多发达国家所面临的普遍难题。人口老龄化引起人口结构变化，劳动适龄人口比例下降使养老保险基金的来源逐渐减少，人均预期寿命延长导致养老金支付时限延长，使养老保险费用不断增加，两方面的变化将使养老保险面临巨大的财政压力。收不抵支使得现收现付制养老保险制度面临不可持续的风险，急需转型和改革。另外，人一旦进入老年阶段，身体免疫机能老化，抵御疾病侵袭能力下降，各种疾病接踵而至，因而老年人对医疗保健和护理的需求较大，医疗费用支出逐渐增加。特别是对于养老保障制度建设不够完善、经济实力不足的国家来说，持续增加的养老保险金支付将是一个亟待加快解决的难题。

人口老龄化引起人口结构变化，也导致家庭结构变化。人口生育率持续下降使家庭规模进一步缩小，趋向小型化、核心化，甚至出现少子化的趋势。20 世纪 70 年代以来，我国开始实行严格的计划生育政策，几十年过去了，第一、第二代独生子女正进入婚育年龄，“四二一”家庭逐渐增多，一对夫妻要同时赡养四位老人、抚养一个孩子，养老负担日益加重。

此外，由于产业结构的调整，下岗或失业人数的增多和现代生活步伐加快、竞争的加剧，成年子女自身的生存和发展受到威胁，因此对老年父母的照料也力不从心，“空巢”家庭越来越多。家庭的养老负担日益加重，传统的家庭养老方式受到挑战，需要转向社会化养老和多元化养老。

### （七）总结

可以从经济增长因素视角分析人口老龄化的影响，通过借鉴柯布—道格拉斯生产函数，构建分析框架，得出人口老龄化对经济增长的影响是通过影响经济增长要素，即科技水平、劳动力与物质资本等实现的[①]（见图 2-1）。人口老龄化导致劳动适龄人口比重下降，老年人比重上升，社会抚养比上升，劳动力资源日趋短缺，不利于劳动生产率的提高。人口老龄化使更多的社会资源用于养老，储蓄率下降，进而导致投资减少。虽然老年人对养老医疗等消费需求增加，但是否能拉动经济增长还取决于老人购买力和老龄产业的发展，所以人口老龄化对消费的影响还不确定。人口老龄化通过影响储蓄、投资和消费，影响物质资本积累，进而影响经济增长。人口老龄化导致创新主体变化，影响科技进步，进而影响经济增长。人口老龄化导致老年人比重上升，老年人记忆力、认知能力减弱，不利于科技创新。较多社会资源用于养老，不利于科技创新投入支出的增加。高新技术产业具有从业人员年轻化的倾向，人口老龄化不利于高新技术产业的发展。人口老龄化对经济的影响是多种效应的交互作用，正向效应和负向效应综合作用的结果具有不确定性。另外，各国经济发展水平、社会制度和历史文化传统存在差异，人口老龄化的影响也会不同。

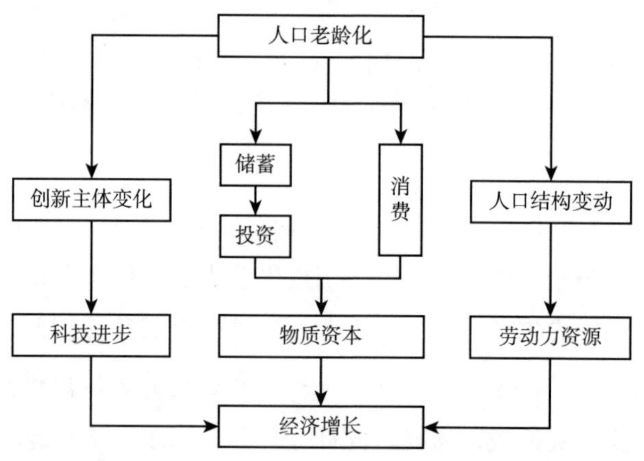


**图 2-1　人口老龄化对经济增长的影响机制**

资料来源：倪超，陈翌莳，邱效威．中国人口老龄化对经济增长影响的研究述评［J］．中国人力资源开发，2014（9）．

① 倪超，陈翌莳，邱效威．中国人口老龄化对经济增长影响的研究述评［J］．中国人力资源开发，2014（9）．

学术界关于人口老龄化对经济影响的讨论可以分为“乐观派”和“悲观派”。“乐观派”的主要观点是老年人拥有丰富的经验，如果开发和配置得当，许多负面效应都有可能转变成正面效应，进而促进经济增长；人口老龄化有助于促进人力资本投资，提高国民的素质等。“悲观派”主要认为老人是消费人口、是负担，劳动年龄人口数量的减少及老龄化和高龄化趋势使得整个社会的劳动生产率下降；老龄化使得社会的储蓄率下降，社会资本用于再生产的部分减少。关于人口老龄化对社会经济发展的影响，当前我国许多学者多持机遇与挑战并存的观点，且挑战大于机遇，其分歧点主要在于人口老龄化与劳动生产率和储蓄的影响关系上①。

人口老龄化与经济发展是一种相互影响的过程，当前有不少研究仅局限于从单一的方向着手，即仅研究经济增长对人口老龄化的影响，或人口老龄化对经济增长的影响。人口老龄化影响经济增长的途径并不是单一的，而是几种力量的共同作用，这些力量有时甚至是相反的，结果取决于合力的指向。发展中国家和发达国家在制度环境、经济发展水平和历史文化传统等方面存在着许多差异，运用相关理论要做适用性分析，尤其是假设前提的适用性要极为慎重，有必要根据具体情况作出改进。

## 二、应对人口老龄化挑战的基本对策与思考

### （一）科学认识人口老龄化问题

联合国2001年的一份报告归纳了人类社会老龄化的四个特征：（1）人口老龄化现象是前所未有的，人类历史上没有发生过类似的情况。（2）人口老龄化是普遍性的，是影响每个人的一种全球现象。（3）人口老龄化是深刻

① 倪超，陈翌莳，邱效威．中国人口老龄化对经济增长影响的研究述评［J］．中国人力资源开发，2014（9）．

的，在人类生活的所有方面都产生重大的后果和效应。在经济领域，人口老龄化将对经济增长、储蓄、投资与消费、劳动力市场、养恤金、税收及世代间转接发生冲击；在社会层面，人口老龄化影响了保健和医疗照顾、家庭组成、生活安排及住房与迁徙。（4）人口老龄化是持续的，在 20 世纪内，老年人的比例持续增长，这个现象在整个 21 世纪将继续存在①。

人口老龄化是社会发展的必然结果。人口老龄化是人类社会文明进步的重要标志。人口老龄化是人类自身发展的必经阶段，相继经历年轻型、成年型、老年型社会。随着社会经济发展，死亡率和出生率相继下降，人口再生产类型由传统型向现代型转变，人口老龄化是社会发展的必然趋势②。世界上已经有许多国家进入老龄化社会，老年型社会将成为未来社会发展的基本形态。

人口老龄化水平不会无限制提升。人口发展规律表明，在科技没有产生重大突破，人均预期寿命不会发生突变的情况下，稳定的生育和死亡模式对应稳态人口年龄结构最终演进成稳态型，人口老龄化水平也趋于稳定，不会无限老化③。

充分认识到人口老龄化是重大经济问题，这一点至关重要。只有充分认识到人口老龄化是重大经济问题，才能真正引起各方面对人口老龄化问题的高度重视。这是实现从经济层面成功应对人口老龄化问题的前提。人口既是经济社会发展的主体，也是重要的基础性资源，它兼具消费者与生产者双重属性，与经济有着天然的内在联系，由此也决定了，作为人口结构深刻变化的人口老龄化问题，必然对总体经济运行产生内在的、系统性的深刻影响。

### （二）改革生育制度和人口政策

由于人口老龄化会导致劳动力供给减少，劳动生产率下降，不利于科技

① 翟振武，郑睿臻．人口老龄化与宏观经济关系的探讨［J］．人口研究，2016（2）．

② 马力，桂江丰．中国人口老龄化战略研究［J］．经济研究参考，2011（34）．

③ 李军．人口老龄化影响经济增长的作用机制分析［J］．老龄科学研究，2013（1）．

创新等问题，各国需要适当调整人口生育政策，逐步放宽生育控制。古今中外经济社会发展的实践证明，适度的人口数量和结构是经济社会协调发展的前提。目前中国的人口情况是既要控制人口数量，又要防止老龄化速度过快和生育率降低速度过快。人口发展的客观规律告诉我们，人口问题在时间上往往具有一定的滞后性，作用的强度具有乘数效应，当我们明显感到人口问题存在时，实际上已经丧失了解决问题的最好时机，发达国家面临的人口老龄化问题为我们敲响了警钟，解决老龄化问题必须具有超前性和战略性。中国“一胎化”的计划生育政策已经实施了30多年，使我国人口增长率迅速下降到发达国家的水平，虽然它为中国人口红利的早日到来作出了重要贡献，但也导致了人口老龄化的提前到来，使中国面临未富先老的问题。

人口发展的规律表明，人口长期经历低生育率水平必然带来诸如人口老龄化加剧、劳动力人口缩减、出生人口性别异常、家庭少子化等人口结构性矛盾[①]，这些矛盾演变构成影响现在和未来经济社会发展的主要矛盾。如果想改变或降低人口结构性矛盾的程度，就必须适当提高人口增长速度，实行适度宽松的生育政策。另外，生育率一旦下降就会形成惯性，一时很难刹住车，容易形成低生育机制[②]。因此，生育政策的调整从生育率下降至更低水平之前就应着手进行，而不是等到生育率下降至更低水平之下时才进行。

2013年中国启动“单独二孩”政策，但是政策遇冷，成效不大。说明人们生育观念已然发生了转变，少生优生甚至不生成为绝大多数人的自觉行动。“单独二孩”政策的遇冷，为全面二孩政策的加快实施提供了足够的经验支持，也打消了人们对全面二孩政策实施后可能出现的较为严重的出生堆积的种种担忧。2015年10月中共十八届五中全会决定：坚持计划生育的基本国策，完善人口发展战略，全面实施一对夫妇可生育两个孩子政策，积极开展应对人口老龄化行动，全面二孩政策启动。全面二孩政策的实施，一定程度上促使出生人数的增加与生育率的回升，从而有助于减缓少子老龄化前

---

① 于宁．后人口红利时代中国的挑战与机遇——基于老龄化经济影响的视角［J］．社会科学，2013（12）．

② 陈友华．全面二孩政策与中国人口趋势［J］．学海，2016（1）．

进的步伐、增加未来劳动力供给、提高家庭抗风险能力。要切实应对人口老龄化、生育率过低带来的问题，还应出台全面二孩政策的配套措施，要努力消减生养孩子给家庭所带来的从经济到精神方面的巨大压力，建立健全生育与养育成本的社会补偿机制，国家与社会在孩子生养方面应承担更多的责任。例如，给予孕产妇更长的假期、建立更多的托儿所和幼儿园等①，国家也应给予更多的财政支持，并促使生育与养育公共产品和公共服务的均等化，以减轻家庭与父母养育子女的负担，真正实现优生优育。

### （三）推行渐进式延迟退休政策，推动积极老龄化

由于人口老龄化导致劳动适龄人口比重日益下降，可能导致劳动力供给短缺，需要改革退休政策，适当延长退休年龄。我国目前的法定退休年龄仍是 20 世纪 50 年代所规定的，即法定退休年龄为男士年满 60 周岁，女工人年满 50 周岁，女干部年满 55 周岁②。实际上随着经济发展、社会进步、社会医疗水平提升、人们生活水平提高使人口寿命得到延长，所以目前刚到退休年龄的人员大都身体健康、精力充沛，还具有很强的劳动能力。另外，随着受教育年限延长，如果退休年龄不变，则实际工作年限缩短。而且企业的发展也需要大批经验丰富、技术熟练的人员发挥作用，退休年龄过低，无疑会使企业流失能干的人才。适当延长退休年龄，可以缓解我国劳动力短缺的趋势，而且可以开发利用老年人力资源，让老人发挥余热。此外，推迟退休年龄也有助于延长社会保障缴费年限，增加社会保障缴费，推迟了领取养老金的年龄，推迟社会保障福利支付，通过增收减支一定程度上缓解养老金收支缺口，减轻未来养老金支付压力，也可以缓解“少子化”情况下的家庭养老负担。

建立渐进式弹性退休制度，坚持公平性为首要原则，兼顾社会目标与个

---

① 原新．我国生育政策演进与人口均衡发展——从独生子女政策到全面二孩政策的思考［J］．人口学刊，2016（5）．

② 王克祥，于凌云．关于渐进式延迟退休年龄政策的研究综述［J］．人口与经济，2016（1）．

人利益，要改革劳动力政策，规范劳动力市场，扩大就业，减小延迟退休给就业带来的不利影响。推迟退休年龄的核心目标在于增加经济活动人口，从而保证社会保障缴费人口的增加。同时，推迟退休年龄的关键选择在于确定强制缴费资格年限，以保证养老基金能够在推迟退休年龄后达到长期的积累和收支平衡。要公平、合理、科学的确定退休年龄，不能忽略各类人群之间人力资本的差异、行业差异以及社会贡献差异，建立适合我国国情的渐进式弹性退休制度。需要完善法律法规，明确政府责任，以法律确立工龄、缴费资格年限、退休年龄与养老金替代率之间的关系等问题①。应完善我国现有的老年就业法规，建立老年人就业保护制度。

开发老年人力资本，推动积极老龄化。世界卫生组织提出积极老龄化是指人到老年时，为了提高生活质量，使健康、参与和保障的机会尽可能发挥最大效应的过程。积极老龄化是鼓励老人积极参与社会、政治和经济生活的政策理论，积极老龄化实现的关键在于参与。积极老龄化包含两个维度，一是外在的维度，主要强调的是老年人对于个体、家庭、团体、组织或者社区所作出的贡献；二是内在的维度，主要强调老年人拥有积极的心态会提升他们的幸福指数②。我们应以积极老龄化思想为指导，鼓励老年人继续工作和终身学习，积极参加社会公益活动，发挥余热。积极开发老年人力资源，既可弥补劳动力不足，为国家和社会创造更多财富，把一部分消费人口转变为生产人口，还可以把人口老龄化带来的压力转变为促进社会经济发展的动力。开发老年人力资源，首先，应重视老年人社会价值，鼓励老年人利用智慧和经验为社会的发展创造财富和多作贡献。其次，积极营造老年人力资源开发的良好社会氛围，通过老年人自我能力再开发，以延缓劳动力老化，同时让其老有所为。最后，应积极推进老年教育，实现终身学习。老年人与年轻人就业存在差异，互补性强，年轻人从事前沿性、创新性、力量性、市场性等特点以全日制为主的职业，而老年人从事社会性、公益性、辅助性等特

① 乐章，刘二鹏．延迟退休年龄：研究进展与若干争议［J］．社会保障研究，2015（2）．

② 陆杰华，郭冉．从新国情到新国策：积极应对人口老龄化的战略思考［J］．国家行政学院学报，2016（5）．

点以灵活制为主的职业。将老年人劳动创造的财富显性化，创造老年人参与社会的条件，激活潜在社会发展动力。

## （四）大力发展老龄产业，满足老年群体需求

人口老龄化导致老年人口数量增加，老年人群体的需求对经济增长的作用越来越重要，由此给老龄产业发展带来重要契机。大力发展老龄产业，不仅可以为老年人带来福利，而且可以形成新的经济增长点。老龄产业，是指由老年人口消费市场需求增长带动而形成的产业，它包括有关满足老年人需求的生产、服务、经营等设施和经济活动；老龄产业涉及房地产、旅游、医疗、保健、食品、保险、教育等数十个行业。随着老龄人口需求结构转变，老年人社会服务需求主要集中在医疗护理、饮食供应、居住交通、文化艺术、体育健身、家庭调节、知识更新、休闲娱乐、心理咨询等方面。老龄产业分成“健康与医疗”“福祉与照料”及“老龄公共品”三个层面①。要构建多层次老龄产业发展模式，坚持市场导向、政府扶持、全社会共同参与原则，兼顾经济效应与社会效应、公益性与盈利性、老年群体与其他群体的利益。完善老龄产业发展政策。扶植和培育老龄产业，制定老年产品税收减免、金融扶持、技改贴息、土地优惠等政策，动员社会力量参与、鼓励民间资本进入老龄产业，建立老年人失能等级划分标准，按等级制定相应产品、服务优惠政策②，通过政策引导各类生产、服务性企业升级改造、兼并重组，培育一批老龄龙头企业，打造一批老龄知名品牌。

完善法律法规，规范老龄产业市场秩序。建立老龄产业市场准入制度、老年产品和服务质量标准，严格规范的市场管理与运作，加强产品的检查与认证，构建老龄产品和服务的诚信体系，严厉打击危害老年人权益和利益的行为；以老年人市场购销行情、消费意愿和购买倾向调整生产、服务，适时适度引导老年人更新消费观念，培育和拓展消费市场，推动供需平衡。

---

① 祁峰．人口老龄化对我国经济社会发展的影响及对策［J］．生产力研究，2010（7）．

② 李军．人口老龄化影响经济增长的作用机制分析［J］．老龄科学研究，2013（1）．

加大老龄产品研发力度。“产、学、研”结合，利用科研院所丰富的人才资源和技术储备，做好老年人消费意愿和消费倾向调查研究，开发适合老年人生活与情感、行动与保护、治疗与康复、引导与照料等多样性产品，尤其是形成具有中国特色的老年人特需的康复辅具产业体系[①]，重点发展老年服务业，兴建养老机构、医疗服务机构、保健机构，增加老年服务项目等。加快高新技术产品研发成果转化，消除“数字鸿沟”，创新具有人性化、个性化的特色产品。

### （五）鼓励科技创新，促进产业结构升级

在人口老龄化浪潮的冲击之下，我们应当正视劳动力年龄结构老化和“人口红利”逐渐消失的形势，根据劳动力年龄结构的变化调整现有产业结构，应适时、适度推进劳动密集型产业向知识、技术密集产业转变。通过发展教育和职业培训，鼓励科技创新，提高劳动力素质，适应产业结构升级的要求。在第一产业通过新技术运用和机械化运作，发展高效农业、生态农业。第二产业从依靠廉价劳动力到依靠知识和科技创新。同时大力发展第三产业，满足老人和其他社会成员日益增长的物质文化需求。

提高国民教育水平，鼓励科技创新，特别是加强基础教育及相关职业培训是重要的环节。由于数量庞大的人力资源是我国目前最大的竞争优势，也是经济持续增长的主要源泉和动力，因此，在未来劳动力人口数量无法持续增长的情况下，我们要保持劳动力资源的竞争优势，则劳动力素质的提高就变得至关重要。因此，大力开发人力资源应成为保持经济持续快速增长的重要战略举措。经济增长的长期动力在于不断提高技术进步的作用水平，而推动技术进步的根源在于不断提高人力资源质量[②]。大力发展国民教育，促进教育公平，发展公共教育事业，增加教育资源供给，提高人口素质，建立终生学习与教育的机制，克服人口老龄化的不利影响。根据中国国情，大量富

---

① 马力，桂江丰．中国人口老龄化战略研究［J］．经济研究参考，2011（34）．

② 李军．人口老龄化影响经济增长的作用机制分析［J］．老龄科学研究，2013（1）．

余劳动力主要在农村，且农村人口老龄化程度高于城市，因此，加强农村的基础教育与农业劳动力职业培训是一项重要工作。

## （六）改革社会保障制度，建立多元化养老模式

人口老龄化使劳动适龄人口比例下降，老年人口比例上升，从而导致养老保险缴费减少而支出增加，使传统的现收现付制养老保险面临收不抵支的风险，现有的养老保险制度急需改革，可以引入积累制，将退休后福利待遇和缴费、工作年限挂钩，激励劳动者积极缴费和延迟退休。也可以引入名义账户制，可以分散制度转型成本，激励个人缴费，通过精算公平增强制度可持续性，并且个人账户更加透明，增强便携性，适应劳动流动。

我国的社会保障制度存在碎片化、双轨制等问题，需要深化改革。我国的养老保险采用个人账户与社会统筹相结合，在单位制向社会养老保险过渡的过程中，由于一部分劳动者个人账户没有缴费，改革后隐形债务显性化，存在巨大的转型成本。我国需要改革现有的养老保险制度，国家对制度转型成本要切实承担责任。将“统账结合”运作模式向社会统筹与个人账户独立运行模式转变，确保个人账户独立性，规范个人账户和社会统筹基金的管理，借鉴名义账户的思想对现有的制度进行改革，将个人养老福利待遇和缴费挂钩[①]。另外，逐步提高养老保险统筹层次，现阶段争取实现省级统筹，未来逐步向全国统筹过渡，增强制度便携性和互济性。继续扩大社会保险的覆盖面，逐步提高保障水平，致力于增加老人收入，增强老人购买力，为老龄产业的发展打下基础。另外，鼓励商业养老保险发展，建立养老保险多支柱模式。促进社会保障制度整合，逐步解决碎片化问题。坚持公平性原则，促进养老保险制度并轨，逐步缩小待遇差距，实现权利与义务对等。应由政府、市场、社会、家庭共同参与，尽快构建一个多元化、多层次、覆盖面广、公平可持续的社会保障体系。

---

① 姜春力．我国人口老龄化现状分析与“十三五”时期应对战略与措施［J］．全球化，2016（8）．

建立多元化的养老模式。人口老龄化使家庭结构和规模小型化，家庭养老负担日益加重，需要转向社会化养老。许多家庭的养老功能将被社会化养老服务所取代，如培育和发展社区、非营利组织提供养老服务，帮助老年人在社区内居家养老，将居家养老和社区有机地结合起来，即老年人自己出钱、政府加以资助，由社区派人提供养老服务，既解决了老年人的照顾问题，又提供了大量的就业机会。充分利用社区的人财物资源，为居家老年人提供以家政服务、生活照料、精神慰藉、医疗保健、康复护理、文化娱乐等为主要内容的社会化服务网络。另外，鼓励以房养老、机构养老、老年人互助养老等不同养老方式的发展。

除了养老金的给付，还要增加养老服务的供给，要培育和发展养老服务业，为老年人提供生活照料、医疗保健和精神慰藉等服务。另外，要进一步改革完善医疗保险制度，建立老年医疗卫生保健服务体系，完善各级医疗机构功能，大力发展社区卫生保健事业，尽可能让老年人就近享受较高质量的医疗服务，增加护理服务供给，实现医养结合。逐步建立以居家为基础、社区为依托、机构为补充、医养相结合的养老服务体系。

## （七）总结与思考

总之，应对人口老龄化的挑战需要全方位的应对措施。人口老龄化是中国经济社会发展中的长期性问题，其复杂的经济影响效应不会在短期内完全显现。然而，这并不能说明中国的人口老龄化问题不具有紧迫性和重要性。人口总量与年龄结构的变化有其客观规律，人口老龄化的经济效应也必然遵循一定的时间规律逐渐显现，应对人口老龄化的措施也需在总结规律的基础上及早提出并有效实施。

中国具有人口规模大、老龄人口众多的特征，还属于未富先老，为应对人口老龄化问题带来巨大压力和挑战。中国应对老龄化问题的制度基础薄弱，难度比一般国家大，国情决定了人口老龄化战略没有现成模式照搬，要从基本国情出发，依靠发展、积极应对、勇于创新。我们要以积极老龄化思想为指导，认识到人口老龄化是挑战也是机遇，从生命周期出发，由重保障的“事后补救”转向重预防的“事前干预”。利用抚养比较低的人口红利期，抓住扩大内需的有利时机，以建立养老保障制度和社会财富积累制度为切入点，逐步完善应对人口老龄化问题的各项配套措施，解决社会发展动力和抚养负担问题。另外，通过开发老年人力资源，发展老龄产业和激活老年人消费活力，实现社会发展动力由外生型向内生型转变，挖掘二次“人口红利”。将积极应对人口老龄化提高到基本国策的高度，将人口老龄化战略上升为国家战略，探索出一条中国特色积极应对人口老龄化的道路。

# 第三章　中国老龄产业概述

## 一、中国老龄产业供给侧情况

### （一）我国老龄产业的发展现状

1. 老龄产业发展历程、整体现状

我国老龄产业从无到有，从有到优，大致经历了三个阶段。首先是萌芽阶段（1997 年以前），在这一阶段“老龄产业”的概念还未正式提出，学者们关注的焦点主要是中国人口老化和老年市场发展之间的关系。接着是开拓阶段（1997～2000 年），“老龄产业”这一概念最早提出可追溯到 1997 年第一届老龄产业座谈会的召开，老年学会会长张文范认为“老龄产业”是老龄市场需求增长而带动形成的新兴产业，并提出老龄产业概念界定的初步构想。发展初期，“老龄产业”被广泛称为“老年产业”或“银发产业”，以相关人群作为产业的界定标准，即认为老龄产业仅以老年人为服务对象，为老年人提供产品和服务的企业都应属于老龄产业①。步入 21 世纪后，老龄产业迎来了蓬勃发展的态势，也就是当前的第三阶段——发展阶段（2000 年至今），21 世纪初，分别于 2000 年 8 月、2001 年和 2004 年召开的三次全国性老龄产业会议极大地推动了老龄产业的发展。从这之后，我国政府加强了

① 孙娜．中国老龄产业有效需求研究［D］．天津：天津工业大学，2017.

对老龄产业的关注力度，通过宏观调控手段进行中长期发展规划，将推动老龄产业的规模化、均衡化、多样化和特色化发展纳入了政府政策范畴。

目前，老龄产业涉及了养老机构与服务业、医疗护理行业、老年金融业、老年文化娱乐业、老年保健、老年旅游等多个行业，犹如雨后春笋，在老龄化时代不断加强的背景下出现蓬勃发展的态势。但整体看来，仍处于产业发展探索初期，以政府为主导，细分行业发展阶段不一，产业供给形式还比较单一。其中，各路资金投资养老服务产业、养老房地产热情高涨，老年旅游业及医养护融合产业作为新兴产业吸纳投资能力渐强，而老年金融行业、老年文化娱乐、老年教育产业发展后劲仍然不足。

2. 老龄产业发展迎来新机遇

老龄产业在当下的发展也具备了诸多可喜的外部和内部条件。一是发展老龄产业的政策环境有所优化。我国政府先后出台了《中国老龄事业发展“十二五”规划》《社会养老服务体系建设规划（2011～2015 年）》《中华人民共和国国民经济和社会发展第十三个五年规划纲要》《“十三五”国家老龄事业发展和养老体系建设规划》等大政方针，为老龄产业的发展作出了新的指示，也为实现老龄事业的发展目标指明了方向。在《“十三五”国家老龄事业发展和养老体系建设规划》中明确提出，要实现“居家为基础、社区为依托、机构为补充、医养相结合的养老服务体系更加健全”“支持老龄事业发展和养老体系建设的社会环境更加友好”的发展目标。政府政策层面对老龄产业发展的重视无疑为进一步推动老龄产业的更高质量和满足老龄群体的需求创造了良好的外部条件。

二是民间资本投资热情空前高涨。国家政策扶持及老龄市场内在需求日渐旺盛的现状，激励更多民间资本投入到老龄市场，尤其是高端养老服务业、旅游养老业逐渐成为民间资本的几大新的投资热点。如以万科、绿城为代表的民间地产商及部分外资资本，已在老龄项目上卓有成效。

三是老龄群体的消费观念有所转变，消费意愿增强。消费需求是社会再生产的终点和新的起点，满足消费需求是一切经济活动的出发点和归宿①。

① 李晶．老龄人口消费特征与老龄产业消费市场潜力分析［J］．商场现代化，2017（5）．

随着老龄群体的可支配收入增加，以及市场经济环境下带来的老龄群体消费观念的转变，由传统的保守型消费向现代的积极性消费转变，再加上多样化的老龄产品对老龄人消费意愿产生的诱发和引导机制，多因素综合作用强化了老龄群体的消费意愿。

## （二）代表性老龄产业的供给现状

根据老年群体的生理和精神状况，可将老年人的需求划分为养老服务需求、医疗护理需求、精神娱乐需求、保健需求、老年金融理财需求、健康养生需求等。为了满足其需求，衍生出不同的老龄产业，代表性的包括养老机构建设产业，老龄服务产业，医养护一体化产业，老龄旅游、文化、娱乐产业，老年金融产业，老龄保健产业等。

1. 养老机构与服务

中国老年人口数量快速增长，老龄化程度不断加深。与此同时，中国也加快了老年服务业发展步伐。根据民政部发布的《2016 年社会服务发展统计公报》，2016 年全国各类养老服务机构和设施 14.0 万个，比上年增长 20.7%，其中注册登记的养老服务机构 2.9 万个，社区养老服务机构和设施 3.5 万个，社区互助型养老设施 7.6 万个；各类养老床位合计 730.2 万张，比上年增长 8.6%（每千名老年人拥有养老床位 31.6 张，比上年增长 4.3%），其中社区留宿和日间照料床位 322.9 万张。此外，统计数据还显示，全国共有老龄事业单位 1828 个，老年法律援助中心 1.9 万个，老年维权协调组织 7.0 万个。享受高龄补贴的老年人 2355.4 万人，比上年增长 9.3%；享受护理补贴的老年人 40.5 万人，比上年增长 52.8%；享受养老服务补贴的老年人 282.9 万人，比上年增长 9.7%。尽管养老机构建设已经取得了阶段性成果，老龄服务水平也有所提升，但相对于现实需求而言依旧任重道远。

当前我国的养老床位数占老年人口总数的 2.9% 左右，按国际最低标准 5% 计算，养老床位数还存在较大缺口。因而不少人以中国人口老龄化发展速度快与老年人口数量众多，与西方发达国家简单对比后差距较大为依据，认为中国的老龄产品与老龄服务需求巨大，老龄产业产能不足。实际上，这是一种典型的惯性思维导致的误判。中国老龄科学研究中心《中国养老机构发展研究报告》显示，被访的 257 家养老机构中，养老服务床位空置率高达 48%，48.1% 的养老院收支基本持平，32.5% 亏损，仅有 19.4% 稍有盈余，民办养老机构生存尤为困难。这一现象的背后实际上暴露的是中国的老龄产业产能总体上存在过剩的问题①。

在养老机构建设方面还存在较大的结构性失衡问题。中国现有的养老机构大体存在以下三种划分方式：一是根据养老机构所有制的性质，可以将其划分为公办、民办、公助民办、公办民营四类②；二是按照机构的功能，可以将其具体划分为托老所、养老院、敬老院、老年公寓、护理院、临终关怀机构、老年人服务中心等；三是按照机构供给养老服务和劳务的水平可以将其划分为基础性、中间型和高端化养老机构。就目前国内现有的养老机构，绝大多数属于公立性质，且以提供基础性养老服务为主。普通供养型床位和护理康复型床位比例严重失衡，城市与农村以及城市内部城区与郊区养老床位严重失衡。民营化养老机构中除少部分非营利性质的机构依旧在满足中低端需求市场，剩下的以“候鸟式”养老为代表的机构都在发展高端养老。总而言之，低端、高端养老机构供给有余，中端养老机构供给不足，呈现出两头大中间小的结构性失衡问题。

2. 医养护一体化产业

在人口老龄化背景下，老龄人口基数不断扩大，与此同时，我国现有的老年人养老模式如居家养老、社区养老和机构养老等普遍存在有养无医、医养分离等问题，难以满足老年人不断增强的多样化、健康养老需求，同时也缺乏相应的老年服务护理，因而探索实施医养护结合型健康养老模式已势在必行，在很多经济相对发达地区进行了探索和实践。

以上海佘山镇为例，正在整合社区医养护服务资源，探索一条政府主导，医养护一体化运作的道路。该地首先做到医养结合，一是整合硬件设

① 陈友华．中国老龄产业产能过剩与结构失衡的原因［N］．新华日报，2016－05－27（015）．

② 周云，陈明灼．我国养老机构的现状研究［J］．人口学刊，2007（4）：19－24．

施，将社区卫生服务中心的医疗资源、敬老院的养老资源和镇生活服务中心的设施资源有机结合，实现社区养老资源利用效益最大化。二是整合养老力量，为进一步推动医养护模式，统筹社区资源，加强社会力量整合。其次是从强化机构互动、队伍互动、健康治理三个维度入手实现医护结合，提升社区老年人生命质量。最后还有实现机构养护和居家养护相结合，建立无缝隙社区照护服务体系①。

3. 老龄旅游、文化、娱乐产业

老龄群体除了物质和服务上的需求之外，在精神慰藉方面同样存在强烈的需求。老年人文化娱乐、旅游消费是填补其精神空缺的有效途径，是保障老年人“老有所乐”及“老有所为”的重要手段，尤其是生活在广大城镇地区的老龄群体，对“精神追求”类消费需求更加旺盛。

根据民政部发布的2010～2016年的社会服务统计公报显示，截至2016年末，我国共有老年学校5.4万所、在校学习人员710.2万人、各类老年活动室35.9万个（见表3－1）。各类老年学校开办适宜老龄人群特点的音乐舞蹈类、摄影插花类及诗词文学类课程，为老年人提供了更加广泛的交友平台，同时也满足了老年人精神层次的需要。

**表3－1　2010～2016年全国老年学校、在校学员、老年活动室数量**

| 年份 | 2010 | 2011 | 2012 | 2013 | 2014 | 2015 | 2016 |
|---|---|---|---|---|---|---|---|
| 老年学校（所） | 49289 | 48116 | 50000 | 54000 | 54000 | 53000 | 54000 |
| 在校学习人员（万人） | 586.9 | 603.2 | 625.3 | 692 | 733.1 | 732.8 | 710.2 |
| 老年活动室（万个） | 36.8 | 41.3 | 34.6 | 36 | 34.9 | 37.1 | 35.9 |

资料来源：根据2010～2016年民政部统计公报相关数据计算得出。

4. 老年金融产业

随着老龄化时代的到来，庞大的老龄群体为银行金融业提供了新的业务发展契机。一些商业银行开始着手开发符合老龄群体定位的金融产品，细分

① 邵德兴．医养护一体化健康养老模式探析：以上海市佘山镇为例［J］．浙江社会科学，2014（6）．

老年群体市场服务，从金融关怀的层面为老年人提供专属金融服务，并已经取得一定的经济效益。以中信银行推出的七彩华龄卡为代表，问世一周年发卡量即超过 2. 2 万张，青岛市 22000 多名老年人都享受到了七彩华龄卡提供的金融和一系列增值服务。

此外，还有诸如华夏银行等商业银行近年来也加强了老年金融服务领域的布局，以全方位、多层次、细节化的养老金融服务抢占了“银发经济”的先机。华夏银行北京分行基于其庞大的养老金用户群体，推出了一系列针对老年人的优惠措施和创新服务，例如，对北京地区客户免收挂失单、折手续费，免收华夏卡挂失手续费以及个人存款证明手续费等，同时为养老金代发老年人配发金卡，推出专属理财，设计老年人特惠服务手册等。对于有需求的老年人，推出了协助填单、专人护送、电话预约、上门办理等贴心服务。

尽管已经有相关的金融机构开始涉足老年金融产业，但发展过程中依旧存在诸多问题。一是金融产品的针对性弱，没有精准定位到老年群体，导致老年人对这类金融产品的关注度较低；二是许多金融机构存在对老年人虚假宣传和不规范营销的现象。一些银行工作人员为提高个人业绩，抓住老年人高收益、低风险的心理偏好以及金融知识匮乏的漏洞，极力向其推销基金、商业保险等产品。最后相应风险发生导致老年群体利益受损，从而引发矛盾纠纷。

## （三）我国老龄产业发展的现存问题

### 1. 对国家财政资金支持依赖过大，社会资本投入不足

一方面，在长期的计划经济体制影响下，福利化养老的思维模式在许多人的传统观念中根深蒂固，将发展养老事业的责任全部归于国家的事，因而建设老龄产业在很大程度上依赖国家的财政资金拨款，在老龄化问题日趋严重的背景下，这种方式显然会造成国家财政不堪重负；另一方面，因为长期对非公有制经济存在认识偏差，认为非公有成分一旦介入以养老机构为代表的老龄产业的建设和运营，会造成老年人的福利损失，从而导致大量社会资

本被排斥在养老相关产业的建设之外，因而对于中小型私营养老机构因为无法筹集足够的资金支持和政策扶持，而无法公平参与市场竞争，获得有效发展，极大地阻碍了养老机构的建设进程。

2. 政府的作用“一家独大”，市场和社会力量参与不足

在以往观念中，一直将养老产品和服务当作公共物品来供给，因而以政府财政拨款或相关政策扶持主导发展老龄产业，政府在老龄产业的建设中扮演着引导核心的角色。相较于由政府直接供给公共产品和服务，市场化的供给方式存在财政补贴不够、准入门槛过高、准入程序复杂的问题，受制于政府支持力度的不足和政策层面的无力，一直以来市场和社会并没有发挥出应有的威力，而是一直处于相对弱势的地位发展老龄产业。

3. 老年消费市场有效供给不足

根据全国老龄工作委员会办公室提供的数据，到 2020 年我国老年人口将达到 2.48 亿人，老龄化水平将达到 17%，中国老年消费市场规模将达到 3.3 万亿元。另有数据表明，2005 年我国老年人市场需求为 6000 亿元，2010 年中国老年人市场的年需求已经达到 10000 亿元，预计 2050 年左右将达到 50000 亿元，然而在巨大的消费需求下却是每年不足 1000 亿元供应量[①]。供需之间如此巨大的反差，可以看到老年消费市场还潜在巨大商机，也说明老年产品和服务与市场化、产业化尚有一定距离。

4. 社会化、产业化、规模化程度低

由于在此之前，我国主要以政府主导发展老龄产业，市场和社会的力量往往被排除在政策允许的范围之外，近十多年来在老龄化问题日趋严重的情况下，政府不得不采取简政放权的手段，放开对民间资本的限制，出台一系列方针、政策和规划等，为老龄产业的发展保驾护航。由于市场的探索才刚刚开始起步，在老龄产业各个领域的发展中，尚处在摸索实践阶段，所以整体社会化、产业化、规模化程度还比较低。

① 2014 年中国老年健康产业发展现状分析. 中国产业洞察网，2014－6－13.

# 二、中国老龄产业需求侧情况

## （一）整体需求情况分析

1. 现实需求基础

中国当前老龄化程度远高于广大发展中国家的现有水平，已达到较为严重的程度。除了老龄人口规模基数大，增长速度也突飞猛进，老龄人口正在以每年 1000 万人的速度增加，在预期寿命不断延长、出生率依旧降低的背景下，预计到 2055 年，老龄人口占总人口比例将达到 35%。庞大的老龄人口基数和快速增长的速度为老龄产业的发展提供了庞大的消费群体与稳定的现实需求基础。

2. 外在客观条件

（1）养老观念的转变：传统的家庭养老观念遭遇西方外来思想的“侵蚀”。我国的养老服务模式主要分为居家养老、社区养老和机构养老三种，虽然目前绝大多数老年人采取居家养老的模式，但随着现代西方外来思想的影响，以及市场经济环境下人口流动性的增加，对于“谁来养老”，老年人尤其是城市、低龄老年人的“养儿防老”观念正在逐渐淡化。在现代家庭的养老功能弱化的背景下，仅靠血缘关系已经无法满足老年人的照护需求，老年人及其家庭对社会化、专业化与市场化需求的增加是一种必然趋势，这种养老观念的转变为发展市场化、专业化的老龄产业创造了有利的条件。

（2）物质生活条件改善：催生专业化、多元化的老龄产业需求。根据经济学理论，要形成有效的市场需求，取决于有需求的人、有消费的欲望和消费购买的能力三大要素。老年人口对不同类型的老龄产业的需求取决于老年人口规模、老年人口消费欲望及其购买能力。当前中国老龄人口具有基数大、增长速度快的特点，并且随着传统的家庭养老功能的急剧弱化，老年人口及其法定赡养人经济状况的逐步改善，不仅使老年人口对机构养老与服

务、老年金融、老年旅游文化娱乐、老年医疗康复护理等需求成为了一项有效需求，而且也促使相关老龄产业的供给向更加专业化、多元化的方向发展。

## （二）细分产业需求情况

1. 养老地产需求

老龄房地产包括养老社区、老龄服务机构、异地养老房地产项目、城市老年公寓、现有住房的适老化改造、二手老龄房地产等。据相关预测显示，到 2025 年和 2034 年，中国老年人口将分别突破 3 亿人和 4 亿人，中国将拥有全球最大的老龄房地产市场。目前 75% 的中国老年人口拥有住房，但现有住房是按照年轻型社会的需求建造的，缺乏适老性设计。例如，很多六层高的楼房，并没有配备电梯，对于老龄人口来说，生活居住十分不便。未来通过开发适宜的金融工具，进行以房养老、租赁、互换，可以很好地发挥房产的养老功能。

当前国内养老地产市场由于发展模式的不明确、收益率的不确定以及相关政策法规的缺失，导致该领域的发展尚不成熟。目前，国内养老地产的模式主要包括以保险资金为开发主体推出的养老机构，如养老院；开发商推出的养老地产项目，如北京的万科幸福汇；慈善机构与企业合作，将公益性与市场化运作相结合，如中国红十字基金会与哈工大集团在深圳合推的曜阳老年公寓项目。除此之外，还有定位于中高档消费的“候鸟型”养老，如海南养老夕阳红老年旅游公寓。然而，无论哪种模式，养老地产目前尚未形成可复制的成熟模式。

2. 老龄服务业需求

从长远看，为居住在家的失能半失能老人提供护理康复服务是未来中国人口老龄化过程中的重大课题，也是老龄服务业的当务之急、优先领域和重中之重，更是发展老龄产业的主攻方向。同时，由于老龄化迅速、家庭规模变小和空巢老人增多等因素，老龄服务业的消费需求具有形成产业集群的现实条件。

3. 老年医疗器械行业

随着现代科学成就的不断融入，医疗器械在医疗健康事业中的作用日益彰显，成为大健康产业中最活跃的经济增长点。目前，在政府政策规划大力扶持下，中国医疗器械产业增速持续保持两位数，高端产品自主研发与生产能力逐步加强。从发展趋势来看，市场需求潜力巨大，监督管理日益规范，技术创新驱动，产业集中度不断提高等，将持续推动中国医疗器械产业健康快速发展。

伴随我国老龄化日益加剧、居民健康意识增强、可支配收入增加以及政府医疗改革的深入推进，国内医疗健康市场需求持续增长，进而将推动老年医疗器械市场规模不断扩大。

从医疗器械行业的国家政策、方针层面看，2015 年，国务院发布《中国制造 2025》，提出我国要提高医疗器械的创新能力和产业化水平，重点发展影像设备、医用机器人等高性能诊疗设备等；2016 年，中共中央、国务院发布《“健康中国 2030”规划纲要》，强调要加强高端医疗器械等创新能力建设，加快医疗器械转型升级，提高具有自主知识产权的医学诊疗设备、医用材料的国际竞争力，并提出到 2030 年，药品、医疗器械质量标准全面与国际接轨的目标。随着国家一系列相关战略、政策法规的相继出台，将为我国医疗器械产业创造良好的发展环境，迎来新的发展机遇。

4. 老年金融业

根据中国当前的人口统计，中国目前 30 ~ 59 岁的潜在老龄金融服务对象约有 6 亿人，这意味着巨大的消费潜力。预计未来涉老资本将超过目前的 GDP 总量，中国的老龄金融业将成为未来全球最大的老龄金融市场。

从当下运行情况看，银行、保险、基金、证券等机构已经关注了老年金融业这一领域潜在的市场需求，并纷纷开始试水老龄市场，养老专属理财产品、养老保险产品、养老金信托基金产品等金融产品相继推出。但总体来说，中国老龄金融发展尚处于起步阶段，因而推进过程中难免还存在诸多问题。首先，养老金融产品单一低效，许多老年人以储蓄作为唯一的理财方

式，虽然安全风险较小，但资金的增值压力大，只能作为最低的保值选择。其次，养老保险方面也存在过于依赖社会养老保险，对其他商业类养老保险认识不足、消费不足的问题。此外，对于整个老龄行业而言，虽然潜力巨大，但整体发展理念还比较滞后，对老龄金融产品的创新发展意识不足、重视不够，因而与国际先进水平和成熟经验还相去甚远。所有这些因素都是满足实现老年金融产业的跨越式发展亟待解决的问题。

## 三、老龄产业供给模式

### （一）传统老龄产业供给模式：公办养老机构

1. 服务水平整体偏低，运营管理成本居高不下

在养老机构运营上存在两大突出问题：一方面，传统养老产品和服务作为公共产品和服务的性质，主要依靠政府部门的力量来供给，整体水平和层次偏低；另一方面，公办养老机构占据主导地位，从理论上说，能够照顾到最广大老年群体的基本需求，降低了市场排斥的风险，但从现实情况看，公办养老机构的垄断供给导致公共养老资源配置的低效率，直接造成了社会福利的整体损失。

2. 养老产品和服务供给不足

近年来，尽管各级政府不断加大财政转移支付的力度，但在庞大的老龄人口规模下，仅依靠政府兴办公益性的养老院、干休所、敬老院等福利机构，已经远不能满足老龄化社会发展的需求。在物质生活条件普遍改善的情况下，大部分养老机构依旧停留在传统的以“养”为主，仅限于让老年人吃好、住好，而忽视了老年人在术后康复、照顾护理、文化娱乐等方面的需求，造成中端养老产品和服务供给不足。

3. 专业性养老服务人才匮乏

受到低职业声望和低劳动报酬等因素影响，当前我国愿意投身于养老机

构就业的人员数量并不可观，同时专业性人才缺乏，没有形成职业化发展模式。我国当前多数养老服务机构的管理人员缺乏专业的知识背景，从业人员以女性、大中专职业院校及以下文化水平为主，也没有经过专业的技能培训，这些都将成为制约养老产业长期发展的一大限制条件。

## （二）现代老龄产业模式：政府与社会资本合作模式

1. PPP 模式的概述

根据《关于推广运用政府和社会资本合作模式有关问题的通知》规定政府和社会资本合作（PPP）模式是在基础设施及公共服务领域建立的一种长期合作关系。这种模式是政府为了履行提供公共产品和服务的职能而通过签订合同或协议的方式引入社会资本参与供给与运营的一种合作模式和运营机制。

在发展老龄产业方面采用 PPP 模式，其实质是政府简政放权的一大表现，通过引入社会资本增加对老年群体在养老、医疗、护理、保健、金融理财、文化娱乐等方面的有效供给，相比政府单一供给具有不可比拟的优越性，并且符合物有所值财政承受力的论证要求，符合社会公共利益最大化的根本利益诉求。

2. 采用 PPP 模式发展老龄产业的优势

（1）解决了三大难题：一是资金筹措问题。传统方式中，将老年群体的各项需求以公共物品的方式加以供给，其建设和管理运营资金主要来自于政府的专项财政拨款，少部分来自市场资金投入。通过 PPP 模式，为广大闲置的民间资本参与老龄产业的建设开放了一个新的窗口。二是养老产品和服务、医疗卫生、保健护理等供给不足问题。传统的由政府一家独大供给老年群体所需的产品和服务，不仅供给数量有限，而且还存在水平较低的问题，引入社会资本，相当于增加了产品和服务的供给主体，为发展专业化、多层次、多元化的老龄产业创造了新的条件。三是管理运营低效率问题。在 PPP 模式下，通过引进成熟的管理经验和专业的管理人才，同时保留和完善监管

等公共部门的核心职能，极大改善了传统的养老机构、医疗护理机构、老年活动室等人才队伍臃肿、管理低效率、财政投入入不敷出的问题。

（2）实现了多元互动：政府、市场、社会合作共推，风险共担。政府、市场和社会三大主体发展养老机构各有其优势和适用范围，政府拥有雄厚的财政资金兜底同时也有国家政策作为保障，降低了投资不同类型的老龄产业的风险；市场则拥有得天独厚的竞争机制，能够自发地实现资源的高效配置；而社会主体则可以集中各式各样的社会力量，发掘和培训专业人才队伍。在PPP模式中，巧妙地利用了三大机制的各自优势，通过有机组合的方式实现各自合理占比，并在政府和私人部门之间取长补短，相互均衡。

（3）优化了角色分工：投资、运营、监管三大功能主体更加明朗。在传统的养老服务供给体系中，以政府机关为代表的公共部门占据主导地位，无论是机构的前期基础设施建设、土地划拨、财政拨款，还是后续的日常运营活动，政府在很大程度上发挥支配性作用；与此同时，私人部门则处于从属性的被支配地位，因为获得的政策和公共资源有限，只能依靠自身能力在“夹缝”中艰难求生存。

采用PPP模式发展养老机构后，公共部门相当于从原有的核心地位稍做退让，将私人部门的地位重新提上了一个新的台阶，两者在相对平等的地位上洽谈合作，并且进一步优化了各自角色分工。在现代PPP模式下，政府部门主要扮演着PPP项目的极力倡导者，与私人部门合作共赢的合作者，专业化、多元化养老服务的助推者，社会化运营的监督者，养老产品和服务供给效能的评估者等角色；而私人部门主要扮演着社会资本的投资者、养老机构的建设者、老年产品和服务供给的运营者、与公共部门的合作者及从老龄产业项目投资中的获利者。

3. PPP模式适用在养老机构项目中的发展性问题

（1）投资周期长，资金体量大、周转率低。采用PPP模式，从项目识别、项目准备、项目投资、项目运营到项目评估等步骤，要经历长期的论证、实施和评估等环节，意味着项目投资周期长、回收利润缓慢、资金的周转率低；此外，从前期建设到后续运营等工作，都需要投入大量资金，意味着要筹集充足的储备资金才能维持良效运转，这些都是采用 PPP 模式进行老龄产业的项目建设需要克服的内在问题。

（2）作为准公共产品和服务，经济回报率低。经济学理性经济人假设告诉我们，人都是理性的，在投资项目选择时会理性考量并选择同等条件下能实现收益最大化的项目。另外，由理性经济人所掌握的资本具有逐利性，对市场具有敏锐的嗅觉，只有存在较大利润空间的项目才具有吸引力和持续注资的可能性。对于部分老龄产业的项目，其作为一种非纯粹公共物品，本身不具备太大的利润空间，虽然带来了较大的社会效益，但对私人部门的经济回报率低。

（3）外在不确定性风险因素增加。老龄产品和服务的传统供给模式中，政府发挥核心的作用，因而很多风险都是可控的，有政府强大的财政基础和强有力的行政、法律手段作为保障。在 PPP 模式下，由于放开对民间私人资本的限制，将不得不面对来自多方面不确定性风险因素：一是要面对复杂的外部环境，包括同一产业内不同机构之间的激烈角逐和竞争；二是政府机关领导层的更迭换届带来的政策和扶持力度的多变性，有些 PPP 项目在政府领导班子换届后得不到应有的重视，因而在政策落实和扶持力度上跟不上现实需求，增加了项目风险；三是老年人群体的自身安全风险系数高，稍有不慎就会带来民事、法律纠纷等。

（4）多部委参与后带来的责任归属模糊问题。2017 年，民政部、发展改革委、公安部、财政部、国土资源部、环境保护部、住房城乡建设部、卫生计生委、中国人民银行、工商总局、食品药品监管总局、银监会、全国老龄办联合印发《关于加快推进养老服务业放管服改革的通知》，进一步调动社会力量参与养老服务业发展的积极性，降低创业准入的制度性成本，营造公平规范的发展环境。13 个政府部门的联合助力一方面可以降低交易成本，减少前期行政审批手续，提高项目进展的速度；但另一方面不得不警惕多部门联合参与后，将会带来的责任归属模糊，最后导致私人部门利益受损的问题。

# 第四章　PPP模式进入老龄产业现状和问题

## 一、PPP模式进入老龄产业的理论基础

### （一）公共产品理论

1. 公共产品理论简介

所谓公共产品，现代经济学广泛接受的定义是指那些在消费上同时具有非竞争性和非排他性的产品。公共产品是市场机制发生失灵的一个重要领域，公共经济学中的资源配置职能主要体现在公共产品的提供上，市场经济体制下政府的公共支出主要以公共产品提供范围为依据，因此公共产品理论是PPP模式进入老龄产业的核心理论基础。

公共产品理论从竞争性和排他性两个维度界定了产品的公共性程度，可以将产品划分为三类：纯公共产品、纯私人产品和准公共产品，如公共池塘资源和俱乐部产品（见表4－1）。

**表4－1　公共产品的界定**

| 竞争性＼排他性 | 排他 | 非排他 |
|---|---|---|
| 竞争 | 私人产品 | 公共池塘资源 |
| 非竞争 | 俱乐部产品 | 纯公共产品 |

纯公共产品具有受益的非排他性、取得方式的非竞争性、提供目的的非营利性、效用的不可分割性等特点。相对而言，私人物品具有受益的排他性、取得方式的竞争性、提供目的盈利性、效用的可分割性等特点（见表4－2）。纯公共产品一般由政府提供，一方面是因为成本过高，如国防、国家安全、法律秩序等；另一方面是因为“搭便车”现象难以控制，由政府来提供公共产品有利于提高每位社会成员的状况。政府直接负责公共物品的提供和生产，使政府承担了越来越多对经济活动的规制、干预和生产功能，政府规模越来越庞大，而财政开支的规模也与日俱增。但是，政府在经历了扩张性财政政策带来的一个时期的经济繁荣之后，制度安排的效用递减等因素使自身无法经济、有效地提供公共物品，存在着过度提供公共物品、财政赤字负担过重和无法迅速回应公众多元化需求等诸多问题，要求政府选择更为有效的供给制度安排。

**表4－2　公共产品与私人产品差异**

| 产品类型特征 | 纯公共产品 | 私人产品 |
|---|---|---|
| 受益 | 非排他性（核心特征） | 排他性 |
| 取得方式 | 非竞争性（核心特征） | 竞争性 |
| 提供目的 | 非营利性 | 营利性 |
| 效用 | 不可分割性 | 可分割性 |

准公共产品是指具有有限的非竞争性或有限的非排他性的公共产品，它介于纯公共产品和私人产品之间，如学校教育、政府兴建的公园、拥挤的公路等都属于准公共产品。根据公共产品的不同属性和特征，安排公共产品的多元供给制度，使各种公共产品的需求与供给平衡，公决效率最优。政府出于对宪法、法律的遵从和满足公民基本权利与公平分配的需要，它必须对某些涉及国计民生、国家安全、公民基本权利与利益的纯公共物品予以提供，但同时可以通过多种组织形式，利用市场资源配置和私营部门的经营与技术优势，来有效地生产各种不同性质的准公共物品，这样既满足公平价值，又满足效率价值，并降低公共财政的支出规模，提高公众满意度。因此，准公共产品是现实中最常见的公共产品提供形式，对于准公共产品的供给，在理

论上应采取政府和市场共同分担的原则。

2. 准公共产品与 PPP 模式

相对于纯粹公共产品而言，准公共物品更符合当今社会的发展趋势，且正在日趋增加。目前而言，准公共产品的增加有两种表现形式，一方面纯粹私人产品日趋减少，越来越多的私人产品渐渐具有公共属性并在后续受到政府限制，如共享单车等共享产品；另一方面以往由政府提供的公共产品渐渐具有部分的竞争性和排他性的混合属性，如公私合营机构即 PPP 模式。

（1）私人产品公共化。科技技术的进步降低了非纯粹公共物品的边际成本，企业和个人更愿意在不损害自身利益的前提下提供公共物品，同时可以获得收益。BAT 三巨头的前期发展都具有公共物品的非竞争性和非排他性属性，百度的搜索引擎、阿里巴巴的淘宝店铺、腾讯的 QQ 和微信，这些产品都不收费且可供多人同时使用，新增一个消费者的边际成本约等于零；一个人使用这款产品，并不排除其他人同时使用。

企业提供公共物品有利于提升企业形象和企业产品的附加价值，具有广告效应。用养成用户习惯的方式，培养用户需求，从而形成用户基础。奥迪为购买车辆的用户提供“奥迪贵宾车主停车区”，该停车区显然具有一定的排他性，属于俱乐部性质。作为一种非纯粹公共物品，它体现了企业的商业优势，起到了很好的宣传作用。类似的公共物品还有社区、超市、公司的专用大巴等，免费为住户、购物者、员工提供乘车便利，通过提供福利留住用户和员工。个人将私人物品转化为公共物品，有较高的外部效应，同时具有降低物品成本或提高经济收益的功能。

（2）纯粹公共物品具有混合属性。市场提供非纯粹公共物品具有竞争性，有利于提高物品质量，运用市场机制能更合理地分配资源。

市场适用于提供私人物品，对提供纯粹公共物品是失效的，而提供纯粹公共物品恰恰是政府配置资源的领域，是政府的首要职责。但公共交通、供水、供气、供热、污水处理等城市发展基础产业如果由政府全权负责无疑加重了政府财政负担、增加了管理难度，通过政府补贴或企业竞价的方式将这些公共物品服务外包或转换为公私合营的模式，既可以提高公共物品的质量也能更好地实现资源配置，减轻了政府负担。

## （二）产权理论

### 1. 产权理论简介

产权理论（又称“科斯第二定理”）是指，私有企业的产权人享有剩余利润占有权，产权人有较强的激励动机去不断提高企业的效益。所以在利润激励上，私有企业比传统的国营企业优势明显。

1960 年，科斯发表了《社会成本问题》，正面论述了产权的经济作用，指出产权的经济功能在于克服外在性，降低社会成本，从而在制度上保证资源配置的有效性。科斯被认为是产权理论的创始人，他以马克思主义产权理论为基础从制度含义界定了产权的概念，从法律和经济的双重角度阐明了产权理论的基本内涵。

科斯认为企业的产生是为了控制交易成本，将交易成本引申为社会成本则会出现“外在性”的问题，如果产权界定不明确，那么外在性会极大地损害市场资源配置的有效性。由于外在性不可避免，只有在明确产权的情况下才能通过市场交易的方式消除外在性，所以，能够保持高经济效率的产权必须是明确的、专有的、可转让的以及可操作的。

### 2. 产权界定与 PPP 模式

从产权理论的角度来看，产权理论为如何解决公共产品“过度拥挤”问题提供了思路，使个人成本和社会成本一致，公共物品外部性的内在化，建立一个合理规模的俱乐部可以弥补生产公共物品的成本①。

科斯认为，如果交易成本为零，个人可以通过契约分配资源，然后内部化交易成本。外部性是在特定的市场中产生的。如果市场机制完善，外部性可以通过交易内部化来解决。要解决外部性问题，首先要界定初始产权界定。一旦初始权利确定后，资源配置的结果就建立起来了，不同的是收入分

① 贾娜．产权理论研究综述［J］．法治与社会，2010（7）．

配的结果，不管最初的权利是如何定义的。

### （三）委托－代理理论（Principal－agent Theory）

20 世纪 30 年代，美国经济学家伯利和米恩斯因为洞悉企业所有者兼具经营者的做法存在着极大的弊端，于是提出“委托－代理理论”，倡导所有权和经营权分离，企业所有者保留剩余索取权，而将经营权利让渡。“委托－代理理论”早已成为现代公司治理的逻辑起点。

委托－代理理论是过去 30 多年里契约理论最重要的发展之一。它是 20 世纪 60 年代末、70 年代初一些经济学家深入研究企业内部信息不对称和激励问题发展起来的。委托－代理理论的中心任务是研究在利益相冲突和信息不对称的环境下，委托人如何设计最优契约激励代理人。委托－代理理论是基于企业所有者和经营者都存在缺陷的现实提出的，权力分立允许企业主保留剩余索取权，经营权给到专职经理。“委托－代理理论”一般被认为是现代公司治理的逻辑起点，正是因为这个理论探讨了企业如何运用激励机制来解决所有权和管理问题。理论中的委托人和代理人之间存在矛盾。矛盾是以对剩余索取权的支配为基础，分析如何解决这一矛盾。企业经营中的不确定性使监管成本增加，市场交易中信息不对称会导致道德风险和逆向选择问题，从而增加代理成本。因此，如何衡量管理者的业绩就成了一个挑战，要想实现产权的归还，就必须通过谈判、交易、合同等形式，最终通过剩余索取权的控制来产生更为有效的产权结构和分配合同。

### （四）契约理论

PPP 作为一种公私合营提供公共产品和服务的合作模式，具有一系列契约关系的法律性质①。PPP 结构模型主要包括三类角色：公共部门、私人合

---

① 叶秀贤，孙慧，范志清．韩国 PPP 法律框架及其对我国的启示［J］．国际经济合作，2011（2）．

伙人和其他利益相关者（如公共服务消费者、为公共设施或供应商的建设和运营提供产品或服务的承包商、融资提供商等）。PPP 本质上是由这三类利益相关者相互作用而产生的一系列法律关系。它们之间最重要的法律关系是公共部门和私营部门之间的法律关系（PPP 协议）及其权利和义务，这种相互作用将直接影响到整个项目。

契约理论实际上包含了公共选择理论、委托代理理论、产权理论以及交易成本理论，这几个理论相互补充形成项目分析的整套理论工具。

由于道德风险与逆向选择的存在，契约双方经常会发生冲突，信息不对称导致所有权与签订的契约条款存在出入，使契约状态产生偏离，最终契约变得次优，效率低下成为信息不对称的一个因素，这个状态取代了所有权。因此，在一个交易成本巨大、契约不完备的世界，代理理论显然不能对企业所有权概念提供合理的解释。在此理论框架下，政府与公共服务提供者形成的是不完全契约理论基础上的行政契约关系（见图 4 -1）。

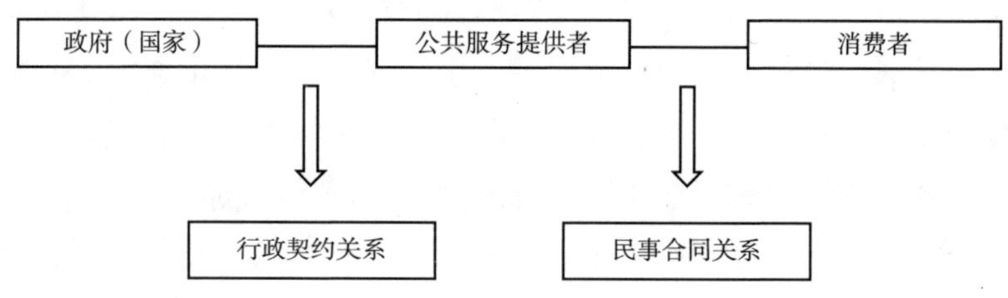


**图 4 -1　政府与公共服务者契约关系**

## 二、国外 PPP 模式进入老龄产业的情况

### （一）美国的实践

1. PPP 模式在美国发展历程

美国 PPP 项目的主要形式为发行市政债券，美国各级政府通过免税手段发行市政债券，用债券进行融资以投资私营部门建设或运营公共服务类项

目，项目涉及水利建设、垃圾处理、教育、医疗、低收入保障房建设等领域①。

市政债券是指由州、市、县、镇、政治实体、美国领土及其授权或代表机构发行的证券。

市政债券大致可分为一般责任债券和收益债券两类。一般责任债券由国家、市、县、镇（政府）发行，由发行人的税收能力（一种或多种形式的税收）支持，信用来自发行人的税收能力。收益债券由为建设医院、大学、机场、收费公路、供水设施、污水处理厂、地区电网或港口、公用事业等基础设施而合法设立的机构、委员会和权力机构发行。债务融资来自使用这些设施支付的使用收益。

我们可以对一般责任债券进行如下的理解。首先，债券是以地方税收能力为基础的，偶然的违约是非常罕见的，本金和利息都可以全额和按时足额支付。因此被称为“充满信念和信用的债券”（有点类似于“金边债券”）。其次，债券发行人（有关地方政府）以一种或多种方式征收偿债能力基金，并与各级政府的财政收入预算挂钩，所以债券应该叫作地方政府债券。因此，对于一般责任债券，市政债券可以理解为地方政府债券，其理论基础属于公共债务理论。

收益债券首先由“地方政府”机构或授权机构发行，偿还来自与“地方政府”预算没有直接关系的投资项目收益。不是地方政府预算中的直接债务，也与地方政府预算没有直接或间接的联系，地方政府不保证偿还这种债券，因此，这种债券与“地方政府债券”没有实际相关性。

19 世纪 20 年代起，美国即开始使用“市政债券”的方式与私营企业部门合作，进行城市建设。“市政债券”可以说是美国 PPP 模式的起源。PPP 模式在美国发展至今，私营部门和政府部门在项目中的地位正在逐步转变，目前，私营部门在项目建设、风险承担还有项目收益中占据主导地位。

---

①　中国政府采购网 . http：//www. ccgp. gov. cn/wtogpa/news/201601/t20160118_6466388. htm.

总的来说，美国的PPP模式中，政府为私营企业提供建设或运营公共基础设施的权利及债券形式的初始资金，私营企业负责公共基础设施的具体建设或运营并对建设或运营状况承担相应的责任。

2. PPP 模式进入美国老龄产业现状

根据美国人口普查局发布报告《老龄化的世界：2015》（An Aging World：2015）显示，2015年全球65岁及以上的人口占比为8.5%，到2050年这个比例将会达到16.7%。目前美国65岁人口占比处在14%~20.9%之间，到2050年该比例会达到21%~27.9%之间[①]。

由老龄化的定义来看：一个国家或地区60岁以上老年人口占人口总数的10%，或65岁以上老年人口占人口总数的7%，即意味着这个国家或地区的人口处于老龄化社会。可见美国当前已进入全球老龄化社会，并且老龄人口的比例还在快速上升。美国的老龄化情况远高于全球平均水平。

根据《美国养老住房服务手册》介绍，目前在服务类型上，美国机构养老服务体系有自助型社区（independent living）、老年公寓（senior apartment buildings）、辅助型社区（assisted living communities）、失智护理（memory/dementia care）、家庭护理（residential care homes）、专业护理（skilled nursing）、入户护理（in-home care）、老年日托服务（adult day services）、临时护理（respite care）共9大类，在服务项目上，则有日餐供应、服药管理、糖尿病管理、失禁护理、个人护理、失忆护理、就地护理、移动帮护、轮椅服务、交通服务、家政护理、干洗服务等12类服务，各类养老机构的费用在表4-3中进行了罗列。可见美国养老产业结构完善、覆盖全面、服务项目健全，但同时美国养老产业的付费项目价格也较高[②]。

---

① 美国人口普查局官网，http：//www.census.gov/.

② 《美国养老住房服务手册》，http：//web28.streamhoster.com/apfmdev/apfm_ebook_guide-to-senior-housing_final.pdf.

表 4-3　　美国养老服务体系情况表

| | 自助型社区 independent living | 老年公寓 senior apartment buildings | 辅助型社区 assisted living communities | 失智护理 memory/dementia care | 家庭护理 residential care homes | 专业护理 skilled nursing | 入户护理 home care | 老年日托服务 adult day services | 临时护理 respite care |
|---|---|---|---|---|---|---|---|---|---|
| 平均年龄（岁） | 75 | 65 | 80 | 80 | 80 | 不定 | 不定 | 不定 | 不定 |
| 花费（美元/月） | 2000 ~ 5000 | 400 ~ 1900 | 3500 ~ 10412 | 3500 ~ 6600 | 1000 ~ 8000 | 6000 ~ 13000 | 20 ~ 39 | 60 ~ 215 | 90 ~ 250 |
| 日餐供应 | 自选 | 无 | 3 + | 3 + | 3 + | 3 + | 无 | 1 + | 1 ~ 3 |
| 服药管理 | 无 | 无 | 有 | 有 | 有 | 有 | 不定 | 不定 | 有 |
| 糖尿病管理 | 无 | 无 | 不定 | 不定 | 不定 | 有 | 不定 | 无 | 大多有 |
| 失禁护理 | 无 | 无 | 大多有 | 有 | 大多有 | 有 | 有 | 不定 | 有 |
| 个人护理 | 无 | 无 | 有 | 有 | 有 | 有 | 有 | 不定 | 有 |
| 失忆护理 | 无 | 无 | 不定 | 有 | 不定 | 不定 | 有 | 有 | 不定 |
| 就地护理 | 无 | 无 | 不定 | 不定 | 不定 | 有 | 不定 | 不定 | 不定 |
| 移动帮护 | 无 | 无 | 大多有 | 有 | 大多有 | 有 | 有 | 有 | 大多有 |
| 轮椅服务 | 不定 | 不定 | 大多有 | 有 | 大多有 | 有 | 有 | 有 | 大多有 |
| 交通服务 | 有 | 无 | 有 | 有 | 不定 | 无 | 不定 | 不定 | 不定 |
| 家政护理 | 有 | 无 | 有 | 有 | 有 | 有 | 有 | 无 | 大多有 |
| 干洗服务 | 无 | 无 | 有 | 有 | 有 | 有 | 有 | 无 | 大多有 |

资料来源：《美国养老住房服务手册》，http：//web28. streamhoster. com/apfmdev/apfm_ebook_guide – to – senior – housing_final. pdf.

林静、蔡建明、程哲（2017）在对美国机构养老社区构建的研究中发现，美国在养老机构的投融资模式上，趋向于以 PPP 模式为主体的公私合营化①。随着老龄人口的不断上升，美国已进入老龄化加剧阶段，根据美国养老住宅行业协会（ASHA）的划分来看，美国现已进入公私合营的养老模式，并向以私人部门为主导的养老机构运营模式逐渐转变（见表4-4）。

**表4-4　美国养老机构投资主体变化表**

| 阶段 | 老龄化初期 | 老龄化中期 | 老龄化加剧 |
| --- | --- | --- | --- |
| 载体 | 传统养老院 | 老年公寓 | 社区化养老机构 |
| 投资主体 | 政府 | 政府+私人部门 | 私人部门为主 |
| 保障水平 | 低 | 中（政府给予一定支持） | 高（保障体系完善） |

资料来源：美国养老住宅行业协会（ASHA）.

### 3. PPP 模式在美国老龄产业建设中的特点

（1）充分考虑不同阶层需求。美国养老服务机构围绕家庭、社区、机构从点、线、面建立提供养老服务的新机制。对于多层次的个性需求，PPP 养老项目支持发展差异化、市场化、专业化。

一方面美国阶级分层多、范围广，老龄人经济实力存在巨大差异，对于养老服务不同层级的老人有较大的差异化需求；另一方面老年人家庭情况、身体情况还有个体年龄、残障程度等特征不尽相同。残障程度的差异决定了残疾人养老过程中的依赖程度。轻度残疾的老年人可以照顾自己，日常生活基本上可以靠家庭照顾。但无法照顾自己的人需要全天照顾，对别人有最大的依赖，家庭照顾给家人带来沉重的负担，甚至影响到其他成员的正常工作。因此，严重残障的老年人需要在养老院安排类似的机构护理。

不同老年人各自所需服务内容存在很大差异。美国的 PPP 项目根据不同老年人的需求制定了一系列相关方案，形成了专业的差异化养老服务体系。

（2）市场行为占主体。通过市场化运作，美国采用 PPP 模式推进养老事业，合理有效地整合中央财政资金和社会资金，确保 PPP 养老金项目的顺利

① 林静，蔡建明，程哲．美国机构养老社区空间人本化构建及经验借鉴［J］．地理科学进展，2017（7）．

运行。

对于政府而言，PPP 项目可以在不提高政府债务水平的情况下，对公共基础设施进行投资，而私营部门则可以引入专业化的项目运作和效率，从而提高工程质量和减少管理费用。对于私营部门来说，PPP 模式项目代表了公共基础设施领域的巨大商机，而这在以往是不可能实现的。在市场竞争体制下，私营部门具有竞争优势。私营企业拥有先进的管理技术、专业人才、科学的决策和评估体系。在项目启动之前，私营部门根据数据分析充分估计可行性和风险，以实现科学决策。可以在项目管理和运营过程中实现最大限度的获益。

（3）考虑国民独立性。PPP 项目与社区养老成熟结合，在法律上有一整套鼓励和监督机制，保障养老机构的优质服务。激励与监督机制体现在两个方面：一个完整而连续的考核制度和一个相对独立的监察员制度。

护理院需要政府的资金，必须符合政府的要求，并在年度质量评估中符合要求。政府部门每年对养老机构进行审查，只有符合审查标准且质量评估合规的才有可能得到政府的资金支持。由于联邦政府和国家的资金是通过各种税收获得的，使用的是纳税人的资金。因此，每个纳税人都有权要求政府对养老机构采取鼓励和监督措施，最终获得优质的服务。

大部分养老机构在没有政府支持的情况下，主要遵循市场竞争原则。政府直接监督养老机构，老年人如果对他们所在的养老机构所提供的服务质量不满意可以向监察员上诉。

## （二）英国的实践

### 1. PPP 模式在英国的发展历程

自 20 世纪 50 年代起，法国首先采用使用者付费和特许经营模式相结合的形式引入民间资本在公共服务领域进行项目建设；1984 年土耳其政府制定了首个 PPP 相关法律——BOT（Build - Operate - Transfer）法，在不增加政府负担的基础上吸引民间投资；其后，英国于 1992 年提出 PFI（Private Finance Initiative）；1996 年世界银行正式提出 PPP 概念；2000 年以后联合国、世界银行等组织大力推广 PPP 模式（见图 4－2）。

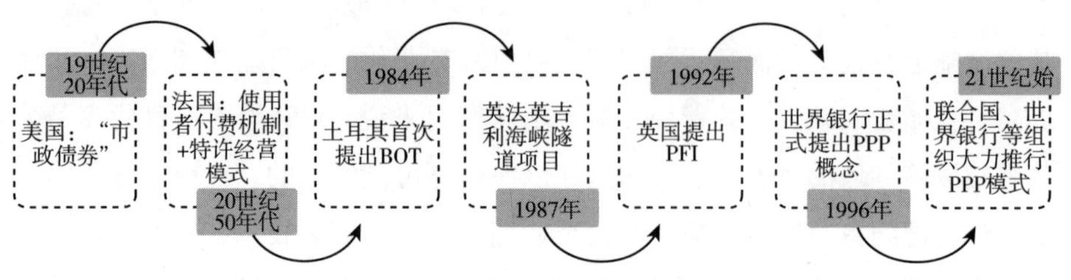


**图 4－2　PPP 模式的初步发展历程**

最初英国施行 PPP 项目为建设－运营－移交的 BOT（1972～1992 年）模式，有两个重要前提，即英国财政部高级专员威廉姆莱利提出的两个原则：一是私人或民间资本必须比公共部门的方案更高效；二是地方政府引入一定数量的私人资本后，其财政预算拨款将相应地减少。第一条规定提高了私人部门的准入门槛，第二条规定意在防止地方政府过分依赖 PPP 项目而逃避中央财政监控。

在逐步废除莱利法则后，演变为 PFI 模式（1992～1997 年），后发展为 PF2 模式。PFI 项目的代表模式为设计－建设－融资－运营，即 DBFO 模式，通常由私人企业进行全部的项目运作，私人部门是项目的核心，其准入门槛相应降低。政府负责对私人企业进行可行性评价和项目授权，项目完成后进行评估，并接收运营权。PF2 模式是一种股权融资模式，政府以小股东的方式进入，缓解私人部门资金压力的同时降低政府风险。在 PF2 模式下，英国政府优化了招标模式并提高了信息透明度，及时披露 PF2 项目的负债情况。

在立法方面，目前英国政府没有直接针对 PPP 的立法，主要依靠《公共合同法》和《公用事业单位合同法》这两部法律运作 PPP 项目。规范性文件包括《关于公私协作的新指引：公共部门参股 PF2 项目的条款磋商》《PFI/PPP 采购和合同管理指引》《PFI/PPP 金融指引》等。

在管理方面，英国政府成立了专门的管理机构实行三级管理。英国财政部设立的基础设施局全面负责 PPP 相关工作，财政部负责制定政策纲领、合伙经营机关负责提供专业知识及资源、公私营机构合作署负责对 PPP 项目的

问责和支持。

除此以外，英国政府还确立了完善的评价制度，用标准化的规定评价项目资金价值并做出决策。同时，引导英国的金融机构为 PPP 项目提供优化的资金支持。

2. PPP 模式进入英国老龄产业现状

欧洲国家已普遍形成比较成熟的 PPP 养老模式，如英国由企业主导、政府和个人共担的私有化养老模式，“以房养老”也在英国形成了较为普遍的房产抵押替换老年公寓的居住模式。当然也有例外，瑞士作为北欧高福利模式的典型，主要以高税收作为福利来源，也因此，其目前绝大部分的养老服务都由政府网络提供。

英国的养老行业在 20 世纪 90 年代基本实行了私有化，企业逐渐走在了前面。主要负责老年人的家庭护理和健康护理，为流动性有限的老年人提供养老院，设立疗养院，为老年人提供寄宿和 24 小时护理服务。在英国，超过 1/3 的富有家庭至少有一个 65 岁的家庭成员；几乎 1/15 的 55～64 岁的居民拥有超过 50 万英镑的净值，超过 77% 的 65～74 岁居民已经偿还了抵押贷款。这个年龄组向英国经济贡献了 3000 亿英镑，支出增长（4.4%）高于其他年龄组。当地政府的社会保障部门为一些老年人提供辅助性的家庭照顾，拥有和管理少数养老院。但是老年人如需要租用老人公寓，在负担不起的情况下，通常都会得到当地政府的帮助。经过评估，他们将能够确定老人是否有资格申请，然后根据他们的收入和资产确定是否支付或进行政府资助。

英国统计局（ONS）网站显示，1974～2014 年，英国 65 岁以上的老年人占总人口的比例一直在上升。特别值得注意的是 75～84 岁的年龄组，40 年间增长了 4 个百分点。预算管理办公室（OBR）预测，到 2065 年，英格兰和威尔士 65 岁以上的人口将达到 26%，而 2017 年只有 18%。

面对巨大的老龄化危机，英国政府正面临严峻的财务困难考验。英国广播公司（BBC）的一项调查显示，全国 1/4 以上的养老院面临三年内关门的尴尬局面。其原因也很简单，就是养老院的负债太多，所赚的小利无法还清以前的各种贷款。调查显示，英国全国约有 20000 间老人院，其中 5000 多间正面临关门的风险。在这些私人疗养院中，所有债务占利润总额的61%。

英国医疗保健运营商提出的新的商业模式正在有效地解决眼前的财务困难问题。创新的商业模式是投资英国养老公寓。投资英国养老公寓可以锁定房价，提供高稳定的投资回报，是现阶段的首选投资。稳定的投资回报（ROI）给投资者的承诺已经通过养老金行业未来的可持续发展趋势和量身定制的创新商业模式实现。投资者需要从开发商那里购买125年产权的公寓单元，然后开发商再从投资者手里租回公寓用来日常运营。这种商业模式可以提供9%的稳定年租金收入。回购期限届满后，开发商可按房价的115%～125%赎回。

3. PPP 模式在英国老龄产业建设中的特点

（1）物有所值的指导原则。2003年，英国政府制定了《英国财政部公共项目投资手册（绿皮书）》，可以说是英国PPP项目物有所值评价细则及办法，2006年的《物有所值评估指导》基于该绿皮书进行了针对性的汇总。它从定性和定量的角度将PPP项目分为三个阶段进行评估，分别从行业性质、项目性质、项目本身评判可行性、有益性来决定是否有必要采用PPP项目。通过物有所值评估的项目还需要进行风险测试（也叫敏感性测试），通过调整模型，观察成本变化。

物有所值的评价体系很好地把控了英国PPP项目的质量，但是也受到一些质疑，根据经验显示该评价体系在部分领域如国防、大型基础设施等项目上并不适用。同时，该评价体系存在复杂烦琐、非公开不透明等缺陷，影响了民间资本投资的积极性。同时，物有所值评价体系的可信度和准确性也受到质疑，有较多针对量化分析模型的分歧意见。

（2）立法管理制度完善，成熟的机制及完善的体系。英国PPP项目具有事前评估和事后审核的特点，其评估程序经过长期发展，形成了系统、标准、规范的操作机制。所有参与评选的项目都必须根据《英国财政部公共项目投资手册（绿皮书）》进行筛选和论证以决定是否入选或淘汰。在评估的各个阶段均有明确的指标指导，对于不同行业也有针对性的评估方式，在评估过程中通过吸收以往的经验教训，不断修正完善，给后续项目提供了修正指南，使制度

更为合理适用。但根据调查显示，部分项目参与者对政策实施的落实情况存在质疑，认为项目评估及论证流于形式，有种为了审批而审批的意味。政策角度的评估仅仅是从财务角度进行评估，忽略了社会总成本的最优化方案。

## （三）日本的实践

### 1. PPP 模式在日本的发展历程

日本 PPP 模式的起源一般认为是在 20 世纪 80 年代后半期的“民活”热中产生的，当时日本地方政府由于在开发事业中受到资金、技术制约，转向寻求同私人部门的合作。但在 1963 年的《老人福利法》中，日本政府即制定了相关条例，允许民间部门开设可盈利的养老机构。但由于设施有限等问题，只有少部分低收入老龄人口可以入住养老机构。

70 年代初，日本政府为老人提供免费医疗。随着老龄人口的增长，加上 1973 年和 1978 年两次石油危机的冲击，日本政府感受到了财政压力并考虑由民间资本共同负担社会福利费用，扩大养老机构数量。

80 年代初，由于老人医疗费用剧增，日本政府不得不取消免费医疗制度并通过行政调查会鼓励民间资本参与社会福利。同步制定了相关法律以及行政指南。其中，厚生省设立了“老龄产业振兴会”，以组织相关企业或团体参与该会，来促进民间资本的参与。为保护民间资本利益，1985 年日本社保制度审议会提出了一份鼓励性质的报告，提出禁止政府部门开设与民间企业重合的项目。

1986 年，日本制定了《关于充分发挥民间事业者的活力来促进特别设施整备的临时措施法》，成为建设 - 移交 - 租赁（Build - Transfer - Lease，BTL）项目的法律指南。同时，于次年制定了休闲法，期望民间资本共同出资进入休闲领域。但由于推广力度不够，未得到私人部门的大量支持，转为设立无利息融资制度，取得重大反响。在老龄产业方面，为应对日益加剧的老龄化，日本政府修改相关立法并向民间老龄机构提供低息贷款。1987 年福利关系第三审议会提交的报告中提出：第一，鼓励民间企业积极投入老龄化产业但政府要注重对老龄产业健康发展的引导，不可放任不管；第二，重视民间企业的创意和效率，但政府要监督，并适当进行行政指导，谋求老龄产业的健康发展。1989 年，福利关系审议会报告书进一步强调了对民间老龄产业的保护，包括完善政策以保护收费形式的老人指教、引导而非限制民间资本进行服务，各地方政府成立了老龄产业振兴协会以支持民间老龄产业的发展。针对从事居家护理服务的民间企业和团体，老龄产业振兴会制定了高标准的认定制度，只有符合标准的机构才可以使用该认证标准。日本的 S 认证标志每两年需重新评审更新一次，目前针对养老机构有几种评审分类，分别为上门护理、上门入浴护理、福利用品租赁和销售、居家配餐这五种养老服务形式。

泡沫经济以后日本对 PPP 项目展开了调查研究，有了大量的理论经验支持，提出建立"新型公私合作体系"，并于 1992 年成立了"公私合作整备研究会"。在老龄产业方面，20 世纪 90 年代初，日本政府制定了"护理用品及护理器械租赁指南""关于护理型收费老人之家（接收无自理能力老人）的业务指南"等养老产业相关指南手册，可由政府事业团体提供贷款；1994 年，制定"新黄金计划"——"新老年人保健福祉推进十年战略"，将重点放在居家护理上，增设大量照护中心、居家护理支援中心，建设特别养护老人之家。1997 年，提出设立运营收费的老人之家。此阶段的养老产业 PPP 项目主要以政府为主导。

1999 年，日本借鉴英国 PFI 模式颁布了 PFI 法——民间融资社会资本备案，同步成立了内阁（PFI）推进委员会。其后日本政府又制定了相关方针指南以指导民间资本的参与，对 PFI 法也进行了更新修订。修改后的 PFI 法将发起人由政府转为民间资本持有者，政府负责论证评估是否采用并有告知义务。

2001 年，全面放开民间资本和非营利组织在养老产业的权限，使更多的市场主体参与到了养老产业中，特别是在护理服务领域，相关的企业和团体数量急剧增长。1999 年，日本 PPP 项目的数量仅有 3 个。从 2000 年开始，得益于政府的努力推广，该数字高速增长，2008 年日本 PPP 项目达到 397 个，2015 年该数字增长为 527 个，与 2014 年相比增长了近 8%。其中健康福利及医疗设施领域的项目数量排在第二位，健康福利项目大部分为 BOT 范式，即政府在项目周期内拥有大部分所有权；医疗领域项目全部为 BTO 范式，即政府在项目周期内最大限度地拥有了所有权，以防范风险。可见，虽然政府放宽了对民间资本的限制，但主动权及统领权仍在政府的把控范围内。

日本负责管理 PPP 项目的政府部门是总理室（由总理任命的专家组成小组），负责主要政策的制定及项目实施者的选择。

1999 年，日本借鉴英国的 PFI 模式颁布了民间融资社会资本整备（PFI）法，核心是通过用活民间资金促进公共设施建设。同年，在内阁专门成立了 PFI 推进委员会。

2. PPP 模式进入日本老龄产业现状

根据日本总务省公布的数据，截至 2017 年 7 月，日本总人口数为 1.26 亿人，较 2016 年减少 30 多万人。65 岁以上老年人口约为 3411.64 万人，占总人口比为 27.08%，且连续 3 年是未满 15 岁者人口总量的 2 倍以上，根据预测，到 2060 年日本老龄化率将达到 39.9%，即每 2.5 个人中就有一位老人。可见日本老龄化程度已非常严重，少子老龄化的差距也在持续扩大。

刘海强将日本养老产业划分为三个时期：一是 20 世纪 50 年代初到 60 年代初的初创期；二是 20 世纪 60 年代初到 80 年代初的扩充期；三是 20 世纪 80 年代中后期至今的政策转换期①。自此，日本的“介护”养老模式正式确立并逐步发展。介护养老机构既有公立也有私立，形成了良好的市场竞争机制，养老产业逐步健全②（见表 4－5）。

**表 4－5　日本养老政策发展变化**

| 时间 | 法律 | 作用 |
|---|---|---|
| 1959 年 | 《国民年金法》 | 保证年金（退休金）收入 |
| 1963 年 | 《老人福利法》 | 社会化养老 |
| 1982 年 | 《老人保健法》 | 减免医疗费用 |
| 1989 年 | 《推进老年人保健福利 10 年战略》 | “黄金计划”建设养老设施 |
| 1994 年 | 《新推进老年人保健福利 10 年战略》 | “新黄金计划”丰富居家介护的服务内容 |
| 1997 年 | 《介护保险法》 | 建立介护服务机构 |

① 刘海强．日本“养老”经验借鉴［J］．房地产导刊，2012（12）．

② 时江涛．日本养老制度及养老产业现状——以静冈为考察重点［J］．上海经济，2015（7）．

日本当前的养老产业涉及面广，包含养老地产、养老机构、老年用品以及老年金融衍生品等。相对而言，日本养老机构行业及养老地产行业是其他养老行业的基础部分。养老地产和机构并非界限分明，很多时候两者是“你中有我、我中有你”的关系，催生了一系列养老服务机构，较为显著的是老年护理产业和老年住宅产业。

其中日本的老年护理产业分为机构和居家两种不同的护理养老方式。2000 年，日本的《介护保险法》使老年护理产业逐步市场化。付费的老人之家是其中参与度比较高的服务机构。该机构通过引入社会资金和力量，在一级地方政府批准后由民间企业经营。依据其功能和运作形式分为看护型、住宅型和健康型三个种类[①]，护理保险制度的实施使日本进行护理服务的人口逐年增长，且上门护理所占的份额比重最大。

日本的老年住宅或居住产业分为老年住宅建设和住宅改造两大类，老年住宅一般配备相应的老年装置，如扶手、紧急呼叫装置、减缓或取缔上下坡、防滑浴室等。

2011 年，日本出台的《老年人居住法修改案》确认施行老年住宅登记制度，包括老年专用租赁及优质租赁住宅。该项修改法案对老年住宅的面积、设施以及配套服务等做了详细要求。

胡振[②]指出 PPP 项目分为三种基本范式：第一，建设 - 移交 - 运营（Build Transfer Operate，BTO），其主要特点是政府对项目全周期拥有所有权；第二，建设 - 运营 - 移交（Build Operate Transfer，BOT），主要特点是项目公司在特许经营期拥有所有权，政府在其他阶段拥有项目所有权；第三，建设 - 拥有 - 运营（Build Own Operate，BOO），BOO 的主要特点是在特许经营期和特许经营期之后，项目所有权属于项目公司。

日本 PPP 项目主要以政府拥有项目周期内全部所有权的 BTO 范式进行，项目公司拥有特许经营期内所有权的 BOT 范式居中，项目公司拥有全部所有

① 黄冠．日本与中国台湾公共养老制度的比较研究——对中国大陆养老制度建设的启示［J］．河北经贸大学学报，2014（8）．

② 胡振．公私合作项目范式选择研究——以日本案例为研究对象［J］．公共管理学报，2010（7）．

权的 BOO 范式应用最少。由此可见，日本政府推行稳健的 PPP 战略。

日本 PPP 项目的收益模式也可以分为三类，一是独立经济模式，即从服务对象手中取得资金来源；二是政府购买模式，即政府直接从私营企业手中购买相应的公共需求服务；三是前两种模式的结合，即有政府购买也有消费者服务收入。

对三种不同收益模式的选择，也可以体现日本 PPP 模式的特点。政府选择购买模式远高于对其他两种模式的选择，可见日本政府对 PPP 项目的把控力度较高。

日本对 PPP 模式的评估同样借鉴了英国物有所值（VFM）评估体系，但与英国不同，VFM 指标较低的项目仍能参与到 PPP 项目中来，但是政府把控力度较大。VFM 指标越高的项目，政府更愿意放权，VFM 指标越低，政府的参与性越高，基本上从建设到运营均为参与主体。

日本从 2000 年开始实行老人护理保险制度，提倡让老人“脱离医院、回归社区、回归家庭”，该项保险的推广很大程度缓解了日本老龄人口的护理及安置问题，但相应的政府也支持与养老相关的部分 PPP 模式的实施。

日本的养老 PPP 模式一般有两类“机构设施”和“住宅”模式。“机构设施”的典型为“收费老人住家”，开发商建造适合老龄人居住的社区并增加相关配套设施，配以护理为主的相关服务。其盈利模式主要是收取入住老年人的入住金、管理费以及相关的服务费等，但由于成本相对较高，涉及土地、建设、工资以及日常运营费用等，其中工资成本占日常运营成本的一半左右。这种情况下来看，仅靠服务型收入维持日常运营有点捉襟见肘，使用劳务派遣员工和非全日制员工的情况也比较普遍。“住宅”类项目类似与租房，房东靠收取租户的租金及服务性费用获得收入。相比于“机构设施”而言，运营成本较小，房东仅需承担物业、水电煤或其他改建费用，对老年人来说费用也相对比较实惠。该种模式风险较小，且房东不需要配备全套的服务设施，可根据租户要求进行选择，具有一定的灵活性。但由于老年人身体健康状况不稳定或经济状况等原因，房东不太愿意承担风险，针对此种状况，日本政府出台了《高龄者专用租赁住宅登记标准》，由政府搭建租赁信息平台，减少房东风险，鼓励房东改造房屋并向老年人租赁。

3. PPP 模式在日本老龄产业建设中的特点

（1）政府掌握所有权，市场化程度低，项目具有较小的竞争性和独立性。日本民众及经济界对政府的干预并不排斥，对政府更为信赖。在日本，设立养老机构的权力属于县级政府。一个地区要增加养老机构，需要提前到县政府申报，每三年可以申报一次。一旦养老金申报获得批准，政府将开始安排与商业有关的招投标工作。许多养老金相关企业将参与投标，最后，政府将根据公司的实力和资质确定中标方。

1990 年日本金融危机之后，群众对政府的信任程度有所降低，逐渐尝试由民间资本提供公共产品及服务，供给主体逐渐由政府等公共主体向市场转变，但日本的 PPP 项目试行之路相对谨慎，探索阶段开始仅围绕教育和文卫领域，后逐步转向交通等大型项目领域，从小型项目到大型项目逐步推行，目前政府仍掌握着大部分 PPP 项目的所有权和控制权。

（2）范式丰富，可选空间大。日本 PPP 项目不仅有 BTO、BOT、BOO 三种范式，还有政府购买服务型、经济独立型、联合型三种收益模式，同时在特许经营权方面也有不同的分类。可见日本的 PPP 模式种类丰富，不同范式均有可应用的空间。

（3）引用国外廉价劳动力。日本护理人员不足、护理人员工作严重过量，日本的每一位被看护者都需要大量的服务人员，以至于日本的护理人员供不应求。日本的养老机构和医院不得不雇用外国人来做护理。菲律宾人和印度尼西亚人占了很大一部分，但由于语言问题导致老年人、医生和护理人员之间的沟通困难。

日本政府还在推动一项新的举措，即向国外的护士介绍实习机会。与日本护理人员相比，外国实习生虽然有语言障碍等问题，但要便宜得多，福利等方面的麻烦相对较小，可以理解为以“实习”为名的外国长期廉价劳动力。如果该法案获得通过，利润将大幅增加，一些医疗保健提供者甚至已经准备好将所有医务人员替换为外国人。

## （四）韩国的实践

1. PPP 模式在韩国的发展历程

1994 年 8 月，韩国政府制定了《促进民间资本参与社会间接资本设施投资法》，引入 PPP 模式。政府主要负责项目的计划、评估、审批、支持，民间部门负责设计、建设、融资、运营，通过政府和民间的持续合作为项目的全过程提供公共基础设施和服务。韩国初期的民间投资项目大部分是公路、铁路等，采用的也大多是建造 - 运营 - 移交（BOT）模式，民间资本只在特定阶段拥有项目的所有权。2005 年 1 月，韩国修订《社会基础设施民间投资法》，引入了 BTL 方式并大力推广，将民间投资项目的范围逐步扩大。1998 年，为了提高国家基础设施发展的效率和透明度，韩国修订了 PPP 法案并更名为《基础设施公私伙伴关系法》，同时设立了韩国民间基础设施投资中心（Private Infrastructure Investment Center of Korea，PICKO）在法律上明确了民间投资项目的管理机构，PICKO 负责统一管理民间投资基础设施的相关事宜，以统一标准向项目利益相关者提供服务，包括项目评估、可行性研究、资格评审、招标和评标、技术和行政支持等，结束了以前的混乱状态和不便之处。

2005 年，韩国第三次修订 PPP 法案，将其更名为《民间参与基础设施法》。将 PICKO 更名为韩国公私基础设施投资管理中心（Public and Private Infrastructure Investment Management Center of Korea，PIMAC），成为韩国公共基础设施投资管理的唯一“窗口”。韩国的 PPP 项目依据发起者的类别主要分为两种类型，分别为“政府立项招标项目”和“企业主动建议型”。

2. PPP 模式进入韩国老龄产业现状

据 2017 年 7 月 14 日韩国统计厅发布数据显示，2017 年第二季度韩国 60 岁以上老年就业人口为 424.7 万人，较 15 ~ 29 岁青年层 403 万的就业人口多出了 21.7 万人，创老年就业人口规模最高水平，同时在全体就业人口中的占比（15.9%）也最大[①]，可见韩国老龄化水平也不容小觑。

2008 年 7 月，韩国开始实行老人长期护理保险制度，投保人为韩国国民健康保险公司，受保人为全体国民，资金来源是全体国民缴纳的护理保险费加上国家和地方政府的财政投入。保险对象是 65 岁以上老人以及患有痴呆或脑中风的 65 岁以下老人。

截至 2013 年底，被认定为保险给付对象的老人占全体老人的比例为 6.1%。老年人长期护理保险制度的保险给付分为机构给付和居家给付。前者是指老年人入住护理机构时就可以得到保险给付的情况，后者是指老年人居家利用护理服务时领取保险给付的情况。居家给付的内容包括看护、家务支援、入浴、护理及购买或租赁老年用品。目前属于保险给付对象的老年用品有 16 个，如特殊浴盆、入浴用椅子、入浴用垫子、安全把手、防滑用品、防褥疮坐垫、防褥疮床垫、拐杖、步行车、步行辅助车、手动轮椅、体位变换器、手动床、电动床、移动便器及简易便器。

利用上述服务时老人只负担部分费用，其他费用由保险公司支付给供应商。利用者接受机构服务时，个人负担总费用的 20%，利用居家服务时只负担 15%。因此，老年人一旦入住护理机构，只要负担 20% 生活费、房费和伙食费就行。接受居家护理时，在保险制度允许范围内可以接受服务。因此，护理保险制度大幅度减轻了老年人的负担，这使得上述服务需求大幅度增加，促进了营利企业参与老年人护理设施和居家服务机构建设。

除此以外，韩国政府还鼓励私人企业雇用老年人。60 岁以上的韩国人中只有 27% 为养老做了准备，许多韩国人直到退休才发现，抚养孩子可能无法预防老龄化。即使他们的孩子愿意照顾父母，他们也会明确地要求父母帮助他们做家务或照顾孙辈。为了帮助韩国的“银发家庭”应对晚年，韩国政府在 2006 年成立了一个独立机构，专门帮助老年人找到工作。该机构提供的就业机会从 2006 年的 8.3 万个增加到 2012 上半年的 19.6 万个，但供给仍然不足。

---

① http://news.k618.cn/world/201707/t20170714_11992218.html.

韩国政府还为私营部门雇用老年人提供补贴，并鼓励他们参加“银发职业展”招聘。“银发职业展”一时间在韩国各地涌现，经常吸引数以万计的老年人参与。

3. PPP 模式在韩国老龄产业建设中的特点

（1）立法完善，结构完整。韩国 PPP 项目的主要参与者包括战略投资部（MOSF）、有关当局和私营部门。在 MOSF 下，建立了 PPP 评估委员会（PRC）。PRC 由三名成员组成：一位是战略投资部长（负责人）；另一位是相关 PPP 项目特别部副部长；第三位是私营部门有相关知识和经验的 PPP 专家。此外，以 PPP 法为基础成立的公私合作基础设施投资管理中心（PI-MAC）为 PPP 项目的实施提供了全面和专业的支持，在基础设施向韩国南部私营部门渗透方面发挥了极其重要的作用。它不仅是 PPP 理论和政策的研究者，也是管理 PPP 项目的政府机构、是韩国 PPP 市场的推动者。PIMAC 还负责发布年度 PPP 计划以及编制 PPP 指南，为 PPP 项目提供了具体而可操作的指引。

（2）生产第一，福利第二；授人以鱼不如授人以渔。在经济发展的初期，核心任务是发展经济。在满足一定条件的情况下，韩国的养老体系逐渐开始考虑不同群体的养老保障制度，从公共金融和福利部门分散出来，分阶段逐步推进。公共部门主要负责公共事业的建设；金融部门负责购买境内外股票和债券信托、利益表等风险投资产品；福利部门包含福利设施建设、福利机构贷款和购买国家住房公积金债券。短短 10 年韩国就形成了完备的法律体系，并且结合国内情况不断发展创新。

韩国传统的社会福利模式是救助形式的，目的是试图激励受助人员自力更生。韩国社会福利改革是一项以工作为主的福利改革，主张加强福利对象参与经济活动的能力，从而实现扶贫和自力更生。韩国高度重视通过政府或其他机构促进就业，认为这不仅有助于提高福利受助人的自尊和信心，而且有利于实现盈利。不仅如此，韩国政府还热衷于通过个体投资实现自助，如政府鼓励投资者创办小型企业，通过现金补贴、增加服务、设立教育账户、为儿童建立日托所等方式予以支持。

# 三、我国引导 PPP 模式进入老龄产业的必要性

## （一）缓解财政压力，解决供需矛盾

雒香云、李俊杰、张建坤在探讨引导民间资本投资养老机构思路时指出动员社会力量和运用民间资本是发达国家解决养老投资短缺、促进养老事业发展的主要途径①。

随着我国经济技术的飞速发展，国民对公共产品的数量、质量需求也随之增大。与之相矛盾的是，政策的反应速度远不及市场机制，这直接导致政府提供的公共产品跟不上居民需求，而本质原因是由于政府在信息收集、设施建设、资金投入等各方面的更新速度都远落后于市场需求。

2016 年，我国 GDP 增速为 6.7%，经济总量达 74.4 万亿元。2016 年全国累计一般公共预算支出 187841 亿元，比上年增长 6.4%（见表 4－6）。

**表 4－6　2016 年全国财政主要支出项目情况**

| 项目 | 支出（亿元） | 同比增长（%） |
|---|---|---|
| 教育支出 | 28056 | 6.8 |
| 科学技术支出 | 6568 | 12 |
| 文化体育与传媒支出 | 3165 | 2.9 |
| 社会保障和就业支出 | 21548 | 13.3 |
| 医疗卫生与计划生育支出 | 13154 | 10 |
| 城乡社区支出 | 18605 | 17.1 |
| 农林水支出 | 18442 | 5.9 |
| 住房保障支出 | 6682 | 4.3 |
| 债务付息支出 | 4991 | 40.6 |

资料来源：中华人民共和国财政部．2016 年财政收支情况．

① 雒香云，李俊杰，张建坤．引导民间资本投资养老机构的思路探讨——以江苏省为例［J］．西北人口，2015（2）．

飞速增长的公共需求与政府财政压力形成鲜明对比，而 PPP 模式在不使用或者少量使用公共财政支出的情况下，使公共基础设施得到较好建设和运营，并且在私营企业对运营风险负责的前提下，政府在合理规避财政风险、缓解财政压力的同时解决了供需矛盾。

### （二）改善运营机制，提高服务质量

在养老服务产业中，除发挥政府部门的主导作用外，依靠 PPP 模式适度引入市场竞争机制，可以提高养老服务产业的供给效率。养老机构及其服务项目是准业务项目，部分资金可通过收费方式退出。但由于老年人服务对象的特殊性，收入的稳定性普遍较差。因此，政府部门可以通过优惠的财政补贴政策来改善资本回收机制，建立合理的投资回报机制，增加社会资本投入。这为 PPP 模式的养老机构建设和运营提供了理论依据。

PPP 项目双方签署合作合同，明确双方的权利和义务，相互配合。首先，政府的角色是安排者和提供者。项目合作采取委托经营的方式，具有所有权和经营权分离的特点，通过引入市场竞争来提高养老服务的质量。通过招标，将专业管理机构和人性化服务理念融入项目。政府通过提高合同管理能力和加强管理责任来降低养老服务成本。政府作为项目的公共部门，是公共服务的安排者和提供者。其主要目标和任务是满足公众对公共服务的需求。PPP 项目的定向购买过程不仅引入了市场竞争机制，而且达到了降低成本、提高养老机构服务质量的目的。PPP 模式同时对现金流量有很好的评估作用。评估是帮助和支持项目发展的重要组成部分，可以通过评估实现在一定时期内的工作总结和反思，调整和修改下一阶段的运营计划。评估结果也可以是总结 PPP 项目的经验，从而形成良性循环。

### （三）分散降低风险，实现规模效益

政府公共部门承担政府信用、决策、政治、经济和社会环境风险；私营

部门凭借自身在项目管理和技术资源方面的优势，承担 PPP 项目设计、建设和运营中遇到的风险；第三方机构承担流程和自然环境风险。通过三方协调，实现规模效益。

政府公共部门是 PPP 项目的参与者之一。国家政策法规影响老龄产业 PPP 项目的宏观政策和法律风险，社会文化环境决定了养老观念的风险，社会经济环境决定了养老金的消费能力和类似养老金行业的竞争风险，政府部门可以更加有力地控制这类活动，因此这种风险可由政府公共部门来承担。私营部门作为 PPP 项目的直接参与者，在项目建设方面有比政府部门更多的经验，可以运用自己的经验有效规避风险。因此，私营部门主要负责设计质量、环境风险、工程成本和质量风险控制等方面的设计、建设和运行。同时，私营部门应承担与项目组织协调的风险。双方共担宏观经济环境风险和社会环境风险与运营商为老年人提供服务的质量和效率密切相关。政府还可以采取合理的监督措施，降低养老机构收费增加风险和人员管理风险。在项目建设和运营过程中，由于信息咨询、融资担保和物资供应等原因产生的风险属于无法预测和控制的自然环境风险，可以通过向保险公司支付保费进行风险转移。

# 第五章　引导 PPP 模式进入老龄产业的实践

## 一、PPP 模式的相关概念

### （一）PPP 模式的定义

所谓 PPP 模式又称为公私合营模式，起源于英国的“公共私营合作”的融资机制，是指政府与私人组织之间，为了合作建设城市基础设施项目，或是为了提供某种公共物品和服务，以特许权协议为基础，彼此之间形成一种伙伴式的合作关系，并通过签署合同来明确双方的权利和义务，以确保合作的顺利完成，最终使合作各方达到比预期单独行动更为有利的结果。PPP 模式将部分政府责任以特许经营权方式转移给社会主体（企业），政府与社会主体建立起“利益共享、风险共担、全程合作”的共同体关系，政府的财政负担减轻，社会主体的投资风险减小。

PPP 模式不但可以加快公共物品的供给，节省总成本，还可以缓解公共部门资金不足的问题。在传统模式下，政府先与一个建造者达成协议，再与另一个不同的运营者合作。由于建造者按政府的要求有固定的任务，其报酬的多少与努力程度无关，所以建造者不可能发挥额外的努力。而运营者在建造者没有额外努力的情况下，会最大化对该项目的期望报酬。同时，加大对运营者的激励进一步促使运营者减少成本，更多的运营风险也转移给了运营者，增加其道德风险。在 PPP 模式下，将建造阶段和运营阶段交给同一私人部门承担，私人部门选择一个可以最大化总利润的努力水平，即私人部门会内化建造阶段对运营成本的影响。因此，由于建造阶段的投资影响运营阶段的成本，因而 PPP 模式的捆绑特征可以激励私人部门提高基础设施的质量，进而提高公共服务的质量。当然也有学者提出 PPP 模式也具有积极的外部性和消极的外部性，积极的外部性是指私人部门在建造阶段所付出的提高质量的努力可以减少运营阶段的成本；而消极外部性则是指提高设施质量的努力不能使运营阶段的成本减少，或私人部门在对基础设施进行更好设计的同时也需要为管理基础设施学习新的技能，增加运营成本。在 PPP 模式下，私人部门参与项目融资，可以增加项目的资本金数量，降低资产负债率，同时还节省了公共部门投资。此外，PPP 模式的捆绑特征使私人部门更多地参与到基础设施的设计、建设和运营的过程中来，进一步提高了私人部门的积极主动性，促使私人部门在基础设施的投资建设中引入先进的技术和管理方法，更有效地对公共项目建设与运行进行控制，从而降低项目风险，提高项目的效率。公共部门事先不能精确计算公共服务的成本和收益，而引入私人部门可以有效地避免乐观偏向问题。伊夫雷姆（Efraim，2007）指出私人部门作为经济人，不愿意建造、运营预期收益不能弥补成本的公共设施，所以私人部门会认真、准确地估计所要实施的项目的成本收益，并与公共部门的相关估计进行对比。尽管有时候，公共部门会承诺就成本超支或收益减少的情况来补偿私人部门，但这种补偿是部分的，私人部门还是需要承担一定的风险。这样，PPP 模式可以剔除经济不可行的项目，保障所实施项目的效率①。

但是不少学者认为 PPP 模式也存在着一定的劣势，在某种程度上相对于传统的模式而言，PPP 模式的融资成本较高，开展前期所需要的文件要比传统模式下的文件多出几倍，因而 PPP 模式开展前期具有较高的成本。虽然 PPP 模式具有前期成本高的劣势，但是资金的借出人也许会提供专家评估项目风险、提高商业计划的质量、制定应急计划应对管理风险等。

---

① 姚东旻，李军林．条件满足下的效率差异：PPP 模式与传统模式比较［J］．改革，2015（2）．

## （二）PPP 模式的分类

PPP 模式主要分为三类（见图 5-1），首先是外包类，一般是由政府投资，私人部门承包整个项目中的一项或几项职能。其次是特许经营类，项目需要私人参与部分或全部投资，并通过一定的合作机制与公共部门分担项目风险、共享项目收益。根据项目的实际收益情况，公共部门可能会向特许经营公司收取一定的特许经营费或给予一定的补偿，这就需要公共部门协调好私人部门的利润和项目的公益性两者之间的平衡关系，因而特许经营类项目能否成功在很大程度上取决于政府相关部门的管理水平。通过建立有效的监管机制，特许经营类项目能充分发挥双方各自的优势，节约整个项目的建设和经营成本，同时还能提高公共服务的质量。项目的资产最终归公共部门保留，因此一般存在使用权和所有权的移交过程，即合同结束后要求私人部门

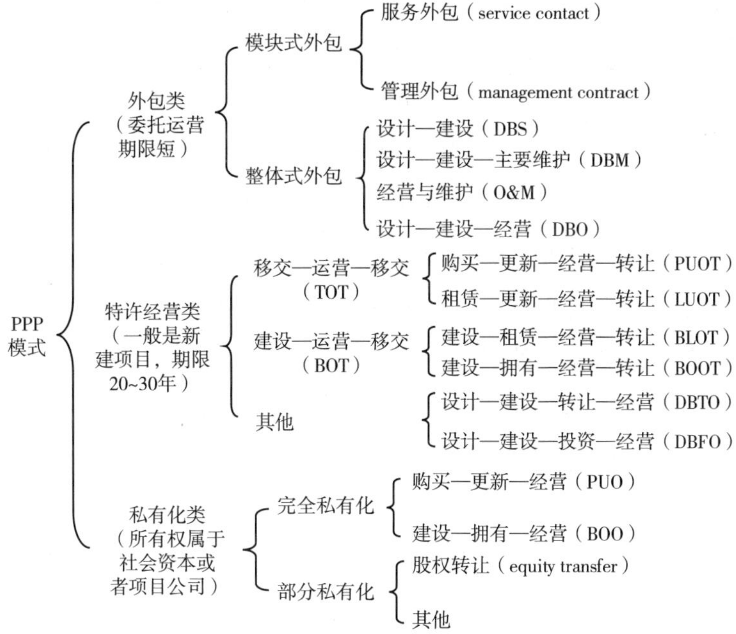


**图 5-1　世界银行关于 PPP 的分类**

资料来源：刘薇．PPP 模式理论阐释及其现实例证［J］．改革，2015（1）．

将项目的使用权或所有权移交给公共部门。还有一种是私有化类，这类项目则需要私人部门负责项目的全部投资，在政府的监管下，通过向用户收费收回投资实现利润。由于私有化类 PPP 项目的所有权永久归私人拥有，并且不具备有限追索的特性，因此私人部门在这类 PPP 项目中承担的风险最大。

## 二、PPP 模式的养老产业运作模式

我国的老年人服务机构建设方式主要是以下几种方式。第一种是政府提供公有土地甚至部分资金，邀请民间机构投资共建老人院，并且共同招标和委托专业民间机构经营管理，一般称该模式为“公”“民”共建或者“公”“民”合资。第二种是政府投资，在公用土地上建成老人服务机构，招标并委托民间机构经营管理，一般称该模式为公建民营。第三种是政府将已经建成的老人院委托给民间机构或者个人承包管理。这是狭义的公办民营或者公设民营。第四种是民间组织或者机构，包括企业或者非营利组织如公益基金会等自行购买土地，自建或者自行租用房产，自我经营老人服务机构，政府给予一定的补助，一般称该模式为民办公助模式。第五种是政府将规定的老人服务项目以特许经营或购买服务的方式委托给民间机构或者个人运营管理，一般称该模式为特许经营或者项目购买。第六种是政府在自建自管的老年人福利机构中创建民建民营部分，在资产形成过程中政府给予诸多优惠，在民建民营的功能区域，人事、收费等主要制度都按照民营方式操作，一般称该模式为“一院两制”或者公办民助。

在这几种模式中，前三种属于广义的公办民营，第四种民办公助模式因政府补助方式不同可再分为若干类，如床位补贴、服务补贴、水电补贴等。第五种模式实质上是一种专项服务项目外包模式。例如，政府以往没有做过、自己从头开拓有困难的社区的老年人日间照顾和居家护理服务，就往往

采取外包的方式转给民间机构，其中既有非营利性质的社区老人院，也有社区企业或者当地的社团组织。第六种模式目前越来越普遍，成为地方政府吸引民间投资老年服务机构的一种重要举措，政府往往以现有政府办的福利院或者附近的公用土地为资本，与民间资金形成股份制结构，造就公办院内公私合办形式的院中院模式。

按照产权理论将公办和民办放在数轴的两端，出现了如下的排序：

民办←民办公助　公民合资　公办民助　项目委托　机构委托　公建民营→公办

民办公助的模式，产权是民间组织或者机构的，公民合资、公办民助的模式，其实就是股份制。而其他的三种模式，所有权是政府的，经营权通过合同承包的方式由民间托管。受托的民间组织或者机构，需要缴纳一定额度的承包费，同时受托人要自负盈亏并担负保管维护公有财产的责任，体现的是经营权和所有权分离的模式①。公办民营和项目购买是有一定的区别的，公办民营是一个机构的整体业务委托民间办理，而项目购买是政府职能中的部分业务服务委托民间办理。民办公助模式中的补贴制度是政府为保障老年人特别是失能失智程度深的老年人获得基本服务，以补助制度降低机构成本，从而降低弱势群体的经济负担。

## （一）公建民营

### 1. “公建民营”模式解析

公建民营的养老机构是指由政府出资兴建，通过公开招标的方式，委托具有相应资质的社会组织或企业运营管理，优先为低保及低保边缘家庭中的老年人、重点优抚对象、失独老年人、高龄老人等提供服务，基础收费实行政府核价的养老机构②。公建民营养老机构主要有以下几种形式。

---

① 杨团．公办民营与民办公助——加速老年人服务机构建设的政策分析［J］．人文杂志，2011（6）．

② 闫青春．养老机构的“公办民营”与“公建民营”［J］．社会福利，2011（1）．

（1）承包式。即政府保留公办养老院的所有权，不改变公办养老机构的产权性质，只是将经营服务权转让给社会组织或者企业等市场经营主体，经营者根据合同的内容缴纳承包费，政府收取承包费并对养老院的经营进行监管。承包方即社会组织或企业自负盈亏，不可改变养老院原有的各种关系，主要是经营地点、范围和名称，双方之间是一种合同上的合作关系。它是当事人之间合同约定的一种经营管理行为，承包者只是企业财产的经营管理者，对财产没有任何处分权，不得将财产进行转让、变卖、转移、抵押、出租或赠予，这样充分保证了公有财产的安全。

（2）租赁式。租赁是指按照达成的契约协定，出租人把拥有的特定财产（包括动产和不动产）在特定时期内的使用权转让给承租人，承租人按照协定支付租金的交易行为，在本书中主要是经营租赁，以获得租赁物的使用权为目的，即政府将公办养老院的使用权租赁给相应的市场经营者，政府根据合同收取租赁费，保证资产的安全，经营者根据自己的经营来获取收益。对于政府来说每年可以获得一定的租赁费用，有更多的资金来兴建新的养老院；对于市场经营者来说减少了资金的占用，提高了资金的流动性，有利于发挥自己的特长，获得经营成果的收益。

（3）委托经营式。即指受托人接受委托人的委托，按照预先规定的合同，对委托对象进行经营管理的行为，以法律合同的形式载明委托人的权利和意志、收益人的收益方式与范围、受托人的责任以及三方当事人的权利和义务等事项，受托人必须以委托契约为依据来对受托对象和受益人履行义务。受托人的自有财产与委托经营财产分开管理[①]。

2. 实践案例介绍：山东济南养老服务中心“委托运营 +PPP”模式

济南养老服务中心位于济南市市中区十六里河街道大涧沟西村，占地 285 亩，规划建筑面积 12 万平方米，设计总床位 2200 张，是适应济南市老龄事业发展需求而确定的重点工程。该养老中心按照功能定位分为两期，其中一期由政府出资建设，共建有两座连体介护楼、一座介助楼和一座综合办

---

① 郭柯．“公建民营”养老机构在发展方面的问题研究——以成都市温江区择一城为例［D］．成都：西南财经大学，2016.

公楼，委托山东大学第二医院（以下简称“山大二院”）运营管理，并由山大二院成立民办非企业机构——济南善德养老院负责经营，同时还成立了一家老年病专科医院，在“养”的基础上增加“医”的功能①，是名副其实的“公办民营”模式（见图 5 –2）。

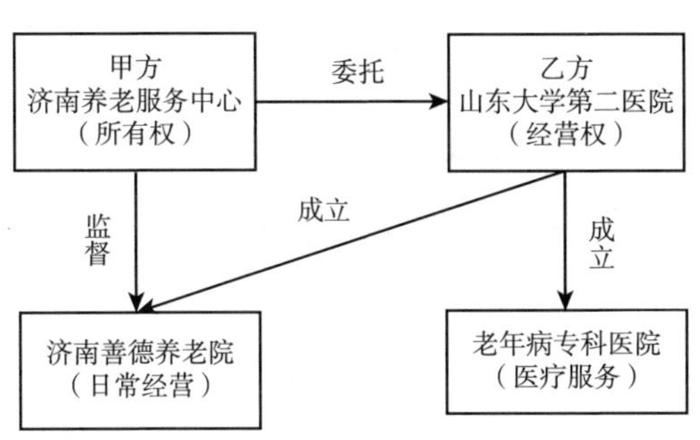


**图 5 –2　济南养老服务中心一期运营模式**

济南养老服务中心的二期由济南市西城投资开发集团投资建设，名为西城金龄老年公寓，并由西城投资开发集团成立的“西城健康产业集团”负责管理运营，采取“委托投资建设 + 运营”的 PPP 模式。

随着国家“鼓励民间资本进入养老市场”的政策文件的出台，济南市民政局便提出对养老服务中心进行市场化运作的设想，并经过认真考察研究，最终确定了“委托运营”的运作模式。考虑到养老中心一期主要是收住失能半失能老人，于是决定选择一家具有相应资质和管理能力的医疗机构作为委托单位，经过严格的招投标程序后，最终确定山东大学第二医院为委托运营单位，并签订了“委托运营”合同。合同规定了委托双方的权利和义务，并明确要求受托方应采取“医养结合”的服务模式，着重面向本市户籍，为完全不能自理、部分自理老年人群提供服务。为确保“委托运营”的可控性，合同对受托方进行了一定的约束。

济南养老服务中心一期自 2016 年 3 月 28 日启动运营以来，收住的均为失能失智、不能自理或半自理老年人，中心会根据老年人的特点，由康复技

① 国家发展和改革委员会社会发展司等编著．走进养老服务业发展新时代——养老服务业发展典型案例汇编［M］．北京：社会科学文献出版社，2018.

师为老年人进行专业身体评估，从而制定个性化康复方案。中心奉行“以诊治为基础，康养为核心”的理念，依托专业的医疗资源，为入住老年人提供医疗、护理、预防、康复等照护服务，最大限度地促使老年人心理、生理等各项机能恢复，正逐渐受到入住老人和家属以及社会的广泛认可。这种公立养老机构委托医疗机构运营的模式，首先是减少了医疗机构从事养老服务的投入和成本，降低了门槛，使专业的医疗机构提供医养服务变成现实；其次是很好地优化配置了养老资源和医疗资源，将原本独立的两个服务主体整合为一体，提升了养老机构的服务水平，为入住老年人提供了极大的便利，真正实现了“老有所养”“老有所医”。

3. 山东济南养老服务中心“委托运营 +PPP”模式解析

山东济南养老服务中心是典型的“委托运营”运作模式，通过严格的招投标程序选择了资质能力符合标准的委托运营单位——山东大学第二医院。双方签订合同并明确各自的权利和义务：一是要求受托方设立一家民办非企业单位，具体负责该项目的运营工作；二是中心委派 1 ~ 2 人参加运营期间受托方所设立的监事会，并对其资产使用情况及运营情况具有监督权及建议权；三是受托方需缴纳 500 万元的风险保证金进行担保。在该模式下，山大二院全权负责项目的日常运营和管理，而济南养老服务中心则专注于协调、监督、服务、培训、交流等核心职能的发挥，实现了所有权和经营权的分离，达到了“让专业的人从事专业的工作”的目标。

山东济南养老服务中心作为一家公建民营养老机构，体现了为低保及低保边缘家庭中的老年人、重点优抚对象、失独老年人、高龄老人等提供服务的特点，明确指出着重面向本市户籍，为完全不能自理、部分自理老年人群提供服务。该养老机构综合运用了医养结合、委托运营等新型运作模式，由西城投资开发集团成立的“西城健康产业集团”、山大二院成立的民办非企业机构济南善德养老院等非公办机构负责管理运营，政府实际上只负责前期的机构筛选以及监督协调等宏观工作。

## （二）公办民营

### 1. “公办民营”模式解析

“公办民营”机构养老服务模式是公办养老机构运营模式的一种，也是公办养老机构的改革方向之一。“公建民营”和“公办民营”两者都改变不了国有资产的性质。“公办民营”机构养老服务模式是指政府将已有的养老服务机构，采取承包、租赁、合营、托管、股份制等多种方式，将养老服务机构经营权、管理权和所有权适当分离，委托给个人、非营利性组织和企事业单位等主体经营运作，基本实现养老服务机构独立法人实体运营的模式①。“公”主要指各级政府及部门，并通过实施财政投入拥有养老服务机构产权的单位。“民”主要指除政府之外的个人、非营利组织、企事业单位等。

“公办民营”的运行模式有七种：一是承包模式，在不改变国有资产的前提下，政府将公办养老机构的经营权交给企业、非营利组织或个人等民营方，政府收取一定的承包费，并对民营方进行监管。二是租赁模式，租赁模式是指政府将公办养老机构的使用权租赁给民营方，政府根据租赁合同收取一定的租金。三是委托经营模式，即将公办养老机构委托给民营方全权经营管理，政府进行监管，政府和机构按照经营额分成，政府对低收入群体进行服务名额购买。四是合营模式，即把公办养老机构的经营服务权分出一部分交给民营方经营，协商确定双方在服务管理上的职责范围，共同经营管理，如一院两制式。五是股份模式，即对公办养老机构进行股份制改造，公办养老机构参与管理、与民营方分享股份，产权多元化、利益共享、风险共担。六是特种连锁经营模式，政府投资建设机构并组建自己的经营团队，使用专业化的养老品牌，并给品牌公司缴纳品牌使用费和标准使用费。七是自由连锁模式，政府投资建设机构，委托专业养老机构委派人员运营，并进行策

① 陈丽．“公办民营”机构养老服务模式研究——以北京市月坛街道敬老院为例［D］．北京：首都经济贸易大学，2015.

划、设计、培训，政府向专业养老机构缴纳知识产权费①。

2. 实践案例介绍：北京市朝阳区恭和老年公寓

北京市朝阳区恭和老年公寓是一家公办民营养老机构，也是北京市首家通过采用 PPP 模式，引入社会资本进行运营的养老项目。该项目采用 ROT（改造 - 运营 - 移交）的 PPP 方式，朝阳区民政局通过公开招标，将政府投资建设的养老设施委托给乐成老年事业投资有限公司（以下简称“乐成公司”）进行装修改造和运营管理。目前公寓占地面积 5600 平方米，总建筑面积 20881 平方米，设计养老床位 469 张（失能区 240 张，高龄区 229 张），其中政府保障床位 94 张（主要面向保障城市“三无”老人，农村五保户、低保户高龄老人，失独老人），按照养老居住设计规范配有生活医疗保障设施、公共服务设施、室内文娱设施、多功能厅、屋顶花园和院区活动场地等。

在 PPP 的合作框架下，政府与乐成公司通过合同契约建立关系，政府进行前期的建设投入以及后期的运营监管，乐成公司负责功能性装修改造的投入及专业运营服务。运营期间政府不出资，将养老设施的经营权转让，全部由社会资本出资运营，减轻政府在运营期间的财政支出压力。政府与乐成公司签订了 PPP 项目主合同、PPP 项目咨询合同、PPP 项目第三方监管合同、第三方审计合同等共计 5 份项目相关合同，对项目的运营服务范围（项目中所有的建筑空间，包括功能空间，只能用于养老和医疗相关的服务，不能挪作其他用途）、养老机构星级评定要求（养老机构在签订合同后三年内，须达到四星级或者四星级以上养老机构标准）以及监督管理（政府对项目进行严格监管，根据服务项目和服务标准对日常运营进行监督检查，并且每个月都会有第三方专业的监督评估机构对公寓进行监管和考核）等做出规定。通过 PPP 合同明确双方的权责利关系，保障项目顺利实施和稳定运营，强化政府与社会资本合作的契约精神。

朝阳区恭和老年公寓的运作模式是公办民营养老机构的一种创新模式，能够发挥 PPP 模式运营管理养老机构在市场资源配置中的优势作用，一方面

① 李云凤．公办民营式养老机构运营模式研究——以北京市 H 老年公寓为例［D］．北京：中国青年政治学院，2013.

能够吸引更多的社会资源参与养老服务事业；另一方面引入专业养老机构，可以让老人享受到更专业的服务，同时通过独立的第三方监管机构的监管，可以使养老服务的质量得到保证。

#### 3. 北京市朝阳区恭和老年公寓模式解析

北京市朝阳区恭和老年公寓属于委托经营式的公办民营养老机构，政府将公办养老机构全权委托给乐成老年事业投资有限公司进行经营管理，政府进行监管，政府对低收入群体进行服务名额购买，但对经营额的分成方面没有具体说明。

政府从过去深度参与项目中脱身，由“经营者”转变为“监管者”“合作者”，把更多的精力放在宏观调控、统筹协调和监督管理等方面，有利于切实推进政府职能的转变。老年公寓的前期投入由政府承担，降低了企业固定资产投资回报周期长的压力，同时由于公寓在性质上仍属于公立养老机构，政府的公信力增加了社会对公寓的信赖感，会有更多的老人愿意入住，有助于缩短满住周期，避免床位长期空置，提高运营效率。因此可以说，这种 PPP 参与的公办民营养老机构模式，可以有效发挥公办养老机构的示范引领作用，充分调动社会资本投入养老领域的积极性，是一种可以大力推广的运营模式。

### （三）民办公助

#### 1. “民办公助”模式解析

民办公助指的是民间组织或机构兴办的事业和设施，政府给予一定的财政补助。在民建公助方式下，政府可以采取三种运营模式。一是建设—移交—经营（BTO），私人部门投资兴建养老机构并负责运营，政府拥有养老机构项目的所有权，但是由于私人部门追求利润最大化的动机，政府购买的成本也很高，因此对于减少政府财政压力的贡献还是有限的。二是建设—经营—移交（BOT）或建设—拥有—经营—移交（BOOT），私营部门负责设计、建设和融资，在特许经营期内，私人部门拥有养老机构的所有权，政府为其提供补贴，特许经营期满后，养老机构的所有权转移给政府。这两种模式下，会在一定程度上提高项目的建设速度，进而缩短项目的建设所用的时间。三是建设—拥有—经营（BOO）模式，该模式下，私人部门拥有养老机构的所有权，当然也要承担和项目有关的所有风险，政府等公共部门并不参与到项目的建设或者经营中，只是按照相关规定负责监管。出于自身利益最大化考虑，私人部门建设养老机构会最大限度地节约成本，缩短建设期，相对来延长经营期，达到尽快收回投资的目的①。

2. 实践案例介绍：杭州富春江曜阳国际老年公寓

2017 年 7 ~8 月期间，笔者多次到浙江省杭州市和江苏省扬州市调查了“曜阳国际老年公寓”项目。“曜阳国际老年公寓”项目是中国红十字基金会为应对我国老龄化社会到来，而探索和创造出具有中国特色的社会化养老新模式。这一公益项目是在政府的支持下，动员社会力量，筹集社会资金进行建设，按照“公益性事业，市场化运作”的机制运行，所建的老年公寓实行自主经营、自负盈亏，属于民办非营利性单位。

杭州富川江曜阳国际老年公寓就是其中的一个分支机构，地处杭州市富阳区，占地 100 亩，公寓总建筑面积 57349. 3 平方米，于 2011 年正式建成并对外开放。该项目得到了浙江省各级政府的大力支持，不仅土地由政府免费划拨，其建设和运营政府也有一定的补贴，此外还享有营业税、企业所得税和水电气热费等的税收优惠政策。公寓还与复旦大学附属华山医院和浙江富春江集团合作兴办非营利性民营医院——富阳富春江曜阳老年医院，内设中西医内科、中西医康复科等，为入住老人及公寓周边住所的老人提供医疗门诊、医疗护理、紧急救护、养生保健等服务，医院中还专门有一层设为护理院，专门收住需要长期住院、长期护理的失能老人。目前老年医院已经被纳入富阳区和杭州市一卡通医疗保险定点医疗机构，同时也是省本级医保定点医疗机构。

扬州曜阳国际老年公寓，是中国红十字总会事业发展中心秉承“心系民

① 关鑫. PPP 模式在养老机构建设中的应用研究［D］. 大连：东北财经大学，2013.

生、回报社会”的公益理念，打造的一个敬老、助老的新型公益项目，是一所集养老、康复、疗养于一体的养老机构。项目得到了扬州市政府的大力支持，公寓占地 177 亩，建设资金约 3.5 亿余元，全部来源于社会各界爱心人士的捐助。

公寓落成以来一直坚持“人道、博爱、奉献”的红十字精神，以公益性为主导，本着“放在心上，住在爱里”的服务理念，致力于将传统的社会福利服务与更科学、更专业、更有保障的健康生活服务相结合，引导老年朋友树立现代、科学、健康的晚年生活价值观。力求让入住老年人实现“老有所养、老有所医、老有所教、老有所学、老有所为、老有所乐”。曜阳老年公寓按照市场化运作方式，类似于一个老年社区，采取会员制（会员保证金 + 住养费）的运营模式，一套公寓就是一户人家，公寓内配有卧室、餐厅、厨房、卫生间等，均设置有多处紧急呼叫按钮、无障碍设施、扶手等，单身老人可以独自入住，老年夫妻也可以共同入住，并可以进行基本生活的自理。入住老人在入住前先缴纳一部分会员费，作为公寓的使用权，然后入住后每个月缴纳一定养护费，缴费标准依据公寓大小有不同的划分依据，最初的会员费缴的多，每个月的养护费就较少；最初的会员费缴的少，则养护费需要多缴，直到老人退房或者去世，机构才会收回公寓的使用权。

3. 杭州富春江曜阳国际老年公寓模式解析

杭州富春江曜阳国际老年公寓是“建设—拥有—经营（BOO）”的“民办公助”模式。该模式下，曜阳国际老年公寓集团拥有养老机构的所有权，也需要承担和项目有关的所有风险，享有政府一系列扶持政策，如免费划拨土地、建设运营补贴以及营业税、企业所得税和水电气热费等税收优惠政策。公共部门并不参与到项目的建设或者经营中，仅在权限范围内对其进行监管。出于自身利益最大化的考虑，曜阳国际老年公寓采用市场化运作提供最优质的服务，但目前政府部门未通过征收所得税的方式来增加政府收入，仍对其抱扶持补助的态度。

曜阳国际老年公寓的所有权和经营权都属于曜阳集团，政府只是提供政策和资金支持，这样企业就有更多的自主权对公寓的建设和运营进行管理，有利于企业进行服务创新，满足老年人多元化需求，从而为不同层次的老年群体提供相对更专业、精准的养老护理服务。这一模式通过民间资本的参与建设，很好地解决了养老产业发展中的资金投入难题，在一定程度上为缓解人口老龄化问题提供了重要的借鉴经验，并有助于推动我国社会化养老服务体系的建设。

上述三种模式的比较情况详见表 5－1。

**表 5－1　PPP 养老产业运作模式的比较**

| 养老机构 | 模式 | 所有权 | 运营权 | 优势 | 不足 | 特色 |
|---|---|---|---|---|---|---|
| 山东济南养老服务中心 | 公建民营、委托经营 | 政府－济南养老服务中心 | 企业－山东大学第二医院 | 合同明确委托双方的权利和义务 | 监管不足 | 医养结合 |
| 北京市朝阳区恭和老年公寓 | 公办民营、委托经营、ROT（改造－运营－移交） | 政府－朝阳区民政局 | 改造前：政府－朝阳区民政局；改造运营期间：企业－乐成老年事业投资有限公司；移交后：企业－乐成老年事业投资有限公司 | 提供专业养老服务；监管到位，有质量保证 | 准入门槛高，把控严格，企业容易受限 | 专业化的养老服务 |
| 杭州富春江曜阳国际老年公寓 | 民办公助、建设－拥有－经营模式（BOO） | 民间资本－中国红十字基金会 | 民间资本－中国红十字基金会 | 政府补贴力度大 | 自主经营，自负盈亏，企业运营风险大 | 公益性事业，市场化运作 |

## 三、PPP 模式进入老龄产业的新业态

### （一）健康老龄化

#### 1. 健康老龄化的相关概念

“健康老龄化”概念在国外最早出现于 1987 年 5 月召开的世界卫生大

会，当时大会把“健康老龄化的决定因素”列为老龄研究项目的主要研究课题。

健康老龄化具体包括三个方面的内容：一是让老年人自身维持良好的生理、心理和社会适应功能，拥有较高的生活质量；二是老年群体中健康、幸福、长寿的老年人口占比越来越高；三是进入老龄化的社会能够克服人口老龄化所产生的不利影响，保持社会持续、健康和稳定的发展，为生活于其中的所有人的健康、富足、幸福的生活提供物质基础和保证。世界卫生组织（WHO）1946 年章程中关于健康的定义是：“健康是身体、心理和社会功能的完美状态。”即从生物学角度检查身体器官功能，测量各项指标正常与否，从心理精神角度判断其有无控制力，能否正确对待外界影响，从社会学角度看其社会适应性、人际关系与应付各类事件的能力等。世界银行在 1990 年提出健康老龄化的战略目标，即指老年人群达到身体、心理与社会功能的完美状态。人均预期寿命是生命在量上的反映，健康余命（healthy life expectancy，HALE）则是生命的质的体现，是检测生命质量的指标，也是更为精准地测度社会发展的指标以及养老和医疗的政策目标。因此，健康老龄化的核心要义在于延长老人的自理期，降低老人陷入失能、半失能风险的概率。

关于健康老龄化，不同的学者也从不同的角度进行了解释，格鲁斯曼（Grossman，1972）基于人力资本理论的健康需求模型是老年人健康研究的基准模型。根据他的理论，老年人的健康状况可以看作是使用医疗服务和长期护理服务的结果。医疗服务包括预防性治疗、门诊治疗、住院治疗等，而长期护理服务主要是针对老年人日常起居的照顾。共同居住子女数量以及社区是否有养老保健服务中心或老年服务站反映了家庭和社会对老年人的日常照顾，可以通过影响长期护理服务来影响老年人自评健康。收入对于健康也有促进，老人的收入状况一方面与家庭经济状况有关，另外子女的经济支持和国家养老保险对于老人的收入状况也有重要的影响。两者通过影响收入状况对老年人健康自评产生影响。此外，自评健康状况还受到一系列人口统计因素的影响，如 15 岁之前的健康状况、性别和年龄、婚姻状况、城乡分布和受教育程度等。根据格鲁斯曼的理论，家庭养老和社会养老分别通过影响长期护理与收入状况影响老年人健康状况，初始健康状况和人口统计特征也会对老年人健康产生影响①。

2. 健康老龄化与医养结合

健康老龄化的理念建立在生命周期理论基础之上，生命周期（life cycle）的概念应用很广泛，特别是在政治、经济、环境、技术、社会等诸多领域经常出现，其基本含义可以通俗地理解为“从摇篮到坟墓”（Cradle-to-Grave）的整个过程。生命周期理论也有广义和狭义之分，狭义的生命周期理论是指本义——生命科学术语，即生物体从出生、成长、成熟、衰退到死亡的全部过程。广义是本义的延伸和发展，泛指自然界和人类社会各种客观事物的阶段性变化及其规律。人的生老病死在某种程度上也是属于正常的阶段，人到了某一阶段，会出现一定的病痛，因而会对医疗产生需求。第四次国家卫生服务调查报告显示，我国近 50% 的老年人患有各种慢性病，65 岁以上老年人耗费了近 30% 的医疗总费用，老年人消耗的医疗费是全部人口平均消耗卫生资源的 1.9 倍。另一项根据世界银行的预测显示，预计到 2030 年，老年人慢性病负担将增长 40%。当期我国人口人均预期寿命是 75 岁，健康的预期寿命约 68 岁，这其中有七年时间许多老年人将会与疾病相伴。

健康老龄化国际倡议为“将健康的概念延伸到老龄化过程中，从医疗保健和老龄化过程中的健康问题着眼，将重点放在提高大多数老年人生命质量，缩短生命带病期，使老年人以正常的功能健康地存活到生命的终点上”。

“医养结合”就是指医疗资源与养老资源相结合，实现社会资源利用的最大化。其中，“医”包括医疗康复保健服务，具体有医疗服务、健康咨询服务、健康检查服务、疾病诊治和护理服务、大病康复服务以及临终关怀服务等；“养”包括生活照护服务、精神心理服务、文化活动服务。利用“医养一体化”的发展模式，集医疗、康复、养生、养老等为一体，把老年人健康医疗服务放在首要位置，将养老机构和医院的功能相结合，形成把生活照料和康复关怀融为一体的新型养老服务模式。“医养结合”养老服务对象并

---

① 张苏，王婕. 健康老龄化与养老服务体系构建［J］. 教学与研究，2013（8）.

非单指“需要中长期专业医疗服务的生活不能自理的老人”，而应该是全体老年人；“医养结合”养老服务的内容也并非指在老年人已经失能或半失能之际提供医疗服务，而是提前介入，加强对老年人慢性病的预防，尤其要预防对老年人日常生活影响较大的慢性病，这远比治疗疾病更有意义，也能够更好地利用医疗资源①。“医养结合”在某种程度上体现了健康老龄化的理念，对于健康的关注也是养老行业中重要的组成部分。

“医养结合”养老模式是在重新审视养老服务内容之间的关系之后，将老年人健康与医疗服务放在更加重要的位置，以区别传统的单纯为老年人提供基本生活需求的养老服务②。其主要涵盖五个方面的元素，即服务主体、服务客体、服务内容、服务方式和管理机制。服务主体，即“医养结合”服务的提供方。具体包括老年公寓、护理院、临终关怀院、各级医院、社区卫生服务中心和社区居家养老服务中心等。服务客体，即“医养结合”服务的对象，“医养结合”养老服务面向健康、基本健康、不健康和生活不能自理的四类老年人，但重点面向生活不能自理的老年人，主要包括残障老年人、慢性病老年人、易复发病老年人、大病恢复期老年人及绝症晚期老年人等。服务内容，即“医养结合”的服务项目。“医养结合”是集医疗、护理、康复和基础养老设施、生活照料、无障碍活动为一体的养老模式，其优势在于能够突破一般医疗和养老的分离状态，实现为老年人提供及时、便利、精准的医疗服务，并最终将医疗服务、生活照料服务、健康康复和临终关怀等整合，提供一体化的医养结合服务，从而满足老年人的整体养老需求。因此，医养结合养老创新的逻辑集中体现为两种资源相向而进的连续过程。

如何保持“健康余命”不仅是老年人的健康需求，也是社会发展的一项指标，成为养老与医疗政策的发展目标之一。因此在养老领域，有效延长老年人的自理期，以降低老年人陷入失能和失智的风险，这对医疗资源的配置，尤其是提前介入与注重预防等提供相应医疗服务有着广泛的需求；另外，由于养老机构风险回避与老年人支付能力限制，造成当下需要入住养老

---

① 赵晓芳．健康老龄化背景下“医养结合”养老服务模式研究［J］．兰州学刊，2014（9）．

② 杨景亮．建立老年人医养结合服务模式的冷思考［N］．中国劳动保障报，2012－9－21．

机构获得养护照顾的失能失智老人被排斥在养老资源之外，现有养老资源闲置、浪费与不恰当利用现象并存，这直接造成了政府投入的有限养老资源无法精准有效地满足高龄、不能自理和半自理状态老年人的照护需求，如何规避这一失配现象，避免逆向选择，充分发挥有限的养老服务资源兜底作用，这不仅仅是靠增加养老机构和养老床位数量便可解决的问题。医养结合是作为“整合照料”的一种实现形式，将老年人的生活照料服务和医疗健康服务这两种最基本的需求进行整合，并将医疗需求置于更重要位置，以期在养老过程中老年人可以接受到质优、便捷和可承受的健康医疗服务，从而从整体上提高老年人的养老质量。

3. “医养结合”的实践探索：北京乐成公司的“医养结合”模式

2013 年 2 月，北京市政府将乐成老年事业投资有限公司（以下简称乐成公司）确定为全市首家“医养结合”养老服务试点单位，支持民间资本以产业化模式投资养老服务业，开创社会力量参与养老服务业发展新道路。乐成公司针对老年人对专业医护、慢性病诊疗、病后康复及临终关怀等医疗服务需求迫切的现状，在朝阳区政府的支持下，投资兴建养老机构附属的“双井第二社区卫生服务中心”，开设了全科医学、中医、预防保健等诊疗项目，组建了由护理主管、医师、营养学、养老护理员、护士和社工等组成的专业医护团队，为恭和老年公寓的入住老人及周边社区的老人提供健康保障服务。同时，乐成公司还以双井第二社区卫生服务中心为平台，启动了居家医疗（康复）护理服务，为老年人提供包括术后休养、失智症、肿瘤放化疗间歇期等的居家医疗服务，以及注射输液、伤口换药、康复看诊等多个小项的入户医疗服务。同时，乐成公司还制定了严格的管控办法来保证服务的安全和质量，并与养老机构形成统一的服务标准，方便老年人根据自己的需求，在家、社区以及机构养老间转换，也会通过对老年人的健康评估，为老年人推荐合适的养老生活方式。

乐成公司的这种利用现有社区卫生服务网络，通过附属社区卫生服务中心，开辟居家医疗服务等途径，打通了民政与卫生系统之间的部门界限，建立起老人与医院、社区卫生服务机构、居家护理服务机构和养老机构之间的

联系，既满足了老年人入院后护理和日常照护的医疗服务需求，也为实现“小病在社区、大病进医院、康复回社区”的分级诊疗目标创造条件，更是开辟了一条民间资本依托政府支持参与养老服务业的新道路。

4. 北京乐成公司的“医养结合”模式解析

北京乐成公司的“医养结合”模式是对“健康老龄化”的具体实践，乐成老年公寓体现了“医养结合”服务不仅提供日常生活照料、精神慰藉和社会参与，更为重要的是提供预防、保健、治疗、康复、护理和临终关怀等方面的医疗护理服务的特点。主要有两种服务方式，一是增设医疗机构，与一般养老机构不同，乐成老年公寓为老人设置了小型卫生服务站，配备中医科、理疗科、放射科、康复科等医疗科室以及智能康复训练器、牵引网架、站立滑行器等老年人常用医疗设备。二是医疗机构联合，乐成老年公寓与朝阳医院、朝阳区抢救中心等医疗机构建立了绿色通道，如有需要入住老人可直接转院，未来该机构还将设置“120”站点。同时卫生服务站依托双井社区卫生服务中心，使老人不出楼就可以看病。

在管理机制方面，北京乐成公司对“医养结合”养老模式的管理及相关政策制度充分遵守、落实到位。经政府公开招标，乐成养老集团获得了朝阳区恭和老年公寓的经营管理权。为保证养老服务质量，在引入PPP模式中，公共部门给予北京乐成公司充分的经营自主权，让专业的人做专业的事，同时引入了独立第三方监管机构，采取平均每个月一次的上门评审，做出评审报告，政府依据评审报告出面对其进行监督并责令整改，保证老人享受更好的服务。

## （二）积极老龄化

1997年，在西方七国丹佛会议上，首次提出了“积极老龄化”的概念。1999年是“国际老人年”，在这一年世界卫生组织提出了“积极老龄化”的概念，“积极老龄化”比“健康老龄化”的意义更为宽广，“积极”指的不仅是身体活动能力或者能参加体育劳动，更是指不断参与经济、社会、文化、精神和公民事务，“积极老龄化”是指人到老年时，为了提高生活质量，使健康、参与和保障的机会尽可能发挥最大效应的过程，它容许人们在一生中能够发挥自己在物质、社会和精神方面的潜力，按照自己的需要、愿望和能力参与社会，在需要帮助时，能够获得充分的保护和照料。“积极”强调的是继续参与社会、经济、文化和公共事务，而不仅仅是体育活动的能力。在工作中退休下来的老年人和那些患病或有残疾的人，能够仍然是他们的亲属、亲友、社区和国家的积极贡献者。“积极老龄化”的目的在于使所有老年人，包括那些虚弱、残疾和需要照料的人，都能提高健康的预期寿命和生活质量。由此可见，积极老龄化改变了以往人们的下列传统观点——尽管老年人曾为社会进步作出了巨大的贡献，但进入老年后，他们就成为社会的负担，而是强调老年人是被忽视的宝贵的社会资源，他们仍可以健康地参与社会、经济、文化与公共事务，将依然是社会财富的创造者和社会发展的积极贡献者。

积极老龄化是使所有年龄组的人，包括体弱者、残疾者和需要照料者，延长健康预期寿命和提高生活质量，世界卫生组织提倡以生命全程的观点看待老龄化，老年人不是一个均一的群体，而是随着增龄，个体差异有着加大的趋势，在生命各个阶段进行干预，创建支持性的优良选择是很重要的。

积极老龄化理论认为，当健康、劳动力市场、就业、教育和生活政策支持老龄化时，积极老龄化的政策和计划就会在如下三个方面发挥积极作用。第一，积极老龄化的政策和计划，具有应对个体和群体老龄化挑战的能力。就个体而言，实施积极老龄化政策能够延长那些具有高生产能力的人的寿命；在老年阶段因慢性病致残者很少；越来越多的人进入老年后，享有良好的生活质量。就人类群体而言，将使越来越多的人进入老年后积极参与社会、文化、经济和政治生活，成为社会财富的继续创造者和贡献者；老年人的健康也意味着医疗费用和社会照料支出的减少。就这个意义而言，积极老龄化政策的确是人类个体和群体应对老龄化挑战的重要社会政策。第二，积极老龄化政策和计划，能够鼓励和平衡个人责任（自我照料）、

代际友好与团结。该政策和计划认为，积极老龄化的老年人，首先由于参与了更多的社会、经济、文化和政治生活，从而增加了收入，降低了因年老失去收入而致贫的可能性，从而具有更好的保证身心健康和自我照料的能力，这既能预防慢性病导致残疾，又能节约个人和家庭用于健康照料方面的大量开支。其次，在参与社会生活之外，越来越多的积极老龄化的老人在家庭中无偿从事着照料第二代尤其是第三代的责任，享受着天伦之乐。这样，一方面让子代有更多的时间参与社会生活；另一方面子代也愿意更多地承担起照料老人的家庭责任，从而有利于代际的友好、和谐与团结。再次，积极老龄化政策和计划有助于缓解养老金、收入保障计划以及医疗和社会照料支出不断增加的压力。现代工业国家鼓励提前退出劳动力队伍的公共政策造成了大量的劳动者提前退休，而由于生育率的下降导致劳动适龄人口减少，造成了社会抚养比的急剧上升，从而迫使政府从有限的财政收入中支付更多的养老金和社会福利，这样，就降低了社会的活力，再加上老年人健康状况的逐渐恶化而导致的医疗和社会照料支出的不断增加，使社会和政府形成了巨大的压力。实施积极老龄化，将使越来越多的“老当益壮胜任继续工作的人”参与社会公共生活，而老年人的健康和继续工作，有助于减少养老金、收入保障计划以及医疗和社会照料的支出，从而提高社会的活力。

1. 影响积极老龄化的相关因素

积极老龄化取决于围绕个人、家庭和国家的种种因素。在积极老龄化的框架方面，文化和性别是外围的决定因素。文化价值和传统决定一个社会如何看待老年人和老龄化进程。积极老龄化的其他决定性因素是经济（收入、社会保护和工作）、卫生与社会服务（促进健康与预防疾病）、社会（和平、平等、社会支持和学习机会）、个人（遗传背景和心理因素）、行为（健康生活方式和自我保健）、环境因素（良好、安全的环境）。

积极老龄化理论认为，经济环境对积极老龄化产生影响的主要因素有三个，分别是收入、工作和社会保护。

（1）收入。减少各年龄组的贫困尤其是老年人的贫困，是决定能否实施积极老龄化政策的重要因素。积极老龄化政策在减少各年龄组人口的贫困方面，需要与其他各项计划相互合作。当各年龄组人口都面临健康不佳或病残的危机时，老年人则是他们中间特殊的弱势群体。很多单身或生活在农村的老年人，特别是妇女，没有可靠或足够的收入，而没有可靠或足够的收入就无法获得有营养的食物、足够的住房和健康的照料，因而，也就无法实施积极老龄化。因此，要特别关注最脆弱的群体，最脆弱的群体是那些没有财产、只有很少或没有储蓄、没有退休金或社会保障补贴、低收入或没有稳定收入的老年人，特别是那些没有儿女或家属、经常面对不可靠未来、无家可归和赤贫危机的老年人。由此可见，老年人拥有足够的收入，既是实施老龄化政策的前提条件，也是积极老龄化政策的重要内容。

（2）工作。一方面，老年人是否有能力继续工作，不仅取决于老年人的当下状况，而且取决于在其生命的早期，是否拥有体面的、有尊严的工作。因为就全世界来看，如果较多的人在其生命的早期就从事有尊严的工作（适当的酬金、良好的环境和有防护的措施），那么，当他们步入老年时，就更有能力继续工作。另一方面，应当鼓励、保护和支持那些有能力或正在继续工作的老年人。但现实状况是，老年人的工作往往受到排斥。在发达国家，在失业率高时经常会看到用裁减老年工人的办法，来为年轻人腾出岗位。但是，经验表明：用提前退休为失业人员提供工作岗位并不是最有效的办法。而在发展中国家，由于工业化、采用新技术以及劳动力市场的流动性，威胁着许多从事传统工作的老年人，特别是在农业地区。但是，面对人口老龄化的严峻形势，在世界的各个地区，人们越来越认识到，需要支持那些能够从事或正在从事正规、非正规工作，以及在无报酬的活动中，如在家庭和在志愿工作岗位上作出积极贡献的老年人。为此，在发达国家，应帮助实现鼓励老年人工作时间长一些的愿望；在发展中国家，发展的项目要保证老年人的信贷计划和有充分参与提高收入的工作机会。另外，应鼓励有技术和有经验的老年人在学校、社区、宗教机构，以及商业、卫生、政治机构做志愿工作。志愿工作在为社区和国家作贡献的同时，也有利于增加老年人的社会交往和增进心理健康。

（3）社会保护。传统社会中的世界各国，家庭为需要帮助的老年人提供了多方面的支持。但在当代社会中，随着社会发展和传统多代家庭开始减少，国家号召发展为那些生活不能自理、独居和病弱的老年人提供社会保护的专门机构。在这方面，发达国家有着成功的和成熟的社会保障政策、服务与机构，而在发展中国家，需要帮助的老年人一般依靠家庭供养、非正规的服务交换和个人储蓄。为此，发展中国家更应对需要帮助的老年人提供社会保护特别是代际社会保障。发展中国家代际社会保障包括养老金、职业养老金计划、自愿储蓄、强制储蓄基金，以及伤残、疾病、长期照料和失业保险计划。对老年人进行社会保护，既是积极老龄化政策的内容之一，也是影响积极老龄化政策的重要因素。

2. 实现积极老龄化的条件

实现积极老龄化的三支柱是健康、参与和保障。

（1）健康。积极老龄化政策框架认为，当慢性病和机能下降的风险因素（包括环境和行为）降低而保障因素提高时，人们将享受健康时间更长、生活质量更高的生活。这样他们在进入老年后，大部分老年人仍然能够保持健康和生活自理，只有较少的老年人需要昂贵的医疗和照料服务。这就需要社会开展持续的健康教育、让人们养成健康的生活方式、建立医疗保险制度和提高医疗服务水平。同时，那些现在需要照料的人，他们在步入老年时也必然得到更全方位的医疗和照料服务。

（2）参与。参与是指健康的、有能力工作的老年人继续参与社会、经济、政治、文化等方面的活动，有偿或无偿地提供服务，这样就会使老年人继续生活在主流社会中。积极老龄化政策框架需要下列行动：劳务市场、就业、教育、卫生及社会政策和项目根据个人的基本人权、能力、需要和喜好，支持老年人参与社会经济、文化和精神活动，通过收入性的和非收入性的活动，为社会继续作出建设性的贡献。

（3）保障。所谓保障，是指政府在政策和项目方面解决人们在年老过程中的社会、经济、人身安全上的保障需要和权利的同时，保障老年人在不能维持和保护自己的情况下受到保护、照料和有尊严。国家支持家庭和社区通过各种努力照料其老年成员。政府、社区和家庭向老年人提供的保障，包括提供诸如供养、医疗、安全、权益等全方位的保障，从而提高其生命和生活质量，保障老年人的基本权利和尊严①。

3. 积极老龄化的实践探索：浙江颐乐学院打造老年学习乐园

浙江颐乐学院是由绿城颐乐教育投资管理有限公司（以下简称“绿城颐乐”）首创的老年教育品牌，创立于2011年5月，初期主要面向全国绿城物业服务园区内的55岁及以上中老年群体提供教育与教学服务。颐乐学院将老年教育有机结合到养老服务体系中，探索学院式养老的养教结合创新理念，在园区活动中心、社区养老服务中心、托老所、养老机构等各类居家、社区以及机构养老服务中，借用物业用房、社区活动用房等场所，配备教学设施设备，通过开展课程、举办讲座、展示学习成果等方式，推出形式多样的老年教育活动，为老年人提供康养教育一体化的养老服务，丰富其晚年的精神文化生活。绿城颐乐还就颐乐学院的老年教育课程体系、健康促进服务模式等与杭州师范大学进行深度合作，并基于终身学习理念、自我完善理论、积极老龄化理论框架，创设了以“颐、乐、学、为”四个维度为内容的颐乐学院战略及老年教育课程体系。绿城颐乐的教育品牌“颐乐学院”覆盖了居家养老、社区养老与机构养老的全产业链服务，目前已经开设了12个专业，逾百门课程，涉及中国传统文化、健康养生、数码科技、声乐器乐、书法国画、生活艺术、收藏鉴赏、自救与急救等多个方面，对老年人拓展知识、开阔眼界、增加生活情趣、陶冶情操等都具有良好的促进作用。

经过多年的实践与发展，2016年5月，颐乐学院正式作为国内首批民办老年大学成为中国老年大学协会成员单位。近两年，颐乐学院模式逐渐开始走向周边社区、街道以及社会福利中心等单位，输出老年教育与培训，使颐乐教学的影响辐射更多的老年人，充分调动老年人参与的积极性，实现“老有所为”。

---

① 宋全成，崔瑞宁．人口高速老龄化的理论应对——从健康老龄化到积极老龄化［J］．山东社会科学，2013（4）．

4. 浙江颐乐学院老年学习乐园模式解析

浙江颐乐学院老年学习乐园全面体现了积极老龄化的精神。收入、工作和社会保护是影响积极老龄化的三个重要因素，健康、参与和保障是实现积极老龄化的三大重要条件。浙江颐乐学院老年学习乐园目前还无法在宏观影响因素方面对老年人的积极老龄化产生作用，但其秉承了中国老年大学协会提出的“增长知识、丰富生活、陶冶情操、促进健康、服务社会”的整体办学理念，以“提高并改善长者的生活品质”为办学目标，围绕“健康、快乐、幸福、长寿”四大主题设计功能性的课程体系与休闲教育活动。对老年人的心理健康、参与度进行了保证，使老年人的需求有尊严地得到了保障。

在满足老年人生活照料的同时，采取老年大学等多种方式从老年人的精神生活着手，加强对老年人的心理照料。以住宅养老为主要形式，安排老年人喜欢的科目课程，在后期服务上进行各种加强，以健康养老软件服务作为最重要的工作内容。展现了以积极老龄化为指导，结合健康养老手段的创新运营模式。

## （三）智慧老龄化

在网络和信息技术渗透到世界每一个角落的今天，无论是互联网、物联网还是大数据、云计算，这些最新的信息技术都在催生着新型养老服务的产生。由此，“智慧老龄化”的概念应运而生。2012 年，“首届全国智能化养老战略研讨会”在北京召开，首次提出了“智能化养老方式”的理念，标志着我国在智慧老龄化的探索道路上迈出了开创性的一步。智慧老龄化就是以互联网为支撑，依托物联网、云计算、大数据和空间地理信息管理等现代信息技术，集合运用现代老年服务业技术和智能控制技术，为老年人提供安全、便捷、健康、舒适服务①。智慧老龄化要求将现代科技与养老服务有机

① 朱勇．智能养老［M］．北京：社会科学文献出版社，2014.

结合，涵盖老年人的生活照料、健康管理、安全保障、应急救助、娱乐休闲和学习分享等诸多方面，更好地服务于居家养老、机构养老等传统养老方式，最大限度地满足老年人的不同需求，实现现代科技与老年人的智能互动，具有十分广阔的发展前景。

1. 智慧老龄化的发展前景

中国正处于人口老龄化高潮期，迅猛的老龄化趋势将一直持续到 21 世纪中叶。未来二三十年即将步入老年的“新一代”老年人将呈现出许多重要的新特点。不同于人们印象中保守落后、体弱多病、经济窘迫的老年人旧形象，未来的老年人无论在自身的知识素养、经济状况等方面，还是在居住模式、生活环境等方面都将发生明显变化。

在老龄化的过程中，新一代的老年人受到中国教育事业发展的影响而表现出更高的知识文化水平。教育水平的持续提升无疑让老年人口获取新兴事物、掌握现代技术更加容易，这将会大大提升老年人的生存发展能力。

除了教育水平的持续提升之外，新一代的老年人也在中国经济社会发展进程中增长了见识、拓宽了视野。这使得他们无论是主动地模仿还是被动地接受，新兴事物与老年人的“隔阂”都将得以逐渐消除，老年人跨越现代技术的“鸿沟”也将不再成为难事。在改革开放后迎来的大流动、大迁徙的时代，人们的眼界早已不再仅仅囿于所居住的社区，随着生活范围的扩大，接触新兴事物的机会、体验现代技术的可能都将增加，见多方能识广，流动迁徙实际上是天然的“社会教育”和自我学习过程。未来，人口流动迁徙的大潮还将进一步席卷农村地区，农村人口绝不可能置身于新兴事物和现代技术之外，而是更加深刻地与之相融合。依托新兴事物和现代技术，相继老去的一代人可以把自身与社会之间的距离缩小到最低限度，全面提高社会适应水平，从而不再表现出传统老年理论所认为的与主流社会“脱离”与“断裂”现象。

在未来的老龄社会，新一代的老年人能够更加充分地接纳新兴事物、更加积极地运用现代技术，应当因时制宜地推出智慧养老举措。通过物联、互联以及智能等信息技术集成，融入“互联网 +”理念，老年人的居家生活能

力将会得到延展，居家生活质量也会得到改善。例如，网上购物可以让老年人轻松快捷地进行商品消费，远程医疗可以让老年人方便及时地获取诊治服务，社交平台则可以让老年人充分有效地进行联络通讯，这对那些腿脚不便的老年人而言意义尤为突出。同时，智慧养老还能够推出多元化的服务模式、提供个性化的服务订制，满足不同层次老年人的需求，特别是在精神生活上的需求。老年人口知识技能的提升，必然能够为智慧养老提供更坚实的实施基础①。

互联网和信息社会能够提高老龄化社会的运行质量，提高老年人口生活需求和生命福祉，以及在此过程中创造出巨大的经济社会发展空间。互联网的迅猛发展也是智慧老龄化兴起的一个重要的条件。目前，中国的互联网还处在蓬勃发展阶段，各个人口队列中的网民规模还将迅猛增加。可以预见，到 2030 年时，将有至少 1/4 的老年人口成为网民。老年人与互联网相结合的紧密程度不断加强，老年人也可有效把握互联网时代的机遇，代际互动的模式、社会参与的方式等都会焕然一新，这对老年支持和服务体系的影响不可估量。

互联网为基础的信息化发展，使为老年人口提供更高效、更有针对性的智能产品和高质量服务成为可能。互联网首先提供了老龄化生活的信息资源，网络已经成为信息社会的入口，老龄化社会的信息和知识的服务离不开网络。互联网提供了老年人口的社会交往并积累社会资本，社会资本不仅包括现实生活中的社交网络，虚拟社会资本有的时候也有积极的价值，线下和线上的社会资本是能够同时相互转化的。互联网和信息社会为老年人口提供了更加丰富的休闲娱乐，老年人有的时候不需要在现实的空间打麻将、打扑克，而可以在网络游戏大厅中进行娱乐。很大程度上，老年人的娱乐过程也是一种社会资本的建设过程。同时，互联网本身是信息服务业，为老年人口获得各种社会和生活服务提供支持，包括交通服务、消费服务、子女赡养、财务支持、网络通信、餐饮服务等。

① 翟振武，陈佳鞠，李龙．“智慧养老”：应对老龄化的一个新趋势［EB/OL］．http：//www.cnpension.net/m/syylbxcp/22260.html.

2. 虚拟养老院

利用信息技术搭建的虚拟养老院，可以说是我国在智慧养老方面最早的探索了。虚拟养老院是指在信息技术支撑下，依托社区，整合社会各类组织资源为服务网络内的老年人提供养老院式服务的一种社会化养老模式。政府建立一个信息服务平台，当老年人有服务需要时，拨打信息服务平台电话，信息服务平台按照老年人的要求，派服务企业的员工上门为老年人提供服务，并对服务质量进行监督。虚拟养老院以政府为发起人，引导营利与非营利社会力量以加盟的方式参与到养老产业中来，通过养老服务信息系统实现信息化管理，并以经过 ISO9001 等质量体系认证的服务实现具体操作的标准化，从而为广大老年人群体提供一个信息化管理的服务平台，以实现居家养老的产业化、专业化和标准化。虚拟养老院与实体性养老院相对而言，并不属于养老院的范畴，而是居家养老服务的创新形式，最初由苏州市沧浪区（现为姑苏区）区政府、区民政局提出并创建。它以老年人的服务需求为基础，以网络通信平台、服务系统为支撑，在政府主导、市场化运作、专业人员服务、社会参与、老年人满意的发展路径下，集信息服务中心、服务系统、服务供给为一体，整合各种养老服务资源以满足老年人的各种服务需求，提升老年人生活质量的居家养老服务新形式①。虚拟养老院的养老服务模式同时具备了居家养老模式和机构养老模式的优点，不仅符合老人在家养老的意愿，而且能够为老人提供实实在在的照料服务，同时辅以精神关怀，避免了机构养老缺乏人性化的缺点，同时也能解决机构养老成本投入高、床位少的问题，可谓一举多得。

在虚拟养老院服务模式中，社区是大环境，是虚拟养老院依赖的基础，社区内现有的为老服务设施及场地是虚拟养老院可以充分利用的资源。随着城市化进程的加快，城市社区功能不断完善，社区养老服务配套的基本设施也逐步齐全，如社区卫生服务站、社区健身设施、社区配餐中心等。一些城市在探索居家养老模式时，强调了社区的重要性，在社区内建设为老服务场

① 罗艳，石人炳．虚拟养老院服务质量评价体系初探［J］．华中科技大学学报（社会科学版），2016（5）．

所，如活动中心等。因而在虚拟养老院服务模式中，社区可以作为虚拟养老院外延的一个场所，能提高社区资源使用率。在虚拟养老院中，政府以团购养老服务形式，为虚拟养老院中符合政府补贴对象的老年人购买服务，这也是虚拟养老院的主要经济收入来源。同时虚拟养老院也充分利用了家庭资源，包括家中基础设施（如床铺、水电设施等）、亲人精神照顾（亲戚走访、邻居关心等）、其他娱乐活动等。家庭在虚拟养老院服务模式中占核心地位，因为虚拟养老本质上是为居家老年人提供专业化养老服务，所依赖的是家庭及社区的物质精神条件。社会组织也是虚拟养老院服务提供的主体，IT 企业为虚拟养老院提供技术支持，为老年人第一时间得到帮助奠定基础；老年大学既可以帮助老年人在闲暇的时间发展自己的兴趣爱好，也可以帮助老年人找到志同道合的伙伴；商业配送公司可以为老年人提供日需用品，可以送达外地儿女对老人的一片孝心和实物的帮助。还有一些社会公益性的组织，也能为老年人提供着日常的帮助。虚拟养老院的目的就是让这些力量参与到社区内的养老服务中，以解决家庭人力缺乏的问题①。因此，虚拟养老院看似为“虚”，其实很“实”，它整合了许多社会上的有利资源，实现了居家养老的专业化。

和传统养老方式相比，虚拟养老院是一座“没有围墙的养老院”，投资少，服务范围大，老年人在家就可以挑选、享受专业化的养老服务，从心理上完全能够接受，更具安全感。由于虚拟养老院的规模化运作大大降低了运营成本，它必将成为今后老年人养老的一种新的趋势。

### 3. 智慧老龄化的实践探索：乌镇开创“互联网＋”养老服务新模式

2014 年，浙江桐乡市乌镇被授予“世界互联网大会永久会址”。随着“互联网＋”时代的到来，桐乡市在乌镇启动“互联网＋”养老服务试点工程。项目实施周期三年，引进拥有先进养老服务理念的上海椿祺集投资管理有限公司，注册成立桐乡市椿熙堂老年社会服务发展中心，为老年人提供紧急救助、生活照料、专业护理、文体娱乐、配餐就餐、医疗保健等 80 余项

① 赵佳寅，袁毅，崔永军．我国虚拟养老院的信息化服务模式建设研究［J］．情报科学，2014（2）．

集中照料和上门服务，使老人足不出户就能享受实时化、多样化、个性化的智能照护。

乌镇“互联网+”养老服务模式以“原居安老、长期照护”为理念，主要包括以下几个方面：（1）统筹推进三级站点建设，完善设施“保障网”。桐乡市统筹推进居家养老服务照料中心与市、镇、村三级“互联网+”养老服务站点建设，标准化、智能化设置日托午休室、食堂、医疗保健室等，集中为老年人提供互动式照护服务，打通居家养老服务的最后一公里。（2）线上搭建养老服务平台，线下定制居家服务套餐。线上搭建养老服务综合信息平台，形成会员管理、服务需求评估、照护服务管理、社区服务交互、服务数据分析五大数据库；线下形成居家养老服务照料中心为依托，社区集中照料和居家上门服务的服务体系，实现老年人口统计数据查询、养老服务需求审批、养老补贴管理、生活照料、长照评估、慢病管理、膳食餐饮、社区文化等服务。同时整合义工志愿者、医疗卫生、社团组织、周边服务商户等社会资源开展为老服务。（3）建立应急呼叫服务中心，提供“全天候”保障。以物联智能设备为手段，将应急救助服务和健康监测服务延伸到老年人家里，为老年人提供全天候的安全守护和健康呵护服务。（4）整合医疗卫生资源，开展医养结合服务。通过线上云平台和线下服务资源，以健康档案为核心，利用智能居家设备、健康管理 App 等，为老年人提供健康评估、慢性病管理、健康数据动态监测等服务。

目前，乌镇“互联网+”养老服务模式在运营中取得了较好的成效，“线上+线下”的优势逐步体现养老服务功能和供给有效增加，服务质量和标准明显提高，运营管理水平也得到了提升，养老服务整合机制和人才队伍培养机制正在逐步形成。

4. 乌镇“互联网+”养老服务模式解析

智慧老龄化实际上是借助互联网、物联网、大数据、云计算等现代技术手段，推进“线上+线下”相结合的“互联网+”养老服务综合信息平台和养老服务信息管理系统建设。

“乌镇智慧养老综合服务平台”主要分为线上和线下两个部分。线上平

台即建立老年服务交互系统，通过在老年人家中安装智能居家照护设备、远程健康照护设备、SOS 呼叫跌到与报警定位等，实现远程监控和管理。如老年人意外跌倒后，呼叫中心和老人家属就会立即收到报警，相关救助可及时跟进。目前，该系统已为 2010 位老人录入相关信息，提供设备 160 多台，接到的报警及通知 700 多次，提供服务 1800 余次。这一整套服务过程通过信息化手段整合在一起，形成的统计数据报告会逐月提供给政府，方便当地政府掌握老年人情况，作出预判。拥有照护服务管理系统的中心，显得更加信息化、智能化。所有进入照料中心的老年人，只要在前台扫一下会员卡，大屏幕上就显示出老年人的基本信息，方便了解老年人当前情况，以便提供必要的帮助。

基于互联网的老年人口的生活和消费服务，使老年人口的行为和生活方式数字化，产生出大量的数据信息。这些数据信息进一步帮助展现老年人口的需求，帮助对老年人口提供有针对性的养老服务和生活服务。例如，通过信息手环的方式对于老年人口进行及时监控，或者提供老年人口有具体需求的生活产品等。市场部门、社区和公共部门，包括和养老服务有关的社会机构通过对老年人生活信息的数字化，能够增强对老年人服务和管理的能力，改进老龄人口社会服务体系，提升对老年人服务和管理的质量。

上述三种模式的比较见表 5 – 2。

**表 5 – 2　　　　PPP 养老产业运作新模式的比较**

| 养老机构 | 模式 | 所有权 | 运营权 | 优势 | 不足 | 特色 |
|---|---|---|---|---|---|---|
| 北京乐成老年事业投资有限公司 | 健康养老、医养结合 | 民间资本 – 北京乐成老年事业投资有限公司 | 民间资本 – 北京乐成老年事业投资有限公司 | 将健康的概念延伸到老龄化过程中，提高老年人生命质量，缩短生命带病期；引入第三方监管机构 | 属于高端养老，部分产品价格较高 | 高品质、精细化养老 |

续表

| 养老机构 | 模式 | 所有权 | 运营权 | 优势 | 不足 | 特色 |
| --- | --- | --- | --- | --- | --- | --- |
| 浙江颐乐学院 | 积极养老 | 民间资本 – 绿城房地产集团有限公司 | 民间资本 – 绿城房地产集团有限公司 | 积极养老，体现老年人价值 | 方式单一，主要是休闲教育活动，可以进一步提高老年人参与深度和宽度 | 老年大学 |
| 乌镇“互联网 +”养老服务模式 | 智慧养老 | 企业/政府 | 企业 | 充分借助互联网、物联网、大数据、云计算等现代技术手段 | 忽略了老年人对新事物的接收能力，对老年人的需求判断不够准确 | “线上 + 线下”相结合 |

## 四、PPP 模式进入老龄产业实践存在的问题

在大力提倡“小政府、大社会”，推行政府转型的今天，政府和社会资本合作模式的发展是大势所趋，在公共服务领域推广 PPP 模式，是转变政府职能、激发市场活力、打造经济新增长点的重要改革举措。虽然我国从 20 世纪 90 年代开始就在一些基础设施、公用事业项目上运用 PPP 模式，也从中积累了很多成功的经验和失败的教训，但真正将 PPP 模式运用到公共服务领域和老龄产业项目上却是在近几年兴起的。因此对于老龄产业来说，PPP 模式仍是一项新兴事物，政府和企业在探索养老 PPP 项目时仍面临诸多问题，老龄产业与 PPP 模式之间融合的问题和难点还有很多，这些都需要进一步在实践中探寻解决之道。

## （一）养老PPP项目占比少且布局不均衡，无法满足迅速扩大的养老需求

我国自1999年步入老龄化社会以来，人口老龄化加速发展，老年人口基数大、增长快，并日益呈现高龄化、空巢化的趋势。据统计，截至2016年底，全国60岁及以上老年人口有2.31亿人，占总人口的16.7%，其中65岁及以上人口1.5亿人，占总人口的10.8%。有专家预测，到2020年中国老年人口将攀升至2.55亿人，占总人口比重的17.8%，到2050年，60岁以上人口比重则会超过30%，届时中国将步入超老龄化社会，成为全球人口老龄化程度最高的国家①。庞大的老年群体带来的是老龄产业市场的不断升温。首先是老年人照护服务需求持续上升。2015年，我国城乡老年人自报需要照护服务的比例为15.3%，比2000年的6.6%上升近9个百分点②。其次是老年市场规模的不断扩大。据国家社科基金《养老消费与养老产业发展研究》课题组测算，2015年中国老年市场规模达1.87万亿元，其中养老产业规模达4900亿元；到2050年中国老年市场规模将达48.52万亿元，养老产业规模将达21.95万亿元，预计老年市场和养老产业分别将以9.74%和11.48%的年增长率高速发展③。而2014~2050年，中国老年人口的消费潜力将从4万亿元左右增长到106万亿元左右，占GDP的比例将从8%左右增长到33%左右。我国将成为全球老龄产业市场潜力最大的国家。然而，目前来看，我国养老服务的供给现状并不能支撑持续扩大的养老服务需求。

虽然近几年国家不断出台政策发展老龄产业并鼓励社会资本进入养老领域，以PPP模式发展养老产业，但从财政部公布的数据来看，截至2016年3

---

① 中国老龄事业发展中心．中国养老压力全球第五［EB/OL］．http：//www.chinallsy.org/Index/show/catid/11/id/102.html，2017-7-20.

② 中华人民共和国民政部．三部门发布第四次中国城乡老年人生活状况抽样调查成果［EB/OL］．http：//www.mca.gov.cn/article/zwgk/mzyw/201610/20161000001974.shtml，2016-10-9.

③ 2050年我国老年市场规模将达48.52万亿元［EB/OL］．http：//www.ce.cn/xwzx/gnsz/gdxw/201608/08/t20160808_14592649.shtml，2016-8-8.

月底，财政部全国 PPP 综合信息平台项目库（含项目管理库[①]和项目储备清单[②]）共有 7000 多个项目，但其中仅有 201 个养老项目，不及总项目数量的 3%。截至 2017 年 3 月底，财政部全国 PPP 综合信息平台项目库有养老项目 292 个，占项目总数量的 2.5% 左右。而截至 2018 年 2 月底，在全国 PPP 综合信息平台项目管理库的 7379 个入库项目中，仅有 130 个养老项目，占比仅有 1.8% 左右，项目的投资领域则以养老业、医养结合、老年公寓为主。此外，我国养老 PPP 项目还存在布局不均衡的现象。截至 2018 年 2 月底，在全国 PPP 综合信息平台项目管理库的 130 个养老 PPP 项目中，山东、河南、湖南分别以 32 个、15 个和 12 个名列三甲，前四位省市占据项目总数的 50% 以上，但仍有 6 个省份甚至还没有一个养老 PPP 项目，还有众多省份也仅有一个养老 PPP 项目。由此可见，PPP 模式在我国老龄产业领域的涉足并不深入和全面，还有大量的合作空间有待探索和挖掘。

### （二）养老 PPP 项目投资模式单一，回报机制同质化现象严重

2000 年以来，我国政府开始陆续出台政策推进老龄产业的发展，特别是 2015 年发布《关于鼓励民间资本参与养老服务业发展的实施意见》、2017 年 8 月发布《关于运用政府和社会资本合作模式支持养老服务业发展的实施意见》等，PPP 助力养老产业被多次提及，为 PPP 模式进入养老产业打开了市场空间，并不断清除其发展过程中的障碍。但是，尚未形成规模的养老 PPP 模式，目前在各地仍处于摸着石头过河的阶段。截至 2018 年 2 月，财政部已经公布了四批 PPP 示范项目。在 2014 年底公布的首批 30 个 PPP 示范项目中，养老项目并未入选；2015 年的第二批 206 个示范项目，养老项目首现其中，9 个养老项目的占比为 4.37%；2016 年，第三批 516 个示范项目中，养老项目为 25 个，占比为 4.84%；2018 年公布的 396 个示范项目中，养老项

---

① 项目管理库是指准备、采购、执行和移交阶段项目，已完成物有所值评价和财政承受能力论证的审核。

② 项目储备清单是指识别阶段项目，是指地方政府部门有意愿采用 PPP 模式的备选项目，但尚未完成物有所值评价和财政承受能力论证的审核。

目也仅有 8 个，占比 2%。

然而在现有项目中，有超过 90% 的养老 PPP 项目采用的都是 BOT（建设－运营－移交）或 BOO（建设－拥有－运营）模式。BOT 模式是公立养老院建设及运营外包，由政府提供土地、优惠政策，民营资本负责建设养老院的整体或部分基础设施，并在特定的期限内获得特许经营权，其间赚取养老院的管理和运营收入；BOO 则是公助民办养老院，指由民营资本出资建设并拥有养老院，其中，项目由民营机构出资建设、运营，政府提供土地、优惠政策，养老院建成之后由民营资本方自主经营、自负盈亏。这两种模式对于社会资本前期的资金投入要求都很高，需要社会资本高昂的前期投入以及大量的政府补贴。而从回报机制看，主要有政府付费、使用者付费及可行性补助三种，这两种投资模式的 PPP 项目的回报当然主要来自于受众的付费。统计数据显示，我国目前的养老 PPP 项目中，使用者付费的占比高达 79%，可行性缺口补助与政府付费项目仅占 18%①。

社会资本的本质是追逐利润，行业利润率的高低决定着资本投资的方向。因此，在养老 PPP 项目中，社会资本为了提高受众的付费，就会倾向于往高端养老的方向发展，如出现医养游相结合的养老模式、产生养老地产 PPP 项目等，因为有足够的利润，社会资本才愿意投资。但由于我国老年人的收入水平普遍不高，支付能力有限，这种投资模式与回报机制的单一化和同质化，就会导致出现老年人整体支付能力较弱与使用者付费机制相冲突的现象，从而影响养老 PPP 项目的可持续发展。

### （三）养老项目形态多样，与 PPP 模式结合存在诸多不确定性

通常情况下，政府在城市规划的编制过程中，会根据该地区人口、区位等因素确定相应的基础设施项目，如道路、桥梁等，而这些基础设施的位置、规模、建设的时间节点等条件也是基本确定的，因此，政府通常是根据

---

① 中国 PPP 服务平台．“养老＋PPP”面临困境，养老 PPP 模式的出路在哪［EB/OL］. http://www.chinappp.cn/News/NewsDetail/10887.html，2018－4－9.

实际需要来发起基础设施 PPP 项目。而对养老项目等公共服务来说，相当一部分都是在城市和社会发展的过程中自然产生的需求，政府在这方面缺少相应的规划，而项目通常也是由社会投资人根据市场需求发起，政府主要采取后置审批与行业监管的管理方式，难以像对基础设施项目那样对于养老项目的情况有一个完全的了解和掌握①，因此在推进养老 PPP 项目时就会存在操作上的问题和很多不确定性。

同时，与市政建设等基础设施项目不同，基础设施 PPP 项目更注重融资，后续有一个持续的收费和消费者买单就可以了，而由市场发起的公共服务项目更强调长期的服务供给，重在培养轻资产的经营机构，大多具有形式多样、收费机制复杂、价格弹性大等特点，而养老产业领域的内容就更加丰富了。以养老方式来说，目前就有居家养老、社区养老和机构养老等多种方式，其中仅社区养老机构就包括日间照料中心、托老所、老年活动站等，机构养老又包括老人院、老人福利院、老人医院等，形态非常多样化。再加上现在随着社会的发展，人们更强调“养老+”的服务内容，如医养结合、异地养老、文化养老等。这种养老服务多样化的直接后果就是养老项目很难有既定的规律可循，从而找到对口的 PPP 模式，并形成一套比较固定和成熟的模式。

按照国家政策，PPP 项目的执行分为 5 个阶段，即从项目的识别、准备、采购、执行到移交。但从目前的现状来看，在 2017 年 3 月底，在财政部全国 PPP 综合信息平台项目库中的养老项目就有 292 个，但到 2018 年 2 月份，经过识别阶段，完成物有所值评价和财政承受能力论证的审核，达到准备及其后续阶段的养老项目仅有 130 个。有数据显示，在识别阶段的养老 PPP 项目最终只有 10% 能进入到执行阶段，也就是说，目前养老 PPP 项目入库数量多但落地率不高。由此可见，目前我国 PPP 模式进入老龄产业还处在一个起步的阶段，执行者们的注意力仍主要在前期项目的设计，包括整个模式的探索上。

---

① 李柳清．浅析人口老龄化背景下的养老服务业引入 PPP 模式的应用和思考．清华大学 PPP 研究中心，2017.

### （四）养老服务缺乏有效的衡量指标，难以形成有效的监管和回报机制

从养老投资的角度来看，养老服务项目大致分为两种模式。一种是重资产型的投资，主要是以养老地产作为载体进行机构养老的投资，这部分资金规模比较大、投资周期比较长、投资风险相对较高；另外一种是轻资产型的投资，这类投资规模较小、回收期较短，主要就是整合医疗、旅游等方面的资源，针对社区和居家养老群体进行服务。因此需要区别对待硬设施、软服务、核心服务及辅助性服务，政府和社会资本才比较容易合作成功。PPP 模式一般适用于投资规模较大、需求长期稳定等特点的项目，这种硬件设施的建设和运营交给社会资本去做问题不大，就目前来看，养老 PPP 也大多集中在养老机构的建设上。而对于轻资产型的养老服务来说，它无法用硬性指标来衡量其项目的优劣，而是需要根据老人的健康状况、养老需求等，划分为不同的服务项目和服务等级，并制定相应的服务标准。但我国目前已有的养老标准规范都偏重于机构建设等硬件设施方面，在软件服务方面的标准相对滞后，很难依据这些规范制定出一套全面准确、行之有效的指标来衡量养老服务的质量，所以监管起来难度较大。而一旦项目的衡量指标不完善、监督不完善，那交给社会资本去做就容易出现问题，这就对 PPP 模式与养老项目结合的实际操作造成一定的障碍。

同时有别于经营性基础设施项目的相对确定的价格标准和统一的调价机制，养老项目的首付机制比较复杂，而且由于服务类型和服务等级不同，服务收费差异和价格弹性通常比较大，收费方式更是五花八门，如月付制、年付制或者会员制。即使是在统一机构内，都会有多种不同的服务类型和价格标准。而从实际情况来看，不同的收费标准和收费方式将会影响到投资回报率、投资回收周期等指标，从而影响社会资本的投资意愿，这就在无形中加大了政府与社会资本合作的难度。因此如何构建合理的投资回报机制以及完善的监管制度是当前决策层亟待解决的问题。

# 五、实证分析——以甘肃、宁夏、青海、江苏四省区为例

## （一）数据来源

本节数据来源于青海、甘肃、宁夏、江苏四省区的实地调研，于 2018 年 8 月委托甘肃、宁夏、青海相关机构进行问卷调研，并于 2018 年 9 月深入江苏省慈恩养老院进行实地访谈和问卷调查。共计发放问卷 320 份，回收 320 份，有效问卷 289 份，有效回收率为 90. 31%。问卷内容主要涉及受访者基本信息、养老状态信息、养老服务评价等方面。

本次调研的样本中，受访者平均年龄为 78. 68 岁。从性别构成来看，男性受访者 134 人，女性受访者 155 人。从受访者户籍来看，城镇户籍 227 人，农村户籍 39 人，其余 23 人该项未填写。从教育程度来看，本科及以上学历共 20 人，占比 6. 9%；初中学历群体人数最多，达 102 人，占比 35. 3%。从受访者健康状况来看，较好及以上为 48 人，占比 16. 7%；健康状况一般为 147 人，为 50. 9%；状况较差及以下为 94 人，占比 32. 5%。

## （二）养老现状调查

受访者主要来自江苏、宁夏、甘肃、青海四省区，其中以南京、银川、兰州、西宁省会城市为主，分别为 18 人、89 人、60 人、90 人，累计占全部有效受访者的 88. 93%。四省份受访者的收入差距较为明显（见表 5 – 3）。

表 5 – 3　　受访者人数及年均收入情况

| | 总体 | 西宁 | 兰州 | 银川 | 南京 |
|---|---|---|---|---|---|
| 人均年收入（元） | 33357 | 24885 | 32977 | 32639 | 40800 |
| 年均养老费用（元） | 28351 | 28827 | 28149 | 28178 | 34448 |
| 人数（人） | 289 | 90 | 60 | 89 | 18 |

从表 5－3 中可以看出，南京作为东部发达省份省会，受访者人均年收入明显高于西部省会，兰州与银川两市受访者人均年收入差异较小，西宁则明显低于其他三市。结合受访者的年龄，实际上受访者的收入全部来源于退休金等。收入差距反映了四省养老金待遇水平的差异。由此可以看到，养老金待遇的省际差异明显，究其原因，一方面是经济发展水平的差异，另一方面是养老金待遇制定标准的差异。而从养老费用的角度来看，西北三省份省会年人均养老费用在 28000 元左右，西宁市的人均收入无法完全负担养老费用，差额部分根据问卷情况可以得知主要来自子女承担。而南京市的年人均养老费用则明显高于其他三市，基本可实现自给自足。

从受访者所入住的养老院类型来看，采用公私合营模式的最多，这里的公私合营主要体现为公办民营，即由政府投资兴办养老院，具体运营则交由私人资本，是 PPP 养老模式中较为典型的一种类型。另外，政府公办的养老院也占据了一定的数量，从整个养老院类型来看，政府介入的程度还是较为深入的，纯粹的私营养老院仅占据全部样本的 18.0%（见表 5－4）。

**表 5－4　　受访者入住养老机构运营模式**　　单位：人

| 模式 | 私营 | 公营 | 公私合营 | 其他 |
|---|---|---|---|---|
| 人数 | 52 | 97 | 113 | 27 |

从养老院的规模和所在地域来看，受访者更多地集中在县城和市区，且偏向于中大规模的养老机构。而养老机构的规模和其地域分布之间本身就具有内在的联系，即经济越发达，养老机构数量越多，规模越大（见表 5－5）。

**表 5－5　　养老机构规模及地域分布**　　单位：人

| 规模 | 20～50 | 50～100 | 100～200 | 200 以上 |
|---|---|---|---|---|
| 人数 | 2 | 66 | 82 | 129 |
| 地域 | 乡村 | 集镇 | 县城 | 市区 |
| 人数 | 1 | 21 | 43 | 215 |

从选择养老机构原因来看，自我选择占据了绝大部分比例，子女提供也占据着一定的比例，结合两者来看，个人及家庭因素在选择养老机构的过程中占据着绝对的主导地位，社区等外部公共部门的介入相对较少，选择养老

机构，仍然是被普遍视为一个较为私人的话题，决策更加倾向于在家庭内部完成（见表5－6）。

表5－6　养老机构选择原因　单位：人

| 原因 | 自我选择 | 子女提供 | 亲戚邻居推荐 | 社区/集体统一提供 | 其他 |
|---|---|---|---|---|---|
| 人数 | 176 | 89 | 19 | 2 | 3 |

从养老机构提供的服务项目来看，生活照料、文娱活动和医疗保健成为目前养老机构中所提供的最为普遍的服务项目，也基本涵盖了老年人的生活、医疗和精神生活需求。尤其是对于老年人心理状况的关注有了长足的进步，养老机构所提供的服务已经不再是简单的日常生活和医疗照护，更多的开始关注到组织文化娱乐活动和积极梳理老年人心理健康状况上来。但是对于老年人的技能培训和鼓励参与社会活动，保持与外界联系方面，养老机构仍然还有提升的空间（见图5－3）。

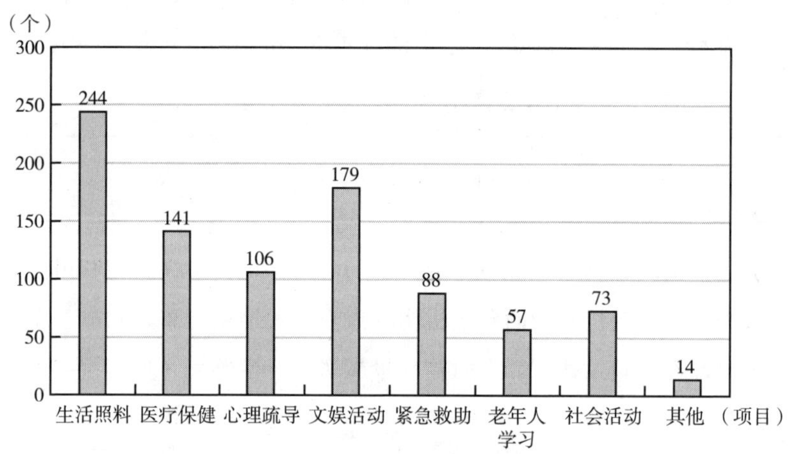


图5－3　养老机构的服务项目

## （三）养老服务评价

在选择养老机构考虑的因素中，对于居住生活环境的考量成为了首要因素，并且相较于其他因素而言尤其突出，除此之外，老年人对于饮食、交通、医疗和日常照顾这几个方面同样也给予了相当的关注。对于养老机构而

言，以上这些因素可以作为改善其服务水平、提高机构吸引力的突破点和着力点（见图 5 -4）。

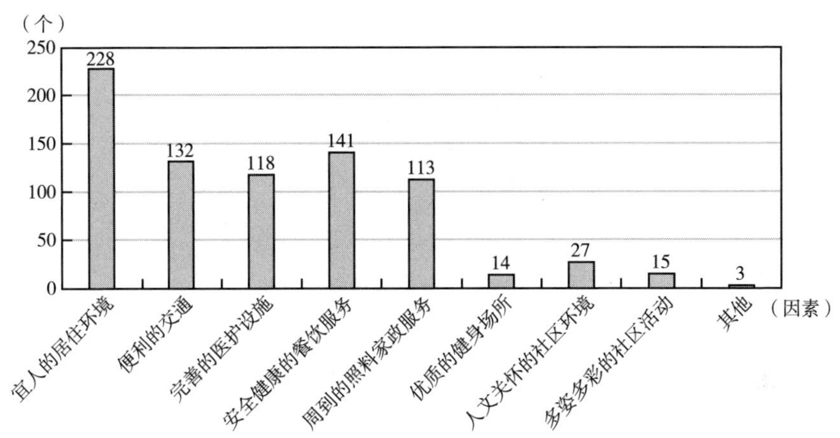


**图 5 -4　受访者选择养老机构的考量因素**

从养老费用的角度来分析，认为费用昂贵（即“比较昂贵”和“十分昂贵”群体）的受访者为 48 人，认为费用不划算（即“不太划算”和“十分不划算”群体）的受访者为 45 人，人数差异不明显，说明对于价格较高的养老费用，受访者无论是对于其绝对数额的感知，还是联系相应的服务来衡量费用的合理性，两者的感知程度较为一致。而就非高费用部分而言，受访者对于费用合理程度评价明显要优于费用评价，具体表现为认为费用划算的人数要多于费用较低的人数，说明相对在低费用养老服务领域，受访者认为具有相当大的吸引力（见图 5 -5、图 5 -6）。

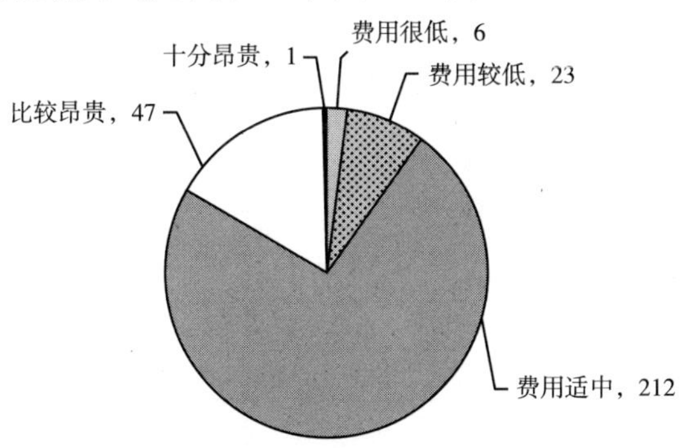


**图 5 -5　养老费用评价**

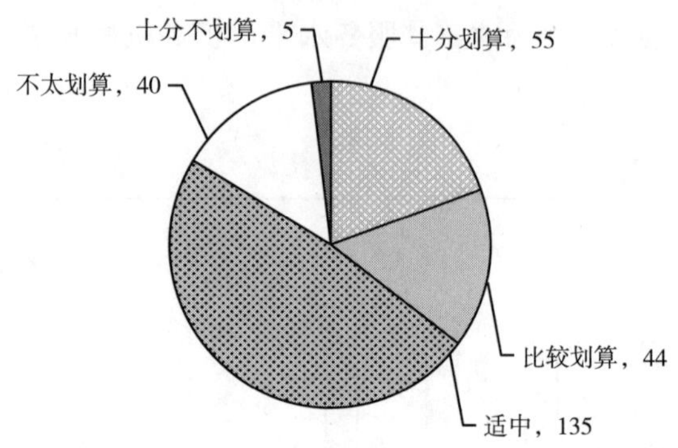


**图 5-6 养老费用合理程度评价**

从受访者对养老机构的服务评价来看，在满意的服务项目方面，居住环境、生活照顾和医疗保障三个服务项目的满意度明显高于其他项目，尤以居住环境突出。这些都是传统的养老机构所提供的基本服务，基本上无论养老机构的规模、地域、性质，对于这三项服务的投入都较大。当然，在不满意的项目中，医疗保障则同样突出。结合调研实际，这是因为养老机构之间的项目差异造成的。对于服务项目的感知矛盾和焦点落于医疗保障，实际上更加说明了老年人对于医疗服务保障的巨大需求，对于医疗服务的满意程度直接影响了老年人入住养老机构的整体体验（见图 5-7）。

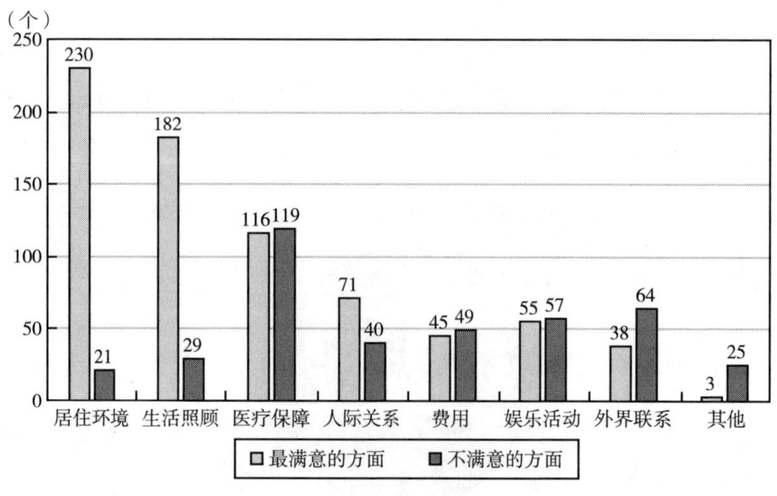


**图 5-7 受访者对养老机构的服务评价**

在访谈中，受访者更加希望养老机构在服务水平和硬件设施上做出改善，尤其是医疗服务水平和生活居住条件，这说明老年人的关注重点仍然集中在传统的生活起居和医疗服务上，这也与一般的社会需求层次理论相符。但是已经开始有老年人开始注重精神生活的质量，这对于养老机构今后的投入方向，尤其是高端养老机构而言，是一个可以发掘和完善的增长点（见表 5 –7）。

**表 5 –7　　最希望改善的方面**　　单位：个

| 改善硬件设施 | 提高服务水平 | 合理控制费用 | 完善管理制度 | 丰富精神生活 |
|---|---|---|---|---|
| 70 | 92 | 50 | 17 | 23 |

## （四）基于 logit 模型的服务效果影响因素分析

为了更加系统地考察影响养老服务效果的因素，本节将老年人对于养老机构服务的评价作为因变量，将老年人的个人特征和养老状态作为自变量，同时集合本次调研访谈实际，构建 logit 函数进行系统分析。函数构建如下：

$$I = \mathrm{f}(a, b)$$

其中，$I$ 表示老年人对于养老服务的整体评价，$a$ 表示老年人的个人特征，$b$ 表示养老状态，f 表示以 $a$，$b$ 为自变量，$I$ 为因变量的函数关系。

1. 因变量

本小节研究老年人对于养老服务的评价，包括满意和不满意。为方便研究，在处理数据时，将满意赋值为 1，不满意赋值为 0，具体情况见表 5 –8。

**表 5 –8　　受访者对于机构养老方式的看法**

| 因变量 | 变量赋值 | 频数 | 频率 | 累计频率 |
|---|---|---|---|---|
| 满意 | 1 | 234 | 0. 810 | 0. 810 |
| 不满意 | 0 | 55 | 0. 190 | 1. 000 |
| 合计 | | 289 | 1. 000 | |

### 2. 自变量

针对研究的函数，设置了两类共计 9 种变量，具体情况见表 5－9。

**表 5－9　f 函数自变量**

| 自变量 | | 极小值 | 极大值 | 均值 | 标准值 |
|---|---|---|---|---|---|
| 个人特征（$a$） | 年龄（$a1$）（非连续性数值变量） | 47 | 99 | 78.68 | 8.759 |
| | 教育程度（$a2$）（分类变量，1＝小学及以下；2＝初中；3＝高中；4＝专科；5＝本科及以上） | 1 | 2 | 2.5 | 1.154 |
| | 身体状况（$a3$）（分类变量，1＝很差；2＝较差；3＝一般；4＝较好；5＝很好） | 1 | 5 | 2.82 | 0.891 |
| | 收入（$a4$）（非连续性数值变量） | 0 | 120000 | 33357 | 21030 |
| 养老状态（$b$） | 养老机构规模（$b1$）（分类变量，1＝20人以下；2＝20～50人；3＝50～100人；4＝100～200人；5＝200人以上） | 2 | 5 | 4.21 | 0.828 |
| | 地域（$b2$）（分类变量，1＝乡村；2＝集镇；3＝县城；4＝市区） | 1 | 4 | 3.62 | 0.785 |
| | 接受服务时间（$b3$）（分类变量，1＝1年以下；2＝1～2年；3＝2～3年；4＝3～4年；5＝4年以上） | 1 | 5 | 2.67 | 1.226 |
| | 费用（$b4$）（分类变量，1＝1000以下；2＝1000～2000；3＝2000～3000；4＝3000～4000；5＝4000以上） | 1 | 5 | 2.74 | 0.873 |
| | 公共部门介入程度（$b5$）（分类变量，1＝私营；2＝公私合营；3＝公营） | 1 | 3 | 2.17 | 0.738 |

针对上述问题，我们可以借助 SPSS 软件对相关变量进行回归分析，分析结果见表 5－10。

**表 5－10　　影响因素的分析结果**

| 自变量 | | 回归系数 | 标准误 |
|---|---|---|---|
| 个人特征（$a$） | 年龄（$a1$） | 0.027 | 0.016 |
| | 教育程度（$a2$） | 0.091 | 0.134 |
| | 身体状况（$a3$） | 0.122 | 0.170 |
| | 收入（$a4$） | 0 | 0 |
| 养老状态（$b$） | 养老机构规模（$b1$） | 0.370 ** | 0.182 |
| | 地域（$b2$） | 0.628 *** | 0.170 |
| | 接受服务时间（$b3$） | －0.145 | 0.122 |
| | 原因承担的费用（$b4$） | 0.410 ** | 0.192 |
| | 公共部门介入程度（$b5$） | －0.181（0.394） | 0.212 |

注：***、**、*分别表示1%、5%、10%的显著水平。

在受访者个人特征的自变量里，全部没有通过显著性检验，从统计的角度来看，说明受访者个人特征不影响其对养老机构服务效果的评价。一方面具有现实意义；另一方面仍然要值得注意，可能受访者本身具有较高的同质性，或是问卷设置不够精细，难以精确区分受访者，从而影响到回归结果。

在养老状态的自变量里，养老机构规模、地域、原因承担的费用通过了显著性检验。结合具体的选项设置，我们可以分析，养老机构的规模越大，越倾向于对养老机构的服务效果表示满意。具体原因可能在于规模较大的养老机构本身服务水平较高、制度建设更加规范、服务项目更加多元，更容易满足受访者的需求。从地域来看，随着养老机构由农村向城市过渡，受访者的满意度也随着提高。具体原因可能在于城市养老机构能够提供更加优质的服务。从受访者愿意承担的最大费用来看，愿意支付的费用越高，满意程度越高。说明对于拥有更高支付能力的人而言，更容易对养老效果产生满足感。一个可能的解释是，拥有更高支付能力的群体拥有更多选择的权利及选择优质机构和服务的机会，从而有利于提升其满足感和幸福感。

以上分析皆表明影响到养老机构效果的，更多还是在养老机构本身。努力提升自身的服务水平，同时合理控制费用，对于机构方提高绩效具有实际意义。而对于公共部门而言，需要注意到养老机构的院际差异和地域差异，对于规模偏小、地域偏远等处于竞争劣势的养老机构需要给予足够的关注，在推行 PPP 项目时应该给予一定的政策倾斜，从而提高整体的社会效益。

由于本次问卷设计得相对冗杂，对于数据的获取和提炼功底还有待提高，因此造成了整体的拟合效果没有达到预期的目标，在今后的研究中，对于数据获取和处理能力还有待进一步加强。

# 第六章　养老服务体系建设

## 一、养老服务体系概念

### （一）人口老龄化和对养老服务的需求

人口老龄化是我国的基本国情。目前，我国人口老龄化形势严峻，其发展与家庭小型化、空巢化问题重叠。随着经济转型和社会转轨，我国人口老龄化进一步加深。急剧增长的社会养老需求与养老服务发展滞后的矛盾日益突出。人口老龄化问题涉及政治、经济、文化和社会生活各个方面，与社会和谐稳定发展和国家的长治久安息息相关，必须引起全社会的重视。

人口老龄化是指总人口中因年轻人口数量减少、年长人口数量增加而导致的老年人口比例相应增长的动态。国际上一般认为，当一个国家或地区 60 岁以上老年人口占人口总数的 10%，或 65 岁以上老年人口占人口总数的 7%，即意味着这个国家或地区的人口处于老龄化社会。根据第六次全国人口普查显示，中国 60 岁以上人口占总人口的 13.26%，已经步入老龄化社会。一方面，随着医疗技术的进步和人民生活水平的提高，中国人口平均寿命预期不断延长，老年人口不断增加；另一方面，“计划生育”的基本国策，加上人们生活压力不断增大，导致我国的人口出生率下降，“少子化”现象出现，加速了人口老龄化的进程。

相较于发达国家，我国的老年人口呈现出“未富先老”“未备先老”的特征，很多老年人面临着贫困、疾病、失能、无人照管等多重困难。同时，家庭赡养能力正不断减弱。未来将有越来越多的家庭呈现为“4－2－1”或是“4－2－2”的赡养模式，独生子女无论是在时间和精力上，还是在经济方面上都难以承担起赡养义务。从全社会来看，老年抚养比也在不断提升。据国家统计局数据，2018 年我国老年人口抚养比已经达到了 16.8%，养老负担不断加重。对社会养老服务的需求不断增加，因此亟须构建科学合理的养老服务体系，积极应对人口老龄化带来的挑战。

## （二）养老服务体系的具体描述

我国在十一届全国人大四次会议上提出，要建立一个养老社会服务体系。这个体系的主要内容就是以居家为基础，以社区为依托，以养老机构为支撑，资金保障与服务保障相匹配，基本服务与选择性服务相结合，形成“政府主导、社会参与、全民关怀”的服务体系。在法律法规和政策实践方面都对养老服务的发展做出了详尽描述。在国务院印发的《关于加快发展养老服务业的若干意见》中，养老服务业作为一个专门用语，被明确提出来。它是为老年人提供生活照顾和护理服务，满足老年人基本生活需求的服务行业。《中华人民共和国老年人权益保障法》明确提出：“国家建立和完善以居家养老为基础、社区为依托、机构为支撑的社会养老服务体系。”党的十九大报告中也提出，构建养老、孝老、敬老政策体系和社会环境，推进医养结合，加快老龄事业和产业发展。民政部制定的《养老服务业标准化建设规划 2016－2020》则指出：“加快推进‘十三五’时期养老服务业标准化服务体系建设，促进养老服务业科学健康发展，提高国家基本养老服务的质量和水平。”

建立养老服务体系是对人口老龄化的现实回应，应发展完善多元化的社会养老服务体系，积极应对人口老龄化问题，保障老年人的基本生活和社会福祉。

1. 养老服务体系的服务对象

广义来说，养老服务是指政府和社会为提升人们老年期的生活质量而提

供的所有制度安排。狭义而论，养老服务可细分为生活照料服务、医疗保健服务、教育服务、文化娱乐服务、心理慰藉服务、法律维权服务、家政餐饮服务等。

我国社会养老服务体系的“十二五”规划明确指出，养老服务最核心的目标之一，是为经济困难的孤寡老人、优抚对象以及普通老年群体中高龄、失能、独居的老年人提供生活救助。而在养老服务的不断推进中，老年福利由补缺型逐步向普惠型转变，因此养老服务的服务对象逐渐面向了全社会老年人。

2. 养老服务体系的主体

为了保障老年人口的基本生活需求，满足老年人口多样化、差异化、个性化的养老需求，政府、市场、社会力量纷纷加入了养老服务供给，在养老服务领域里有机结合，形成了政府主导，家庭、社区、机构多方参与的养老服务体系。

（1）政府。养老服务具有公益性和福利性，具有基本的保障功能，具有公共物品属性。尽管养老服务体系的发展过程中越来越需要市场和社会的力量，但为了维持社会公平，在医疗照护等领域仍然需要政府的介入。相较市场和社会，政府承担着提供保障老年人基本生存的服务和物品的责任。养老服务的社会化并不意味着政府退位，反而促使政府在建立养老服务体系的过程中承担起了更重要的责任。政府扮演着管理者和监督者的角色，颁布相关法律法规对养老服务体系进行制度化规范，并向养老服务体系中的企业、社区、非营利组织提供资金、指导和监督。政府通过发布相关标准，搭建服务框架，制定行业标准，进而更好地投入资金支持我国养老服务体系的发展。

除此之外，政府还负责调配社会资源，如向企业购买养老服务。目前居家养老是我国老年人口的主要养老方式。但是家庭小型化、空巢化等趋势使家庭养老负担越来越重。政府通过购买服务的方式委托养老机构或其他相关社会组织提供养老服务，实现对养老资源的合理配置。

（2）市场。在对多元化社会养老服务体系的呼吁下，我国正逐渐从传统的家庭养老模式转向市场化的社会养老模式。目前社会养老服务的供给还远远达不到养老市场的需求，养老机构、私营企业的介入可以起到补缺作用。养老服务社会化的内涵之一就是运行机制市场化。一方面，市场分担了部分公共服务，减轻了政府财政压力；另一方面，市场的参与有利于在养老服务体系中引入市场竞争机制，有助提高公共服务的质量，打破服务的垄断性。

近年来除了养老机构，各种面向老年人的设施设备、金融产品、养老房产等层出不穷，丰富了养老产品市场，更好地满足了老年人口多样化、差异化、个性化的养老需求。

（3）社会。养老服务体系的供给主体还包括社区、非营利组织、志愿者等社会力量，他们与政府、市场、家庭共同构成了我国多元化养老服务体系。

社区养老服务是养老服务体系的依托，通过为居住在社区的老年人提供多样化的养老服务，帮助他们在熟悉的环境中安度晚年。社区养老作为居家养老和机构养老的补充，由专业的社会工作者和志愿者为老年人提供服务。社区多设有助餐点、看护床位等基础设施，为老年人提供照顾服务；同时设有老年大学、文体娱乐活动中心等场所，鼓励老年人参与社会活动，在满足其基本生活需求之上提高其幸福感。

非营利组织作为第三部门，可以弥补政府和市场的失灵，在政府和市场无法顾及的领域进行补缺。非营利组织在提供服务上具有专业性的优势，相较于政府和企业也更加灵活。在英国、美国、日本等国家，非营利组织都在养老服务供给上发挥着不可或缺的作用，其公益性、自治性、非营利性等特征吸引了众多专业人士和志愿者参与其中，对社会参与养老服务起到良性的促进作用，也对我国养老服务体系的建设具有借鉴意义。

（4）家庭。家庭是老年人的重要支柱，家庭养老是我国传统的养老方式。“养儿防老”的理念深入人心，家庭在提供老年人经济支持和生活照料上有着难以替代的作用。尽管社会养老资源的种类和供给正在不断增加，社区养老、机构养老等社会养老模式为老年人提供了更多的养老选择，但是家庭照顾和儿女资助仍然是老年人的主要养老方式。

据统计，我国半数以上老年人的主要经济来源是养老金，近些年养老金标准不断上调，老年人口的经济条件较前些年有了提升。但是对于低养老金收入老年人和农村老年人口，在经济上对子女的依赖依然很强。长时间以来，由于社会养老和照料资源的匮乏，照料生活无法自理的老年人的责任主要还是由家庭成员承担。

在我国传统观念中，赡养老人就是子女的义务，超过九成的老年人希望居家养老，约一半的老年人希望由子女承担主要照料责任（杜鹏，2016）。可见，家庭依然是养老服务的供给主体之一。家庭作为老年人最基本的养老场所，不仅给予经济和照料上的支持，更给予老年人精神支持和亲情的关怀，居家养老在现在、将来都会是养老服务体系的重要组成一环。

3. 养老服务体系的内容

老年人会因为衰老而面临生理、心理以及与此相伴随的社会功能衰退等方面问题，养老服务正是为了满足衰老所致的老年人独立生活和生存能力下降而产生的服务需求，因此，与服务需求的多样性相对应，养老服务应主要包括生活照料（身体照料、生活援助）、保健护理（健康教育、体检、疾病康复护理等）、紧急救援、社会参与（老年人再就业、社会活动参与）、权益保障、精神慰藉、临终关怀等。

养老服务体系则可以按照其包含的服务类型和功能定位，分为基本养老服务体系与非基本养老服务体系。其中，基本养老服务体系是指与经济社会发展水平相适应，以满足老年人基本服务需求、提升老年人生活质量为目标，面向所有老年人群体，提供基本生活照料、护理康复、精神关爱、紧急救援与社会参与等服务的设施、组织、人才和技术要素形成的网络，以及配套的服务标准、运行机制和监督制度（2010 年，民政部）。而非基本的养老服务体系是指政府、社会为非营利性养老服务和市场养老服务提供有支持意义的各种制度、政策、机构等构成的系统①。政府在完善养老服务体系时，应区别于一般性的生活性服务，聚焦适合老年人群体特点和刚性需求的服务

① 张文娟．中国社会养老服务体系建设［M］．北京：社会科学文献出版社，2017：6.

内容。

4. 养老服务体系的特点

第一，养老服务体系应具有普遍性与特殊性相结合的特征。从生存权利的角度看，每个人能够拥有基础性的养老服务是公民的权利，因此养老服务的提供应该具有普遍性，养老服务体系应该惠及全部老龄人口。同时又要针对每一位老年人所面临的实际养老需求，有针对性地给予及时便捷的基础性服务，特别是要满足特殊困难老人的养老需求，所以养老服务也应考虑到个体差异性而具备特殊性。

第二，养老服务体系应具有多样性、多层次性与综合性。这主要是针对老年人养老服务的内容和提供养老方式而言的。由于老年人会由于劳动能力丧失在生活中出现各种问题，如因失智而无法独立生存、空巢老人缺乏精神交流而产生孤独感、失能老人的饮食与照护问题等，所以养老服务体系必须要包含医疗保健、日常生活照料、精神慰藉、文化娱乐等内容，或者说养老服务体系的建设要具备完整性，针对不同身体状况的老年人提供预防性养老服务、补偿性养老服务和发展性养老服务等三个层面的服务，要确保不同年龄层次的老年人都能获得自己所需要的服务，让老年人可以根据自身的实际需要选择不同的服务内容和提供方式。按照马斯洛需求层次理论，老年人对外界的养老服务需求也是存在层次的，最基本的生理层次养老需求是如协助吃饭、穿衣等维持生命延续的养老服务，第二层次是集中在医疗、住房和出行三个方面的安全层次的需求，第三层次是注重精神层面的归属与爱的养老需求，第四与第五层次属于比较高级的需求，分别是自尊的需求和自我实现的需求，所以养老服务体系应该包含可以满足这些多层次养老需求的内容①。同时，由于经济与社会发展水平的地区、城乡差异等，收入水平也在客观上限制着老人们在养老服务上的购买力，所以养老服务体系应该由多主体参与，由不同的主体提供不同层次的服务，即发展营利性养老服务产业，以满足中高收入家庭要求较高的养老服务需求；由社会组织发展非

---

① 郭丽君．“医养结合”养老服务体系［M］．北京：科学出版社，2019：41.

营利性养老服务事业，满足中低收入家庭的一般性养老服务需求；由政府提供的兜底保障性公共养老服务，则主要满足经济困难老人的基本养老服务需求①。

第三，参与主体的多元性与协调性。由于养老服务对象的普遍性与特殊性、内容的多样性与多层次性，所以单一的主体是无法满足全部老龄人口养老服务需求的，养老服务体系就应该由多个服务提供主体按照既定的标准、发挥自己的优势来提供多样化的养老服务。家庭、政府、社会等正规与非正规的养老主体应该基于共同的目标，共同努力、共担责任，同时在提供养老服务中发挥各自的优势，各有所重、各有所为，彼此协调、相互促进、相互补充，做到资源整合、有效利用②，通过无偿、低偿和有偿相结合的方式，实现为老年人提供“适度普惠”养老服务的目标，满足老龄人口多样化、多层次、多元化的养老服务需求。

第四，养老服务体系具有一定的专业性与职业性。养老服务体系覆盖老年生活的各个方面，而其中很多部分专业性都很强。以养老照料为例，这是一项专业性和职业性很强的服务工作，必须打通养老机构医疗护理使用通道，破除不同行政部门间的利益壁垒，支持创建医养结合的养老机构，并辅以大数据时代的医疗信息化管理，以满足需要医疗护理的居家老年人的需求。从更深层次来看，居家养老不仅仅是一个让老年人老有所养的问题，更是一项家庭发展政策，在强调照护责任的同时，也关注对家庭照护者的支持与保护。

5. 建立养老服务体系的重要性与必要性

长期以来，人们对于养老的理解主要是经济上提供保障。事实上，老年人的基本物质生活会因为逐渐发展的经济以及日益完善的社会保障制度而得到保证，但随着人口老龄化、高龄化，以及失能、半失能、失智老人数量快速增加，老年人生活不便的问题会渐渐突出。因此，在和谐社会的建设进程中，构建以照料工作为核心的养老服务体系，符合社会发展的趋势，具有非

---

① 郭丽君．“医养结合”养老服务体系［M］．北京：科学出版社．2019：41.

② 高传胜．社会化专业服务支持是重塑养老模式的关键［N］．中国人口报，2017－10－23.

常重要的意义。

（1）养老服务体系的重要性。首先，对于老年人个体而言，建设与完善养老服务体系有助于提高老年人生活质量及其家庭与社会地位。由于养老服务体系内容与方式的多元化、多层次性和综合性等特征，老年人可以根据自己的生理和心理健康状况、家庭状况以及所在社区与环境，在家庭以及社会等多元主体提供的各种养老服务资源之间进行选择，这种“用脚投票”的方式也会促进养老服务提供方之间的良性竞争，提升养老服务的专业性、人性化与多样化，从而使老年人可以获得高质量的养老服务，提高老年生活的质量，增强其幸福感、获得感，让老年人共享社会的发展成果。与此同时，由于社会等主体的参与，老年人不必再完全依赖于家人提供养老服务，这在客观上增强了老年人独立生活的能力，让老年人不必再以家务劳动等换取“老有所养”，使其在家庭中的地位有所上升，在家庭的各项决策中表现出更公平、客观、豁达的态度，这又会提升老年人的社会形象，维护其自尊心，增强他们的自信心①。

其次，养老服务体系的发展会促进家庭的和谐。由于家庭规模小型化与核心化，“4－2－1”（4 个老人，一对夫妇，1 个孩子）结构的家庭逐渐增多，这就带来了非常沉重的养老负担，会因此引起老年人与其他家庭成员之间的摩擦，以及家庭成员作为养老服务提供者在家庭内部的攀比与竞争。而由多元主体参与的社会养老服务体系可以有效地减少这些问题，促进家庭的和谐，而和谐的家庭关系也有利于家庭成员更多地关注老年人的精神交流需求，增进包括老年人在内的全体家庭成员的幸福感。

最后，从整个国家来看，建设与完善养老服务体系是供给侧改革的重要部分，可以有效促进产业结构调整与拉动内需，从而促进经济更好发展。同时建设养老服务体系也是保障与改善民生的重要着力点。在经济方面，建设多层次、多元化的养老服务体系可以满足不同人们的各异的需求，减少无效和低端的供给，扩大有效的供给，增强供给结构对需求变化的适应性和灵活

① 张文娟．中国社会养老服务体系建设［M］．北京：社会科学文献出版社．2017：10.

性，提高全要素生产率，使养老服务的供给更能够适应老龄人口的需求结构的变化。不仅如此，在当前中国外贸乏力、内需不振的形势下，大力发展养老产业会促进服务业的发展，是调整产业结构、促进经济转型的明智选择，未来“银发经济”将成为经济新常态下推动经济发展的重要引擎，是极具市场价值和开发潜力的“朝阳产业”和新兴产业。而且因为养老服务体系涉及面极广、产业链长，我国老年群体数量庞大，老年人用品和服务需求巨大，老龄服务事业与产业发展前景十分广阔，所以其发展也会提供众多的就业岗位，拉动消费。同时社会化的养老服务体系会减轻家庭成员的照料负担，可以释放劳动力，进一步促进经济发展。在社会稳定方面，加强养老服务体系建设是应对人口老龄化、保障和改善民生的必然要求，是适应传统养老模式转变、满足人们养老需求的必由之路，是让老年人安享晚年生活，促进社会和谐稳定，增强老年人参与感、获得感、幸福感的当务之急。政府、家庭、社会、企业等多主体协调参与发展的养老服务体系必定能促进社会保障完善，在全社会形成“尊老、爱老、敬老、养老”的和谐氛围。

（2）养老服务体系的必要性。建设养老服务首先是社会和人口发展的必然要求。老龄化是人口转变的必然结果，是现代社会的基本特征之一。中国目前的老龄化呈现出“未富先老”、“少子老龄化”、发展迅速、规模巨大、持续时间长的特点，老龄人口世界最多，人口老龄化将对中国经济发展产生深刻而广泛的影响，并且伴随老龄化，中国老人高龄化、失能、半失能、失智化明显，养老服务需求迅速增加，但是从与此相对应的养老服务的供给来看，由于孝文化淡化以及家庭小型化、核心化等原因，家庭所能提供的服务实在有限，传统的家庭养老模式难以为继。而政府所提供的基本养老服务尚未实现全民可及可得，民营的养老服务由于缺乏质量标准和足够的监管而易出现质量不佳等问题，养老服务供需错位明显①。所以在老龄化不断加剧的背景下，寻求多元主体来提供养老服务成为应对人口老龄化、维系社会稳定的重要对策，必须构建完善的养老服务体系才能满足我国的养

① 葛霭灵，冯占联．中国养老服务的政策选择：建设高效可持续的中国养老服务体系［M］．北京：中国财政经济出版社．2019：5－10.

老需求。

而且在人们的物质生活水平不断提高的背景下，老年人群内部异质性增强，对于养老服务的购买力也会提高，老年人文化与健康素养的提高也使得他们对自己的需求认知更加敏锐和清晰，要求满足自己需求的诉求也更激烈。这些都导致老年人要求养老服务更加多元化、专业化和科学化，这只有建立养老服务体系才可以满足。

其次，计划生育政策使建设养老服务体系更为迫切。随着独生子女成为家庭主力时代的到来，面临着照料家庭和生活、工作等多重现实压力，而他们的父母逐渐步入老龄阶段，需要子女在物质与精神上给予他们支持。但是子女因为工作压力，常常无法给予其充足的照护，更何况养老服务是非常具有专业性的，子女也没有能力向其提供全面的服务。所以为了老年人更好地度过自己的老年生活，养老服务体系必须尽快建立。

总之，建设并完善养老服务体系对于老年人自身、家庭乃至在整个社会都具有很重要的意义，是现阶段必须进行的事情。

### （三）养老服务体系的定义

1. 国际组织对养老服务体系的定义

世界卫生组织从生命历程视角出发，对养老服务体系的内涵与外延进行了诠释。其发布的《关于健康和老龄化的全球报告》指出，养老服务体系是以老年人为中心的综合性“医疗、照护与环境”服务体系，旨在为老年人提供生命历程中所需的各项健康支持。

美国出台了《老年人法》，从收入、住房、身心健康等十个方面提出保障老年人权益问题，联邦政府与各州政府、市县都成立了专门组织机构保证法案的具体落实。《老年人法》在实质意义上成为美国政府老年人服务系统诞生的标志。

2. 我国关于养老服务体系的定义

回顾我国养老服务体系的发展历史，养老服务体系内容从单薄到逐渐丰

富、责任分配更加合理、服务模式更加多样、体系层次更加清晰，养老服务体系建设取得很大成效。

然而，关于养老服务体系的概念，对其内涵和外延的界定各方均有其侧重，既有共同点，也有相应的差异，总体而言在分类标准和原则上并不统一。

（1）《中华人民共和国老年人权益保障法》的定义。《中华人民共和国老年人权益保障法》是我国目前第一部系统性对老龄工作进行规范的法律，该法并未对“养老服务体系”进行明确定义，但从法律条文内容的结构和框架来看，养老服务体系包括家庭赡养与扶养、社会保障、社会服务、社会优待、宜居环境、参与社会发展等内容。

（2）“十三五”规划纲要中的定义。《国民经济和社会发展第十三个五年规划纲要》对养老服务体系做了详细表述，是指以居家为基础、社区为依托、机构为补充的多层次养老服务体系。其中具体强调了服务设施、补贴制度、科学研究、人才队伍、医疗卫生、福利慈善、宜居环境、放开市场、增加供给、权益保护、社会风尚等事务。

（3）主管部门的定义。国务院办公厅印发的《社会养老服务体系建设规划（2011－2015年）》中明确指出，社会养老服务体系是与经济社会发展水平相适应以满足老年人养老服务需求、提升老年人生活质量为目标，面向所有老年人，提供生活照料、康复护理、精神慰藉、紧急救援和社会参与等设施、组织、人才和技术要素形成的网络，以及配套的服务标准、运行机制和监管制度。

（4）学术研究的定义。近年来对于“养老服务体系”在学术研究中的表述上，有两种理解：一是狭义的理解，所谓养老服务体系是“构建居家为基础、社区为依托、机构为补充、医养相结合的养老服务体系”，是从养老服务的供给侧和需求侧，以及供需匹配的角度表述的、满足老年人养老服务支持的系统。二是广义的理解，所谓养老服务体系是包括战略和规划、法律法规、基本保障制度、政策措施、组织保障等一系列积极应对人口老龄化，满足老龄化社会中老年人获得全方位服务支持的系统。

国家应对人口老龄化战略研究总课题组提出：老龄服务体系是国家在人口老龄化进程中，根据本国国情及经济社会发展目标，制定并调整老龄服务与经济、政治、文化、社会等发展关系而采取的综合性政策的总和；是党和政府、社会组织、广大公民共同参与，并通过服务老年群体而对社会公共利益进行选择、优化、整合和分配过程中，所共同制定并遵循的政策框架和行为规范。老龄服务体系包括老龄服务战略、老龄服务目标、老龄服务规划、老龄服务制度、老龄服务机构、老龄服务标准、老龄服务形式、老龄服务设施、老龄服务队伍建设、老龄服务市场、老龄服务产品、老龄服务保障、老龄服务基金、老龄服务监管等方面内容。这一定义把所有与老龄相关的政策、制度、行为等都纳入老龄服务体系中，并未说明“老龄服务体系”与“养老服务体系”之间的关系。按照字面理解，养老服务体系是老龄服务体系的子系统。

3. 本书关于养老服务体系的定义

（1）养老服务体系的要素。

①养老服务的对象。主要包括年满 60 周岁、纳入辖区社会保障范围的老年人，但从政府职能的角度来看，重点是由于经济原因、身体原因等需要照顾的老年人。

②养老服务的内容。包括生活照料（身体照料、生活援助）、保健护理（健康教育、体检、疾病康复护理等）、紧急救援、社会参与（老年人再就业、社会活动参与）、权益保障、精神慰藉、临终关怀等。政府在完善养老服务体系时，应区别于一般性的生活性服务，聚焦适合老年人群体特点和刚性需求的服务内容。

③养老服务的供给形式。主要包括居家养老、社区养老、机构养老三种方式，以及其他如共享式、抱团式等因市场和社会的变化应运而生的各种养老方式，但从政府职能的角度来看，主要是居家养老、社区养老、机构养老三种方式，当然，目前这三种方式也出现互相渗透的趋势。

④养老服务的供给主体。主要是指家庭、政府（包括各个层级的政府部门、街道、社区）、市场（包括企业、单位和个人等以市场化的方式提供服

务）、社会（包括企业、社会组织、志愿者、提供不以营利为目的的社会公益组织）等。应该指出的是，在不同的时期，政府作为服务的供给主体的职责是不一样的。在福利时代，政府是养老供给的投资者、提供者，在社会化服务体系下，政府应逐步淡化直接提供服务的功能，而主要是通过政策支持社会化养老服务，培育养老市场和养老产业，或者通过政府购买的形式使用养老服务，是使用者、监管者。

⑤养老服务体系的主体。以政府为主导，逐步建立以家庭为基础，以社会化的服务为支撑，由政府提供基本公共服务，企业、社会组织提供专业化服务，基层群众性自治组织和志愿者提供公益互助服务，覆盖城乡、社区的服务体系，充分调动全社会的资源，实现公共治理的目标。

（2）衡量养老服务体系建设的标准。比较分析国际经验，我们认为在目前的发展阶段，我国养老服务体系建设首先是要抓住提高服务质量这个“牛鼻子”，区别于其他行业，养老服务业有以下几方面特点。

①服务对象普惠性和针对性。从生存权利的角度看，每个人能够拥有基础性的养老服务是公民的权利，因此养老服务的提供应该具有普遍性。同时又要针对每一位老年人所面临的实际养老需求，有针对性地都给予及时便捷的基础性服务。

②服务内容多样性与综合性。主要是针对老年人养老服务的内容和提供养老的方式而言，老年人可以根据自身的实际需要选择不同的服务内容和服务方式。养老服务的内容应包括老年人的医疗保健、日常生活照料、精神慰藉、文化娱乐等。根据老年人身体状况的不同，可以将老年人的养老服务划分为预防性养老服务、补偿性养老服务和发展性养老服务三个层面。

③服务主体多元性和协调性。随着我国人口老龄化步伐加快，单纯依靠政府或传统血缘关系已经无法支撑和满足养老的需求。必须通过政府、市场、家庭、社区的相互支持、补充和协调，在政府主导下，发挥好市场组织、非营利组织、社区组织和民间团体的积极作用，通过无偿、低偿和有偿相结合的方式，实现为老年人提供“适度普惠”养老服务的目标。

④服务人员专业性和职业性。以养老照料为例，这是一项专业性和职业性很强的服务工作。必须打通养老机构医疗护理使用通道，破除不同行政部门间的利益壁垒，支持创建医养结合的养老机构，并辅以大数据时代的医疗信息化管理，以满足需要医疗护理的居家老年人的需求。从更深层次来看，居家养老不仅仅是一个让老年人老有所养的问题，更是一项家庭发展政策，在强调照护责任的同时，也关注对家庭照护者的支持与保护。

⑤服务信息的系统性和互通性。充分利用物联网、云数据等现代信息科技工具，逐步建立覆盖全社区的信息综合服务网络，把老年人的身体健康状况、老年服务需求及曾经提供过的社区服务建立电子档案，实现社区服务与老年服务需求的无缝对接；建设社区服务专业人员的信息网络，实现不同社区资源共享，满足老年人“养”和“医”两大养老需求；建立社区养老服务志愿者信息化制度，以有效发挥志愿者专业特长，提高服务质量。因此，衡量我国某个地区养老服务体系建设的状态，应重点考虑以下五个方面的内容。

一是长期性。老年期时间跨度大，从 60 岁到 100 岁以上，要求该体系能覆盖所有老年人群，并能为他们提供全方位的服务。

二是多样性。同一种养老需求，可以有多种多样的服务方式可供老年人选择，以便老年人根据自己的意愿、实际条件选择养老服务方式。

三是可持续性。照顾老年人是一个长期化过程。完善的养老服务体系应当为不同年龄、不同健康状况、不同经济状况和不同意愿的老年人提供持续的照料服务。财政政策应当充分体现可持续性，量力而行，不能超越经济社会发展水平。

四是实效性。完善的体系应能破解养老照料的难题，减轻家庭、社会和政府的压力，为老年人提供舒适的环境、高品质的生活。

五是经济性。构建养老服务体系是政府的责任，需要持续性经济投入。如何构建经济而高效的养老服务体系，需要政府在顶层做好统筹规划。政府既要履行自己的职责，又不能完全控制，应遵循“政府主导、政策扶

持、社会参与、市场运作”的原则，推进福利社会化，更好构建养老服务体系。

## 二、国内养老服务体系建设和发展

就目前而言，我国养老体系的建设已经取得显著的成绩与进展，初步建成“居家为基础、社区为依托、机构为补充、医养相结合”的多元主体、多层次、全方位的养老服务体系，主要包括传统家庭养老、居家养老、社区养老和机构养老等四个主要服务类型。

《“十三五”国家老龄事业发展和养老体系建设规划》明确提出养老服务体系建设的目标，要求在 2020 年实现养老服务供给能力大幅提高、质量明显改善、结构更加合理，多层次、多样化的养老服务更加方便可及的目标。与巨大的养老需求相比，我国养老服务体系的建设还存在诸多明显问题，包括养老服务区域发展不均衡和项目不协调、养老服务人才供给不足、养老设施建设较为落后、跨部门协作格局未形成、农村养老服务体系不健全、未富先老与养老资金筹集难等几方面的具体问题。

### （一）国内养老服务体系建设的主要进展

从新中国成立到改革开放这段时期，我国经济体制还属于计划经济。这时期养老服务缺少社会主体参与，由家庭、集体和政府负责提供养老服务。家庭负有提供基本养老服务的主要责任，单位提供大包大揽式的福利供给，而政府以兜底作用进行保障，是典型的国家—单位保障体制。计划经济时期的养老服务体系，在城市中养老福利主要包括由政府提供的民政福利和单位提供的职工福利两个部分，养老服务也被包含其中，当时的中国养老服务家庭是第一位的，而政府和单位是制度化养老的主要提供者。城市养老服务主要有政府主办的社会福利院、社区服务和单位提供的文化福利、职工疗养院等。在农村，养老服务主要是集体供养模式下的五保制度，由家庭进行自我保障和服务，政府和集体针对特殊家庭的老人进行帮扶和照料。

20 世纪 80 年代，随着改革开放的深入进行，国有企业体制改革与城市经济改革的持续深化，社会保障与社会福利的社会化改革也逐渐铺开，“单位制”养老保障慢慢被取代。养老服务开始走向社会化，以家庭养老、机构养老为主，社区为老服务为辅的养老服务体系初步形成，并具有以下特点：第一，以政府为主导。在计划经济时期由政府包办养老服务，逐步转为政府主导，负责宏观层面的政策制定和推行，改变以往大包大揽的包办负责的粗放模式。第二，责任共担。通过养老服务的社会化发展，养老服务已经成为全社会共同的事业，需要动员全社会的力量共同来完成。这种社会化的责任共担机制可以保证制度的可持续发展，能够适应市场经济的发展路径。第三，市场化运营。无论是养老福利资金的筹集、运作，养老机构的运营，还是养老服务产业的发展都通过市场化的途径来发展和实现。第四，具有普适性。养老服务在公共服务均等化理念的引导下，逐步发展成为全民性的福利。

2000 年国务院下发的《关于加强老龄工作的决定》，首次提出社会养老服务体系的建设机制，明确“建立家庭养老为基础、社区服务为依托、社会养老为补充的养老机制”，对于养老服务体系的发展路径给出较为明确的方向指引，提出要以社会化和产业化方式发展养老服务业，养老服务供给需要社会各方面的力量共同参与。为引导鼓励社会力量参与养老服务，在全国开展养老服务社会化示范活动，国务院于 2015 年先后出台《关于支持社会力量兴办社会福利机构的意见》《关于加快发展养老服务业的意见》等政策文件。在政策制定数量不断增多的同时，规定内容和针对方向逐渐全面化、体系化，对老年人生活服务以及养老服务体系建设的主要方向进行规范和引导。

透视我国养老保障与养老服务体系发展的历史过程，可以归纳出以下几方面关键点。

1. 养老服务体系的法律保障不断强化

2012 年新修订的《老年人权益保障法》特地将养老服务作为专门章节详细阐述，根据政府、社会与家庭的责任划分，把养老服务设施纳入城乡社区配套设施建设规划方案之中，以财税政策、土地政策和一系列激励制度的政策倾斜，鼓励支持养老服务的发展，在法律层面上就养老服务人才的培养、使用、评价和激励制度等关键问题上进行规范与保障。

除《老年人权益保障法》，在我国其他的法律中也有针对保护老年人权益设立的法条，为养老服务体系建设提供法律支持，如《婚姻法》《民法通则》《刑法》《社会保险法》《诉讼法》等，从多方面为保护老年人的权益提供了法律依据，使得老年人在遭受利益侵害时有法可依。

2. 养老服务政策的政府部门协同性增强

自我国进入老龄化社会以来，社会养老服务政策便随即进入了快速发展期，国家各部委陆续出台多项政策支持和引导养老服务的发展，政府多部门合力制定养老服务政策，同时政策内容趋于全面，保障性政策增多，不断加强对老年人的保障。

由于养老服务政策涉及社会福利、财政税收、体制改革等多方面的内容，仅依靠某个部门很难制定出有效的政策，需要多角度、多方位科学合理制定养老服务相关政策。政府部门协同发力，有利于形成政策合力，充分发挥政策应有效用。国务院、民政部、全国老龄委、财政部、卫健委、国家发展和改革委员会等 27 个部门参与养老服务相关政策制定工作。

3. 养老服务体系建设引入市场机制和社会力量

政府在养老服务体系建设之中的作用是保基本、兜底线和建机制，构建好社会养老服务体系，引导市场发挥决定性作用，引入社会力量积极参与养老服务体系的建设，更多发挥市场主体和社会团体的力量。

国务院在《关于加快发展养老服务业的若干意见》及其配套文件中鼓励市场主体、引导社会力量进行全面地安排和部署工作，将养老用地纳入国民建设用地供应计划，落实税收优惠和水电补贴政策，加大金融帮扶力度，政府购买其提供的养老服务，建立养老机构责任保险制度，大大提高市场主体和社会团体的参与积极性。

4. 养老服务体系软硬件实力不断强化

在政府的引导下，我国养老服务体系的软件与硬件的实力持续强化，内容进一步充实。经济发达地区的诸多城市社区与部分农村地区以老年协会的形式组织社区志愿者队伍，或直接购买专业养老服务团队的高质量服务，提供基本生活照料、巡视以及送餐保洁等工作。民政部印发的《关于推进养老服务人才培养的意见》，从优化专业结构、扩大招生规模以及创新人才培养模式上，发展养老专业人才的培养思路，对于养老护理员进行免费培训，明显提高了护理员持证上岗率。

与此同时，政府进一步加强对于养老服务的规范工作，民政部先后出台《养老机构许可办法》《养老机构管理条例》，规范养老机构的建设和管理工作，对于养老服务体系的建设提出一系列建设标准化与制度化安排。

## （二）国内养老服务体系建设存在的问题

作为社会分工进一步细化、经济水平不断提高的重要标志，养老服务体系的建设和发展需要具备更为完善的社会保障体系和政策法律支撑，需要更高专业化水平的养老服务人员与更为完善的管理制度等相关社会条件。目前，国内养老服务体系建设还需要关注到其现有的局限性和存在的问题。

1. 养老服务供给存在不足

（1）老年人社会支持体系尚未建立。长期以来，受到传统社会习俗与观念的影响，老年人群体的需求被社会有意识或无意识地忽略，被看作是静态的、不具备生产力的依赖群体。一方面，大量老年人退休后依然还有着继续工作、参与社会活动的心理期望和健康能力；另一方面，我国的退休政策刚性较强，除了少部分老年人精英，大部分老年人退休后无法继续从事有价值的社会生产活动，而以在家照顾后代为主要活动。

在人口老龄化不断加剧的客观现实要求下，如何发挥老年人群体的积极性，参与到社会生产之中，还有很大的老年人红利有待开发。

（2）居家养老和社区养老的社会化程度不高。首先，老年人的需求是多元的，包括日常生活照料、精神慰藉和社会活动参与的需求。目前居家养老和社区养老的服务机构仅仅谋求满足老年人的基本生活需求，主要是向老年人提供一些衣、食、住、行等一般日常生活需要的服务，老年人的社会参与、健康管理、康复护理、文化娱乐、心理抚慰等服务内容供给不足。对精神方面的养老服务（如心理交流、文化娱乐、法律咨询等精神服务）比较欠缺，没有建立低龄活力老年人社会参与的支持系统，活力老年人的潜力没有被充分挖掘出来。

其次，社区养老服务设施落后。目前许多社区没有建立居家养老服务网络设施，不能有效掌握居民的养老服务需求。老年活动中心、社区养老服务设施普遍陈旧，服务项目单一，大部分只提供简单的娱乐活动，社区老年医疗设施设备不足，缺少专门的医疗护理设备，心理咨询服务和法律维权服务尚未真正开展常态化的服务活动，养老服务设施和服务市场主体的资源共享还有很大的完善空间。

（3）长期照护制度不够健全。第一，长期照护保险制度缺失。当前，我国长期照护体系处于起步阶段，已经开展了长期照护保险制度的试点，但尚未建立针对失能、失智等老年群体的长期照护保险制度。专项政策法规有限、专业长期照料机构缺乏、服务项目未成体系、养护型专业人员不足等问题的存在，制约了长期照护保险制度的发展。如果延续仅依靠国家福利系统来提供相关照护服务的传统模式，长期护理势必给政府造成沉重负担，不利于长期发展，也很难形成规模。

第二，长期照料服务费用来源和稳定性无法确保。失能老年人养老最有效最稳健的方式之一是机构养老，享受由养老机构提供专业的护理服务。对失能老年人的照料仅是长期照料服务体系的一部分，此外，还要求包括社会心理服务、居住服务、看护服务、临终关怀，涉及失能老人的生理需求情感需求、精神需求以及社会活动需求等方面的照料和呵护。目前失能老年人长期照料服务支持系统建设缺位，社区养老和居家养老服务发挥的效用程度低，专业服务人员严重缺失，忽视建设照料型养护设施。全社会防范老年期失能的风险意识淡薄造成长期照料保险体系的缺失，长期照料服务费用的来源和稳定性难以保证，长期照料服务体系建设尚未得到法律支撑。

2. 城乡养老服务体系建设不平衡

我国有 60% 以上的老年人生活在农村，老年群体人口超过 1 亿人。与城镇相比，农村老龄化程度带来更大的社会压力，情况更为复杂，难以妥善解决。农村养老服务体系建设也远远滞后于城镇养老服务体系的建设，农村老年人生活水平低、健康状况不佳，造成对于我国新型城镇化的巨大挑战。

伴随城镇化进程不断加速，农村的很多青壮年为了生计不得不外出打工，空巢老人现象越发严重。我国传统养老是由家庭维持，农村留守老人在经济上缺乏有效供给，日常照顾、衣食住行都面临困难，日常生活得不到必要的照顾，基本的养老照护难以获得。

农村老年人经济水平状况直接决定其养老保障水平，农村老年人大多是依靠农业或外出打工获得经济收入，养老资产储备不足。同时，农村地区仍以家庭养老为主，但消费水平不断上升、子女抚养成本迅速增加，最终都导致农村老年人缺乏充足的养老资金储备，养老经济保障风险随之增加。政府出台了一些保障制度和措施来解决农村老年人的社会养老问题，但是保障力度和保障覆盖范围都存在明显不足。社会养老服务的相关资金投入仍存在较大资金缺口，社会事业支出中养老服务事业所占比例偏低，很多农村地区还没有建立起养老服务财政投入的稳定增长机制，资金缺乏也成为农村社会养老服务体系建设缓慢的主要原因之一。

3. 养老服务的市场发展不充分

在养老机构层面，公办养老机构享受政策专项补贴，服务性质被定义为公益性，通过低成本的定价方式，使之提供的养老服务成为社会的优质稀缺资源。但同时也伴随而来许多问题，一方面致使老年人大量涌入公办养老机构，加剧公共资源的紧缺局面，甚至为腐败问题提供机会；另一方面也压缩了民办养老机构的发展空间，降低社会的养老服务期待，不利于民办养老机构的健康发展。

在养老服务领域，政府财政投入主要集中于对福利院、养老院以及日间照料中心等养老设施的补贴，然而在当下老年人普遍难以接受自费购买居家养老服务的客观现实情况下，几乎都是政府出资为特定的对象购买相应的养老服务。导致居家养老和社区养老服务的有效需求不足，养老服务的社会化和市场化发展不够充分。

4. 医养结合政策难以顺畅实施

由于老年病的易发性和突发性，老年人常被疾病问题困扰。医疗机构和养老机构互相独立、自成体系，养老院不方便就医，医院不方便养老服务，一定程度上影响了治疗，更加重了家庭负担。医养结合政策的出台很大部分有利于该问题的解决，但在实际运作过程之中，依然还存在难以落地、难以实施的问题。

（1）行业标准与法规不健全。第一，医养结合项目审批规范缺失。目前有医院建设审批规范，有养老院建设审批规范，但没有医养结合型康复护理、老年病医院的项目建设规范。第二，医养结合的收费标准无规范。医养结合的成本核算和支付保障体系尚未建立，医养结合的收费目前没有规范标准，按照目前的管理制度，要么看病、要么养老，医养结合难度大，实施细则缺失，政策落地难。第三，医疗和养老对老人分类标准不同。我国医疗机构按照医院护理级别对老人进行分类，养老机构按照精神、心理、行为缺陷状况对老人进行分类。标准不一致导致老年群体在医疗和养老两大系统间难以顺利转接，服务无法匹配相应的需求。

（2）多部门监管职能交叉。医养结合模式涉及医疗、养老、医保等内容，对应监管机构包括卫生行政部门、民政部门、人社部门以及老龄委等，普通养老机构由民政部门审批和管理，社区居家养老服务由老龄办组织实施，医疗卫生服务由卫生部门认定和管理，医疗报销由社保部门管理。各部门在医养结合模式中存在诸多交叉监管之处，易导致出现监管不到位、监管指标缺失、监管工作重复、监督标准混乱等众多问题。各部门对扶持政策的认识、调整和落实较难协调一致，难以实现政策协同化办公，各项服务资源融合度不够，服务与服务之间缺乏有效衔接。医疗服务和社会照料有着明显的政策碎片化与管理部门化问题。

（3）医养结合服务网络残缺。随着老年人身体状况变化，照料与医疗需求不断变化。在疾病发生前、疾病治疗过程中、康复中、康复后不同阶段，需要选择合适的服务场所和服务方式，需要在医院、护理院、养老机构、社区和居家之间建立多层次、可流动的服务体系，形成互联、互通的服务网络，目前缺乏机构间转诊渠道。许多发达国家的社区和机构有完备的养老信息系统，在老年人进入养老院之前可通过信息网络系统和智能化监测设备对老年人的身体状况作出评估、监控以及定位行为轨迹，便于护理工作人员在工作站上对每一个老年人的情况进行把控。而我国目前老年服务信息网络建设相对滞后，社区驿站和养老机构要花大量的人力、物力、财力去找服务对象，占用提升服务质量的关键资源。

5. 养老服务人才不足

由于我国进入老龄化社会速度较快，养老服务人才的培养严重滞后于养老服务的发展需要，导致养老服务人才培养体系的各个阶段都不够完善与成熟，师资力量薄弱、课程设置不科学以及培养层次单一化的问题非常显著。

此外，养老服务人才行业的整体薪酬水平都比较低，养老服务的工作时间长、工作强度大，待遇水平与工作内容不匹配，难以形成有效激励，导致养老服务队伍不稳定，人员流动性很大。

## （三）国内养老服务体系发展的建议

为了持续推动应对老龄化问题的制度建设，需要树立积极的养老观念，明确政府、社会、家庭与市场等主体的相应责任，政府与养老相关的基本公共服务供给能力需要进一步提升，还需要更好地通过市场主体、社会力量与家庭参与来满足逐渐多元化、差异化的养老服务诉求。

1. 增加养老服务供给，提高养老服务质量

养老服务政策的侧重点从以机构养老为主到鼓励发展居家养老与社区养

老服务，增加对居家养老与社区养老的财政补贴力度，发挥市场在资源配置中的决定性作用，引导市场主体和社会团体参与提供社会化养老服务。居家养老服务应具备系统性和针对性，对待不同情况、不同需求的老年人具有相应的配套服务方案，满足其个性化服务需求。

公办养老机构充分发挥自身的基础性、保障性作用，按照国家的养老服务行业发展思路，逐渐梳理机构内部的运行体制机制，凭借有效的责任安排与绩效评价制度，提高服务效率和服务质量。与此同时，充分发挥市场在资源配置中的决定性作用，政府应当加强对社会资本的引导和调控，鼓励民间资本投资建设专业化的养老服务设施，提供居家养老和社区养老服务的产品，引导养老服务组织逐渐向规模化、专业化和持续化方向发展。

建立智慧养老服务平台，通过现代化信息技术手段，整合养老服务的社会参与支持系统、医疗服务系统以及养老机构管理系统，建立医疗养老康复无缝连接的养老服务体系信息系统，通过信息网络系统和智能化监测设备对老人的身体状况做出评估、监控以及定位行为轨迹，对每一位老人的情况精准把控。方便养老服务机构和社会组织向老年人提供日间照料、法律、社会参与等服务。同时，对服务质量标准量化和评价联网，为有需求的社会单位提供养老服务信息、养老政策指导等，为养老服务业发展提供有效支撑。

2. 扩展农村养老服务，缩小城乡养老差距

推动城乡养老制度体系的统一，通过基本一致的筹资模式、开发与管理模式，建立统一的管理部门，打破城乡二元格局严重割裂的局面，尽可能缩小制度差异和分配不平等。鼓励慈善组织关注并参与农村养老服务问题，倡导成立更多的具备一定社会影响力的慈善基金组织，为完善农村养老服务体系建设提供更加充足的资金保障，扩大社会影响范围，争取更多社会团体和爱心个人的支持。

进一步完善农村的养老服务体系的制度设计和政策架构。第一，各级政府财政、社会捐助、个人共同分担养老服务费用，加大财政投入力度，不断

拓宽和发展新的筹资渠道，探索多元化的投资方式，逐步提高农民人均养老金水平以及农村低保、“五保”的保障标准和覆盖率，保证年均供养水平能满足老年人的基本生活需求。第二，乡镇选择闲置场地开设养老之家，也可将养老机构与乡镇卫生院、村委会建在一起，充分发挥志愿者的作用。第三，不断加大“新农合”筹资力度，提高“新农合”报销比例，进一步改善乡、村医疗设施条件，并制定优惠政策吸引更多更专业的医务人员投身农村医疗卫生事业，并逐步取消省、市级定点医疗机构补偿报销的起付线和封顶线。第四，尝试建立新型老年互助合作组织。主要是通过政府支持，设立老年人互助养老机构，通过互相帮助、抱团取暖安享晚年。第五，积极建设一批规模适当、功能齐全、宜居的老年社区，尽量满足老年人集中养老的需求，积极推进农村社会养老服务快速发展。

3. 进一步推进医养结合，破除制度阻碍

建立多层次、流动性、宽领域的医养结合服务体系。依托政府和市场力量，合理配置包括护理型、居养型等不同种类的机构，建立机构之间的合作机制，通过专门化的医院疗养，配合养老机构的正常照料，逐级配套提供相应的医疗帮助与养老服务。

整合各职能部门的相关资金，建立并完善医养结合成本核算与支付体系。通过建立相对统一的老年人长期照护服务支付机构，政府按照一定比例补贴老年人，审核批准医养结合型养老机构之后，可将其作为医保定点和长期照护保险的定点单位，促进老年人与机构的系统化交流。

建立定期评估机制，按照服务、监督、考评等若干方面的具体要求，形成跨部门协作机制，进行全过程的质量监控。与此同时，引入第三方评价机制，以统一的评估标准、评估原则、评估方法以及评估内容，保证评估的科学性与合理性，更加细化养老服务的相关指标。

4. 完善人才机制，培养养老服务专业人才

人才是发展的核心，养老服务体系的完善与进步，离不开养老服务人才的培养和付出。以市场需求为导向，以国家养老政策为支撑，健全养老服务人才职业培养、教育培训、薪酬待遇、激励评价等一系列体制机制的安排，

构建并完善专业化、多层次的养老服务人才体系。在人社部或民政局等部门设置专门的养老服务人才管理机构，统一培养模式与培养标准，以更为完备的法律法规强化其法律保障。

提升养老服务人才社会地位，增强养老服务人才的职业成就感。第一，保护合法权益，降低劳动强度。对贡献突出的养老服务高级技术及管理人才采取积分落户政策、专业技能免费培训等办法；每年为养老服务从业人员提供免费体检。第二，提高薪酬待遇水平，完善激励评价机制。完善职业技能等级与薪酬待遇匹配机制，使有能力的从业人员获得社会认可，提高养老服务行业平均薪酬待遇水平，使其不低于上年度服务行业平均工资水平。第三，加强宣传引导，促进社会观念转变。积极引导媒体加大宣传力度，让社会公众了解养老服务行业对整个社会的重要作用，提升对养老服务行业从业者的认同和尊重。

5. 保证养老服务资金供给，提高养老服务水平

养老服务体系建设需要投资，养老服务消费需要支付，养老服务的投资和支付体系是最重要的核心保障。社会养老服务体系建设资金需多方筹措、多渠道解决，厘清政府、市场、家庭在养老服务体系建设中的权责义务关系，既需要发挥政府的主导作用，也需要引导多元主体参与，充分发挥市场机制的基础性作用，通过用地保障、信贷支持及政府采购等多种形式，积极引导和鼓励企业、公益慈善组织及其他社会力量加大对居家与社区养老服务的投入。各级政府履行好基本公共服务职能，强化在社会养老服务体系建设中的支出责任，安排财政专项资金，支持公益性养老服务设施建设。福利彩票公益金及地方各级彩票公益金增加资金投入，优先保障社会养老服务体系建设。老年群体也需要提前做好养老的资金储备，以准备未来的养老服务支出。

为激发社会力量参与养老服务的积极性和活力，财政资金投入要作出灵活性安排。财政资金适度降低固定资产直接投资比例，增加购买养老服务支出比例，提高资金使用效率。强化对老旧小区改造工作，对微型社区居家养老服务的设施提供消防设施改造补贴和租金补贴，支持建立养老机构责任保

险和老年人意外伤害保险，对养老服务机构技术人员、护理人员给予岗位补贴，增加对养老服务队伍的培训补贴，增加以奖代补的比例，把财政资金用在关键地方，发挥其对社会养老服务投资的引领作用。

结合实际情况，协调各部门工作，将已有优惠政策标准化和规范化，形成有效的激励机制，切实落实养老服务业发展的税收、收费、土地、融资等专项政策。完善财政补贴政策，补贴对象和补贴标准不直接以提供服务主体属性与类别作为区别对待的标准，而是以提供服务的内容和服务对象的类别为依据，对公办机构和民办机构一视同仁。增设经营场地租赁补贴，满足通过租赁方式获取经营场地的民办养老服务机构的需求。对养老服务设施用地指标实行计划单列，有效增加养老设施用房用地供给。减少对符合标准用房用途转化的人为障碍，鼓励企业利用存量或闲置用房开展养老服务设施建设。

6. 强化养老服务体系协同，促进多部门协作

建立养老服务体系的协同机制，必须实现养老服务相关信息的政府部门共享、政府—社会共享的体制机制，从而满足信息对称、沟通顺畅等政策制定所必需的重要条件。通过建立一整套部门协同机制，着手处理现有制度的缺陷，探索流程再造的方式方法，精简相关冗余环节，提高行政工作效率。

养老服务体系发展中遇到的诸多问题，归根结底在于现有的政策体系与应对人口老龄化的养老服务体系不相适应。现有的体系是在人口老龄化尚未到来的背景下制定的，完全没有考虑到发展养老服务的长远需求。人口老龄化是我国长期面临的人口结构特征，发展养老服务的需求只能是越来越高，而不是一个权宜之计。因此，应当全面梳理现有的政策法规，特别是对于涉及老年人服务的一切法规都需要修订或重新制定，需要建立一整套政策体系，在更大范围、更高水平上实现老有所养、老有所医、老有所为、老有所乐。

适应人口变化规律，设置从事老龄事业发展的专门职能部门。从我国人口结构趋势可以断定，我国社会的发展将长期与人口老龄化并存，人口老龄

化是我国经济社会发展中不容忽视的全局性、战略性问题。我国正处于应对高龄老年人照料压力的关键期，养老服务体系建设显得尤为迫切，因此必须从积极应对人口老龄化、发展老龄事业的战略全局和高度来反思我国的为老服务管理体制与顶层设计。随着我国人口老龄化的加剧，养老服务的需求涉及几亿老年人口，由民政部门的几个职能部门来承担发展养老服务的重任必然会力不从心，目前的管理体制不能完全适应当前乃至今后我国老龄事业发展的战略要求。

## 三、国外养老服务体系建设及经验借鉴

基于社会政策原理与社会福利体制的类型划分，西方学者们根据政府与市场关系，相对应地形成了不同类型的养老服务体系。具体而言，主要包括以下四种养老服务体系的类型。

一是高社会福利型养老服务体系。如瑞典、芬兰、挪威等北欧国家。特点为社会政策的公共支出水平很高，有优厚的福利津贴和公共服务，国家财政几乎包揽所有种类的社会福利，实现高度的社会福利目标，养老服务同样有较高水平。

二是私人化、自由市场导向的残补型养老服务体系。如英国、美国、加拿大等。这些国家的社会福利体制倾向于鼓励职业津贴和福利，以及私人提供或市场导向的福利提供模式，用于社会政策的公共支出水平较低。

三是重视社会伙伴关系、以国家为主导的福利型养老服务体系。如德国、日本、意大利、瑞士等。社会政策的公共支出水平较高，福利津贴倾向于以社会保险为主，适度的去商品化水平，强调家庭责任的重要性。

四是受儒家文化影响的市场化和社会化主导的东亚福利体制型养老服务体系。

以下选取四种类型的典型代表——瑞典、美国、日本和新加坡等四个国家的养老服务体系进行介绍，从而对于西方国家养老服务体系的发展历程、

政策转变、面临问题以及改革思路进行系统分析。

## （一）瑞典

北欧国家主要包括瑞典、芬兰、挪威、丹麦和冰岛等国家，位于斯堪的纳维亚半岛。由于自然环境、历史发展、民族文化等各方面条件，北欧国家在经济、政治、文化制度等领域上表现出明显的一致性，在社会福利上形成以高税收、高福利而著称于世的“北欧模式”（也称为“斯堪的纳维亚模式”），并形成全方位、高福利型养老服务体系，实现“从摇篮到坟墓”的社会福利目标。所谓北欧模式的养老服务体系的发展过程，实际上展现北欧这些国家逐步推动高福利型国家建设的过程，瑞典公民公费享有国家提供的居家养老或是机构养老服务覆盖率均位居世界前列，因此以瑞典为例，着重介绍北欧国家养老服务体系发展历程。

1. 瑞典养老服务体系建设历程

19 世纪 70 年代以前北欧国家处于农业社会，是北欧高福利型国家的萌芽阶段，养老服务体系正在形成之中，政府仅在社会救济方面发挥积极作用，更多情况下是基于人道主义进行权利保障，并没有正式以立法的形式进行规定。

19 世纪中后期，北欧国家从农业社会进入工业社会，自 19 世纪 70 年代起至 20 世纪 30 年代，北欧处于高福利型国家迅速发展阶段，这一阶段的养老服务建设主要集中于养老保险领域的立法。北欧各国开始讨论养老保险项目的具体安排，丹麦于 1891 年颁布了《养老保险法》，瑞典于 1913 年颁布了《国民普遍年金保险法》，挪威和芬兰也分别于 1936 年和 1937 年颁布了覆盖全民的养老保险法。

20 世纪 30 年代以后，北欧国家达到高福利型国家成熟阶段，形成了系统性、综合性的高福利型国家体系，即“社会民主主义模式”，这个阶段养老服务体系建设的特点是普惠主义，养老服务的提供模式主要为机构养老。以瑞典为例，其作为全民高福利型国家，着重强调国家责任，主要依靠政府

经济政策的调节作用来保障本国老年人的生活，所有的养老服务都由政府提供，是政府所应承担的公共服务。作为“高税收、高福利”的典型代表，“瑞典模式”受到了国际社会的广泛赞誉。

从20世纪90年代开始，由于受金融危机的影响，瑞典公共支出占国内生产总值的比例急剧扩大，“瑞典模式”受到严重挑战，养老服务体系的建设由普惠主义逐渐向适度普惠主义转变，政府开始考虑进行私有化导向的温和性改革。

1986～1990年，瑞典政府采取去中心化和放松管制政策，放松对老年社会服务部门的法规控制。1990～1994年，瑞典中央政府将具体的老年服务责任转移给地方政府，地方政府在社会服务部门引进市场机制，建立“服务购买者—服务提供者分离”“服务外包”与“消费者自主选择”三种模式，根据老年人购买能力提供服务。

1994～1998年，瑞典中央政府以“老年照护国家行动”改进养老服务提供方式，地方政府根据老年人的需求而非购买能力提供服务，并提供相应资助资金，同时拥有更多制定地方服务费用标准、引进私人公司的自由。

1998年至今，瑞典中央政府为平衡全国不同地区间的差异，进行养老费用再集中化改革，由中央政府统一制定相关费用标准。经历了养老服务与民营化改革后，瑞典最终形成高福利型养老服务体系。

2. 瑞典养老服务模式及其内容

瑞典的养老服务体系主要包括居家养老和机构养老两种服务模式。出于老年人对保持生活自主性的需求和机构养老经济负担重的考虑，瑞典政府优先支持居家养老服务的发展，要求公共养老服务应能够使老年人尽可能长时间地居住在自己的家中养老，降低老年人对机构养老的依赖性。

（1）居家养老模式。瑞典居家养老服务的内容广泛，主要包括日常照料、健康照料、预约保健照料与康复照料等。除了通过公共或私营部门直接提供养老服务，各市政府还为非正式养老服务提供支持和资金援助。

在居家养老服务中，非正式的养老服务经常会成为公共服务的有力补充，因此各市政府通常会采取三种方式为非正式照顾者提供帮助和支持：

第一，提供资金援助，为辞职照看老年人的非正式照护者提供每月津贴。

第二，提供专业顾问，在教育学和心理学等方面进行支持，如为照护老年痴呆患者的非正式照护者提供必要的小组协作。

第三，当非正式照护者有其他事情要处理时，可在养老机构或老年人的家中为老年人提供多样的、临时性的看护和服务。因此老年人及其家属能够同时得到公共支持，老年人的家庭成员不需要独自承担老年照护的任务，也不必缩短工作时间来照顾他们弥补公共服务的不足。

（2）机构养老模式。当居家养老不能满足养老需求时，瑞典的老年人可以选择入住由私人开设的“老年住房”或由政府运营的“专门住宅”并享受养老服务。

“老年住房”是由私人运营的、专门为 55 岁以上人群提供的养老住房。这些住宅中，有一部分是新建的住房，也有一些是由旧房改造、改装和翻修后更加方便老年人居住的房屋，满足无障碍要求是“老年住房”建设必须满足的首要条件。所有达到既定年龄的老年市民都可在开放的住房市场中租用“老年住房”，老年人可从市政府申请家庭护理援助服务和家庭医疗护理服务，许多住房还为老年人提供公共厨房和餐厅等用于组织聚会与社交的场所。

对于需要得到长期连续性照护的老年人，许多传统型的、拥有更高宜居水平的“老年之家”可以为他们提供服务。这些机构为老年人提供的房间相对较为狭小，带有独立洗手间，同样设有公共日间活动室和公共餐厅。这类机构还会在规定的时间为老年人集体提供公共餐食，并有专门工作人员为老年人提供 24 小时的照护服务。

3. 瑞典养老服务体系发展因素

瑞典的养老服务体系经历了一个由家庭责任到公共责任、由贫困救济到普遍权利、由非专业化到专业化的发展过程。经过从 20 世纪 20 年代至今近百年的发展，瑞典逐渐建立起具有公共责任、普遍权利、地方自治、高度专

业化等特征的养老服务体系，并成为目前世界上养老服务投入最多的国家。具体而言，瑞典养老服务体系包括三个主要的发展因素。

（1）社会民主主义政治传统。社会民主主义的传统在瑞典已有百年的发展历史，瑞典的福利国家制度也基于这一意识形态得以建立。在社会福利发展的过程中，公民的社会权利也经历了半个多世纪的发展，瑞典的国民已把享受高水平的社会福利视为一种理所当然的权利。养老服务作为社会福利制度的一个重要组成部分，在体系形成和发展的过程中也深受社会民主主义政治传统的影响，最终确立了公共责任和普遍权利。

（2）公共服务业扩大。社会福利政策与劳动力市场交织在一起，成为彼此相互依赖的制度安排。瑞典政府承诺提供养老服务，鼓励女性就业并创造出养老服务的劳动力市场，社会养老服务体系从中得到长足发展。

瑞典养老服务体系一方面确立养老服务的公共责任，使公共部门有计划的积极提供养老服务，从而帮助妇女从家庭照顾的责任中解脱出来，获得了进入劳动力市场的机会。另一方面也形成了养老服务劳动力市场，使得妇女能够实现就业，大大增加从事公共养老服务的劳动力，促进了公共养老服务的发展，形成积极的循环发展模式。

（3）专业人才培养。瑞典发达的养老服务体系的形成，与政府重视养老服务专业人才培养的传统是分不开的。瑞典当局对养老服务专业人才的培养，为养老服务体系的发展提供了强有力的技术支持，同时使养老服务从准入到服务评估的整个过程都具有了高度专业化的特征。

在20世纪的发展过程中，瑞典对养老服务的专业人才培训是与养老服务需求变化同步发展的。养老服务需求的扩大产生了对专业人才的需求，引起了公共部门对养老服务专业人才培训的重视，并根据社会需求的变化而不断调整培训内容，以适应公共养老服务发展的需要，成为瑞典当代养老服务体系发展成型的重要动力。

4. 瑞典养老服务体系主要特征

（1）养老服务责任主体是政府，家庭承担部分养老义务。瑞典养老服务覆盖的人群主要是65周岁及以上的老年人。在瑞典，老年人从61

周岁起即可获得养老金，但接受相应的养老服务需从65周岁起，不同的养老方式存在不同的年龄限制，根据老年人自身身体状况和需求来个案衡量。

中央政府主要进行养老服务政策的顶层设计和制度安排，地方政府拥有较大的自主权。中央政府主要承担制定养老保障范围、标准、政策和法律，通过划拨经费对地方政府的养老服务进行支持，并通过财政调节尽量减少地区间的差异。地方政府对养老服务享有高度自主权，主要体现在：一是地方征税为养老服务提供资金，允许省级和市级议会自行规划、组织当地的税收，并依靠征税来负担当地养老服务；二是提供具体养老服务，地方政府有权决定是否将提供养老服务的权利向私营机构开放，即当地政府可以选择自己提供公共服务，也可以选择将当地养老服务外包给公司进行居家养老服务工作。虽然法律规定子女没有负有赡养父母的义务，家庭不是主要责任主体，但家庭需要承担一定生活照顾、精神保障的养老义务。

养老服务提供方式以政府直接提供服务为主，以间接服务作为补充手段。瑞典政府主导和推行养老服务，鼓励慈善团体、非营利机构兴办公益性养老服务机构，作为政府提供公共服务的有益补充。由政府提供的公共服务占绝大部分，因此由私人提供的服务仅作为辅助和补充手段。

（2）养老服务模式以居家养老为主导，以机构养老为补充。瑞典有居家养老、养老院养老和老年人公寓养老三种方式，养老院养老和老年人公寓养老均属于机构养老范畴。居家养老是最普遍的养老模式，政府推崇“最大限度让老年人住在家里养老”，采取居家养老的方式，机构养老作为辅助和补充手段。

### （二）美国

美国在20世纪40年代便已经进入老龄化社会，相比于同期其他发达国家，美国老龄化时间比较早，老龄化程度比较严重。但受自由主义精神影响，美国文化推崇尊重个人、提倡自由的自由主义文化传统，并没有形成北

欧国家高福利型养老服务模式，而是形成了私人化、自由市场导向的残补型养老服务体系。该体系的主要特点是国家的社会福利机构只有在正常的养老服务供给渠道如家庭和市场失灵的情况下，才能发挥其作用，为遇到经济困难的老年人提供必要的帮助，国家在养老服务供给中所承担的责任作为市场供给的补充，仅仅作为最低限度的基本保障。

1. 美国养老服务体系建设背景

（1）人口老龄化。第二次世界大战后的“婴儿潮”时代（1946～1964年）出生的人口即将步入老年，大大加快了美国老龄化的进程，推动65岁及以上人口比例不断攀升。如今达到退休年龄的老年人群体可以申请获得联邦医疗保险计划的政府所资助的健康保险。

与美国老龄化以及长期照料服务的提供更直接相关的显著变化是阿兹海默症发病率和死亡率的上升，这对美国的长期照料体系造成了一定压力。当1965年美国在制定由政府资助的联邦医疗保险计划和医疗补助计划时还难以预见这些压力，随着婴儿潮时期出生的人群逐渐达到需要长期照料的年龄，这些项目在应对不断壮大的老年人群体对长期照料的需求时逐渐显得力不从心。

（2）老年照料筹资。医疗保健费用委员会是美国经济大萧条时期为解决美国人口的医疗保健需求而专门建立的。医疗保健费用委员会发布的报告认为，美国医疗服务体系在医疗保健方面总体服务水平低下，该报告还注意到在总体服务水平低下的同时还存在着不公平现象，如某些地区尤其是农村地区，服务水平更为低下。医疗保健费用委员会撰写专门报告，呼吁通过政府财政和私人保险机制来增加医疗保健服务的资金，并指出要提高医疗服务的供给水平与利用程度，也需要对保险范围进行拓展。

在此之前，医疗保险被视为是一种使人们免于遭受由疾病造成的灾难性经济损失的机制。医疗保健费用委员会拓展了医疗保险的概念范畴，认为其不仅可以作为预防灾难性支出，还可以成为提高医疗保健服务利用的手段。通过提供旨在提高医疗服务利用的保险，可以直接激励医疗保健的提供方增加供给。

在随后的 25 年里，扩大基础设施和健康保险或筹资的要求得到了政府认可，美国联邦政府随后开展了一系列的工作，大幅增加卫生领域的联邦和私人资金投入，在医疗保健方面的支出占 GDP 的比重大大提高。

2. 美国养老服务体系建设历程

作为典型的资本主义市场化国家，美国有着相当浓厚的个人主义和自由主义文化传统，美国政府对经济社会发展采取放任自流的不干预态度，完全发挥自由市场经济的调控作用。但同一时期，德国、英国、瑞典、意大利等国家都先后实施了国家主导的社会保障制度，经济最发达的美国却没有认识到建立社会保障制度的必要性，只有地方慈善组织、教会团体提供类似社会救助的服务，联邦政府没有提供相应的服务。在这一时期，由于社会保障制度尚未建立，关于养老服务体系的政策法规更无从谈起，这个阶段美国养老服务体系建设是空白的。

20 世纪 20 年代末的经济大萧条给美国带来了空前巨大的灾难，在极端萧条的年份里，美国面临超过 1700 万人失业、3400 万人没有任何收入，人们生活在贫困无助的艰难局面，没有任何收入来源的老年人更是成为最需要帮助的群体。在社会保障需求高涨和维护政府治理合法性的客观现实下，美国社会逐渐认识到贫困不仅是个人的原因，更多是社会因素，联邦政府应当担负起稳定社会和保障人们基本生活的责任。

1935 年，美国通过了第一部社会保障法律——《社会保障法》，并成功构建保障人们在任何风险下都能享受基本生活的“社会安全网络”。《社会保障法》规定，除政府雇工、家庭佣工、农场工人及临时工、商船海员、教育、宗教和慈善机构雇员外，其他工资年收入在 6000 美元以下的所有雇工，都必须参加全国性老年保障制度。费用由雇主与雇工共同分担，65 周岁及以上未参加老年保障体系的人员将得到联邦和州政府的共同照料，若个人主动缴纳非强制性的保险金，在年老时可以增加养老年金收入。《社会保障法》使养老作为社会与政府应尽的责任这一观念以法律的形式确定下来。

20 世纪 60 年代初至 70 年代末是美国养老服务体系的发展时期。这段时

期内，美国养老服务的有关政策迅速发展，它不仅限于满足老年人的基本生存需求，而且越来越重视老年人其他方面的发展需求，如医疗保健、老年人的权益等，覆盖面更加广泛。

20 世纪 60 年代初期，肯尼迪政府通过《社会保障法修正案》进一步扩大养老保障的覆盖范围，增加了养老津贴、养老补贴，使更多的老年人受益。约翰逊政府时期是养老服务立法最多和立法相对完善的时期。1965 年是极为重要的一年，约翰逊政府时期相继出台了《老年人法》《医疗保险法案》《医疗救助法案》。《老年人法》是美国政府老年人服务系统诞生的标志，从收入、住房、身心健康等十个方面保障老年人权益。为了保证该法律的有效实施，联邦政府及各州都设立了专门执行机构。《医疗保险法案》规定，65 周岁及以上的老年人有资格享受医疗保险，国家担负起其短期住院费用，此举被学者称为 1935 年《社会保障法》通过以来最大的社会改革。《医疗救助法案》规定为低收入人群提供医疗和健康护理费用，尽管在收入和财产方面有资格限制，但还是在一定程度上缓解了老年人所面临的昂贵医疗保健费用的压力。

20 世纪 70 年代以后，美国老年社会保障制度进入变革时期。这期间美国政府一改第二次世界大战后经济大发展时期的社会保障扩张政策，开始紧缩政府干预的社会福利规模，并主张福利事业私营化，鼓励私营企业养老金计划的发展。

里根政府通过推行福利改革计划，反对新政以来政府对社会经济生活的干预，主张大幅削减社会福利支出，把联邦政府在社会保障方面所承担的责任转移给州和地方政府，并大力促进私人养老和社区福利事业的发展，这一系列的政策转变对于美国社会福利保障政策改革而言，是美国社会保障的发展历史重要转折阶段。克林顿上任后，对社会保障体制的改革主要集中在医疗保险和社会福利两大问题上，《社会福利改革法案》的签署结束了自 1935 年以来联邦政府对穷人没有限制的福利补助。

3. 美国养老服务方式和服务内容

作为社会保障产业化、社会保险商业化与社会服务社会化的自由主义国家，美国推行的养老服务体系之中很少有公办性质的养老机构，绝大部分是以机构供给的形式存在。通过引入市场机制、强化商业化竞争，美国政府鼓励民办养老机构与第三部门养老机构的发展，激发养老机构投资者的积极性，提高市场效率，改善养老服务水平。

美国养老服务主要包括机构服务和居家照料服务。美国是世界上养老社区发展最为完善的国家之一，有着相当发达的服务体系，居家养老、社区养老与机构养老模式提供多样化的选择，而养老社区在其中占据重要位置。所谓“养老社区”指的是老年人养老生活所居住的住宅区，老年人可以在其中享受周到的养老服务并安度晚年。美国养老社区有着多样化的形式，包括持续护理社区、自然形成的退休社区、独立生活社区、专业理疗养老院、协助生活社区等。与此同时，美国养老社区还有着相当人性化的建筑规划和建筑设计，实现全面细致的照顾和医疗服务，进行科学合理的经营运作。持续护理社区采用通用化设计，充分考虑老年人的生理特点和心理需求，如设置轮椅坡道和扶手等，通过专业化医疗护理服务，大大强化对于老年人需求的满足能力。

4. 美国养老服务体系主要特征

当前，美国形成了以市场为主导的“补缺型”现行养老服务体系。以非政府、非营利的民间组织为主要力量，逐步形成养老服务私营化，实现充分的市场自由竞争。主要特征体现在以下三个方面：

（1）养老服务责任主体是政府、非营利组织和家庭。政府承担监管和引导职责，而不直接提供服务，对所有服务机构实行标准化的报告制度、准入制度、资格审查制度，并对服务质量检查信息机构进行监管。非政府组织、非营利机构是养老服务的重要组成部分，受到政府财政预算和社会捐赠的资金支持，在养老服务中参与度很高，由其提供一定的养老服务。家庭作为社会组成的基本单元，在道义上承担一定生活照顾、资金保障和精神保障的养老服务责任。

（2）政府提供间接养老服务，由市场直接提供养老服务。美国市场经济高度发达，养老服务私营化特征明显，政府鼓励市场化竞争，鼓励私人

企业和机构参与养老服务的提供，通过市场竞争优胜劣汰的筛选机制，提高养老服务质量。政府通常作为购买者和评估者，由市场主体提供养老服务。

（3）居家养老、社区养老、机构养老并行。一般情况下，美国老年人从65周岁起，即可根据自身身体状况接受相应的养老服务。机构养老中，政府养老机构仅提供对特殊人群的兜底服务，或政府购买服务；主体部分是私营化机构或非营利机构。

## （三）日本

日本是我国的海上邻国，虽然具体国情有着较大差异，但日本应对老龄化的成功经验对我国来说具有现实意义。日本在20世纪70年代就进入了老龄化社会，根据日本政府公布的数据，截至2010年10月，日本总人口为1.028亿人，其中65岁以上的老年人口达到2958万人，占总人口的比例为23.1%。[①] 为了更好解决社会老龄化问题，日本政府在2000年开始实施介护制度。经过30多年的探索与创新，日本政府在居家养老、人才培养、服务标准化、老年康复与预防、制度建设等方面积累了丰富的经验，社会政策的公共支出水平较高，福利津贴倾向于以社会保险为主，去商品化水平较为适度，强调家庭责任的重要性，这些经验值得我们学习与借鉴。

### 1. 日本养老服务体系建设背景

日本是世界上老龄化速度最快的国家，在1970年全社会老龄化率超过7.1%，开始步入老龄化社会。经过二十多年发展，日本的老龄化率超过14%，完全进入老龄化社会，并且一直处于急速加快的老龄化社会进程之中。社会少子化与人口长寿化带来人口结构的老龄化与劳动力减少等社会问题，日本经济从高速发展转向低速成长，直接影响到年金、医疗以及介护制度等一系列社会保障制度的可持续发展。

---

① 尹银．日本的养老经验与对策［J］．外国问题研究，2009（2）：17－22.

日本人口老龄化问题的不断深化导致国民储蓄率持续下降，家庭净资产出现缩水。第一类退休老年人家庭、第二类退休老年人家庭及退休老年人夫妇的同期储蓄率都出现 10% ~20% 的下降，家有 65 岁及以上的退休老年人家庭的资产缩水率逐渐提升。根据储蓄生命周期理论，储蓄率在人的一生中随其年龄增长而呈倒“U”形变化趋势，由于人一生的消费曲线比较平稳，个人可支配收入却随着年龄变化而出现较大起伏。一个经济体的总储蓄与人口年龄结构息息相关。具体而言，劳动年龄人口占总人口比重越大，一国储蓄率就越高；而老年人或少年儿童人占总人口比例越高，则一国储蓄率就越低。日本不断下降的劳动年龄人口和屡创新高的抚养比对居民储蓄率构成明显拖拽效应。根据世界银行和日本统计局的相关统计数据，1990 ~2015 年，15 ~64 岁人口占比下降 8. 85% ，同期日本家庭储蓄率下降 11. 33% 。低储蓄率和家庭资产缩水使日本民众产生严重心理恐慌，家庭财务困境和赡养压力由此催生了“养老地狱”现象。

2. 日本养老服务体系建设历程

日本于 20 世纪 70 年代进入老龄化社会，其老龄化的速度位于所有发达国家之首。日本政府从 1959 年《国民年金法》的颁布到 2000 年《介护保险法》的实施，经历了近半个世纪的探索，日本养老模式经历由“家庭养老”到“机构养老”再到“居家—社会型养老”的发展历程，最终形成以“年金—医疗—护理”为核心的国家主导的福利型养老服务体系。

1959 年以前，日本在经历第二次世界大战后，政府将工作重心放在了发展经济和保障民生上，还未建立起完善的面向全体国民的社会保障制度。家庭养老是当时赡养老年人的主要模式，公共福利服务和市场化服务只是作为有益补充。随着经济的恢复，日本政府意识到高速增长的经济带来了严重的贫富悬殊，社会矛盾日益尖锐，此时建立全民皆保的社会保障制度呼之欲出。日本分别于 1958 年颁布《国民健康保险法》和 1959 年颁布《国民年金法》，日本政府积极承担起了全社会养老保障的重任，在国民生病或者年老时提供医疗费补贴和年金补贴的保障。医疗保险和年金制度作为一种强制性养老保障制度，解决老年人的养老保障问题，“全民皆年金、全民皆保险”

的政策举措标志着日本社会保障开始由传统的生活救助为主转向了以社会保险为主的发展轨道。

1963 年，日本政府颁布了第一部养老法律——《老年人福利法》，旨在向全体老年人提供较高水平的社会福利，着重推行养老服务的社会化。《老年人福利法》是日本第一部关于老年人福利的专门法，被日本社会看作“老年人宪章”，确定了现行日本老年人社会福利制度的基本框架。《老年人福利法》强调政府应承担起保障老年人各项福利和养老权益的责任，对于那些由于经济状况和健康原因保持在家中养老有困难的老年人，政府应当通过兴办老年人福利院、开展福利服务和终身教育等福利措施来保障老年人的身心健康和安定生活。1973 年，日本修改了《老年人福利法》，宣布正式实施老年人公费医疗制度，规定 70 岁及以上老年人可享受免费医疗的福利制度，即对于 70 岁及以上老年人的医疗保险费由国家、地方政府从公共财政中支付。因此，1973 年也被称为日本的“福利元年”。这时期日本政府着重建立高水平的福利国家式的养老保障制度，相对应的养老模式的发展主要放在机构养老的推广上。在颁布《老年人福利法》后，政府在全国建设充足的健康恢复型养老设施和老年疗养医疗设施，允许 65 岁及以上的老年人在需要时均可入住。但高福利型老年福利模式给日本政府带来了庞大社会保障支出，造成沉重的财政负担。

为缓解国家在社会保障上的财政压力，建立起预防为先的制度，日本各界开始对高福利福利国家模式进行反思，提出应构建政府、社会和家庭多方责任的养老服务体系。1982 年，日本政府出台了《老年人保健法》，推出一系列关于老年人保健政策，改变了《老年人福利法》中蕴含的政府对老年人福利负有完全责任的理念，重点强调家庭和社区是老年人保健实施的社会基础。《老年人保健法》改变了以往过度强调机构或福利设施养老的办法，从而使养老模式从机构养老回归到了家庭和社区居家养老。该法第一条指出：“为谋求国民老后能够维持健康及确保必要的医疗，综合实施疾病预防、治疗、机能训练等保健事业，以增强国民保健水平及增进老年人福利。”将老年人的医疗和保健从一般人的健康保险体系中剥离出来，形成相对独立的体系；将老年人医疗和老年人保健两种项目分开，同时确立了“40 岁保健，70 岁医疗”的服务原则，放弃国家免费医疗的做法，由国家、保险机构与个人共同承担。与此同时，面对不断增长的养老服务需求与国家能力有限的结构性矛盾，日本政府开始更加强调实施社区居家养老，超越之前的单一养老模式。1989 年，日本政府制订了“新黄金计划”，制定 1990 ~ 1999 年老年人设施与服务计划，强调了地方政府和社区在养老服务中的重要性，形成以居家养老、居家看护为中心的社区服务体系，这一战略计划包含两个方面的基本方针，一是坚持福利普遍化原则，实现设施福利和居家养老并举；二是形成全社会参与的福利网络，以市、町、村为主体，推行居家养老福利，为那些居家或不愿意到机构养老的老年人提供同样的保健福利服务。至此，日本的“居家—社会型”养老模式形成。综上可见，日本养老模式的探索经历了由家庭养老到机构养老再到“居家—社会型”养老的演变历程。

20 世纪 90 年代后，日本社会迈入了家庭结构日益小型化、少子化的时代，尽管已经建立起比较完善的养老金体系和健康保险体系，但是老年人看护和护理的责任主要落在家庭成员身上，有严重疾病、需要长期照护的老年人给家庭带来了沉重的负担，日本老年人尤其是高龄老年人的健康照护问题成为一个凸显的问题。与此同时，“新黄金计划”在一定程度上缓解了护理问题，但在经济不景气的背景下，为了避免医疗费用的过度增长，缓解日益增长的社会保障支出费用对国家财政的压力，日本厚生省建议，通过建立一个为老年人提供独立支持的社会保险式家庭护理系统和护理保险系统，为全体公民额外支付护理保险费的方式解决老年人护理问题。日本政府于 1997 年开始制定《护理保险法》，于 2000 年开始实施，政府将 40 周岁及以上的被保险人纳入护理保险范围，费用由政府、用人单位和个人来承担。至此日本以“年金—医疗—护理”为核心的养老服务体系形成，完善了“居家—社会型”养老模式。

3. 日本养老服务方式和服务内容

日本养老服务主要以居家养老为主，以机构养老为补充。从 65 周岁起，

日本老年人可以根据身体状况决定是否需要申请护理保险，经过相应的需求测试之后，选择居家养老服务或者机构养老服务。

居家养老服务主要包括上门服务、机构日间照料服务与咨询服务。就上门服务而言，可以选择专业护理机构具备护理资格的人员提供身体护理的上门照护服务，也可以选择医生、护士到老人家中提供医疗帮助的上门医护服务。机构日间照料服务对于护理保险对象和一般老年人提供差异化服务，为其提供健康检查与娱乐服务等护理产品。而咨询服务则以社区综合援助中心、咨询援助中心为依托，提供预防疾病、生活相关问题的咨询，协助老年人处理生活与心理问题。

机构养老服务覆盖护理保险设施、家庭小组以及收费养老院等范畴，每个分类下又各有其针对人群。护理保险设施对象中达到护理级别的老年人可以享受老年人护理福祉设施、医疗型病床与护理康复措施。家庭小组针对缺乏必要自理能力的老年人，而收费养老院则根据老年人及其家庭的经济能力提供相匹配的养老服务，实现市场化运作。

4. 日本养老服务体系主要特征

经历60多年的养老服务体系的建设与调整，日本政府已经建立和完善了包括养老金（年金）制度、老年医疗制度、老年照护制度、老年福利制度为核心，涵盖以居家养老为主、以机构养老为补充的养老模式，包括老年人多方面需求的养老服务体系，主要特征包括如下几个方面。

（1）养老服务责任主体由政府、家庭、非营利组织和市场组织共同承担，政府发挥主导作用。日本养老服务资金来源主要是国民年金计划和护理保险计划，国民年金由政府和个人共同承担，自2009年以后国民年金中政府承担比例从之前的1/3提高至1/2，同时，护理保险资金由政府和个人共同负担，政府一般不直接提供护理服务、现金给付，非营利组织大部分都接受政府补贴。

由此可见，日本政府承担养老服务主要的资金保障责任，是养老服务最主要的责任主体。家庭作为社会组成单元，承担重要的生活照顾、资金保障、精神保障的责任。民间组织和市场组织提供一定的资金来源，承担了部分养老服务责任。日本养老服务资金其他来源包括社会的捐助、募款和民间、财团资本，民间组织资金主要来源于社会捐助和募款。自 2000 年起日本允许民间资本进入护理行业，从此开创了护理服务供给市场机制。

（2）养老服务由不同主体以提供直接服务为主，间接服务为补充。日本的养老服务提供主体由四部分组成：①政府，由民政部门工作人员组织实施养老服务；②由政府补贴的非营利组织，如社会福利组织、老年协会等；③由大学生、家庭主妇和赋闲在家的健康老年人组成的社会志愿团体等；④民间资本运作的企业组织。政府为主导力量，大部分养老服务由政府提供和实施，非营利组织和企业组织为养老服务提供的重要组成部分，协同提供养老服务。

（3）养老模式以居家养老为主，以机构养老为补充。日本的老年人一般从 65 周岁起，根据身体状况以及是否成为护理保险对象，通过相应的需求测试，可以申请居家或者机构养老服务。

## （四）新加坡

新加坡作为一个发达的城市国家，有着高度发达的公共服务系统，在全球受到瞩目。为了妥善应对人口老龄化问题及其可能带来的社会问题，新加坡政府逐步建立起社会养老服务体系，并开展养老服务领域的标准化工作，以期为老年人提供优质和安全的养老服务，形成受儒家文化影响的市场化和社会化主导的东亚福利体制型养老服务体系。

### 1. 新加坡养老服务体系建设背景

新加坡面临着日益严峻的人口老龄化问题。2015 年，新加坡的总人口为 553.5 万人，其中 65 岁以上人口接近 46 万人，占总人口比重为 8.3%。根据权威机构的统计和推测，2030 年前后新加坡 65 岁以上老年人将超过 90 万人，即每 5 人中有 1 人是老年人。除此之外，新加坡全社会的人口结构矛盾进一步凸显，老年人口抚养比持续走高，劳动力比重持续下降，不断加重社

会养老负担。

2. 新加坡养老服务方式和服务内容

新加坡政府以亚洲社会的儒家文化传统为价值依托，重视家庭的文化意义，构建起以社区居家养老为主体的养老服务模式，强调绝大部分老年人都可以在家里或者社区享受到优质的养老服务。新加坡的养老服务机构分为居家养老服务机构、日间照料中心和入住式养老服务中心。居家养老服务机构主要提供送餐服务、居家的个性化照护服务、居家疗养服务、居家医疗服务、居家临终照护服务等。日间照料中心主要有以下类型：老年痴呆日间照料中心、老年人日间活动中心、临终老年人日间照料中心、日间康复中心等。入住式养老服务中心包括疗养院、收容所和社区之家、入住式临终关怀中心、社区医院等。此外，新加坡政府还倡导建立融合性养老服务机构，从而实现以老年人的服务需求为中心，综合居家养老服务和机构养老服务，全方位融合各类养老服务。融合性养老服务机构由不同背景的工作人员构成，能以居家养老或养老服务机构的方式提供基本养老服务和预防性养老服务、疗养服务、康复服务、个性化照护服务以及社会化的娱乐活动等。

3. 新加坡养老服务主要特征

新加坡的养老服务体系的建设起源于早期社会慈善组织为老年人提供的救助服务，发展至今形成基于私人提供，由机构养老、社区养老和居家养老构成的养老服务体系。“居家”和“免费”是新加坡养老服务体系的核心，政府从养老金、医疗、护理、就业、子女、城市规划和基础设施等多方面着手构建趋于完善的养老服务体系。此外，乐龄健保计划和中央公积金制度也为新加坡养老服务体系建设与发展奠定坚实基础。

（1）提供多样化服务的养老机构选择。新加坡的机构养老主要包括社区医院、慢性病医院、养老院、临终关怀机构四种。近年来，新加坡养老机构数量呈稳定增长的趋势。此外，新加坡通过提供免费的临终关怀服务，为老年人提供最后的关怀和保障，真正实现其养老服务的最后目标。

（2）完备的居家养老服务体系。新加坡政府通过推广“乐龄公寓”居家养老模式，逐步实现其对于居民“老有所居”和“老有所养”的目标。根据“乐龄公寓”的空间布局，建设地点都选在老年人常年居住、公共设施完善、商业发达、生活和交通较便利的居住区。公寓的养老服务设施完备，设有诊疗中心、活动中心和心理疏导室，并配备有专业的医疗护理人员，从身体和精神上对老年人进行照护。除“乐龄公寓”之外，家庭医疗护理和姑息医疗护理也是新加坡养老服务体系的重要组成部分。从居家养老的服务提供情况来看，新加坡居民对家庭护理有着更高的需求，相对而言有着更为频繁的服务次数。

### （五）经验借鉴

我国养老服务体系建设尚处于发展时期，养老市场的缺口巨大。为了解决目前养老服务供需矛盾的问题，应该借鉴瑞典、美国、日本与新加坡等国家的经验，构建出适合我国国情的养老服务体系。

第一，完善养老服务体系的相关法律法规。瑞典将市场化机制引入到养老服务供给之中，法律规定国家的养老义务，个人与家庭不负有义务。日本是全球老龄化率最高、老龄化速度最快的国家，在养老制度、保险制度及养老服务等层面都有相关法律作为支撑。《老年人福利法》是日本第一部关于老年人福利的专门法，确定了现行日本老年人社会福利制度的基本框架，被日本社会看作“老年人宪章”。

第二，完善医疗养老保障制度。美国医疗保险照顾与居家养老整合形成社区养老产业，通过提供病历管理、成人日间照顾与个人照料等多样化的服务类型，满足老年人不同层次的养老服务需求。日本将老年人的医疗和保健从一般人的健康保险体系中剥离出来，形成相对独立的体系；将老年人医疗和老年人保健两种项目分开，同时确立了“40 岁保健，70 岁医疗”的服务原则，放弃国家免费医疗的做法，由国家、保险机构与个人共同承担。与此同时，面对不断增长的养老服务需求与国家能力有限的结构性矛盾，日本政府开始更加强调实施社区居家养老，超越之前的单一养老模式。

第三，建立市场规范与行业标准。在 20 世纪 80 年代之后，日本养老服务业进行市场化改革，通过引入市场竞争机制，对于养老机构和养老服务产品所出现的问题采取市场原则规制的做法，颁布“银色标志认证标准”，以行业协会自律模式对于符合认证标准的社会养老机构和养老产品进行认证并向全社会公示。

# 第七章　新的养老技术、理念和政策探讨

## 一、智慧养老

### （一）问题的提出

人口老龄化问题日益突出，养老压力越来越大。家庭养老功能弱化、养老功能出现转移，传统养老方式已经难以满足老年人对养老项目和服务质量的需求。无论是居家养老和机构养老都受到服务成本、服务类型、服务方式和服务质量的限制，只能向老年人提供简单的生活照顾和娱乐生活，对于老年人的情感需求以及其他更高层次、更多元化的需求一筹莫展。

社会经济的发展和教育水平的提高必然导致老年人的养老观念和心态发生改变，未来二三十年的老年人口必然呈现出与人们印象中的老年人不一样的面貌，对养老服务的新需求随之而来。“养老服务”将不仅仅围绕老年人的日常起居和健康医疗，更要满足老年人对高生活水平的要求，提高其生命福祉。老年人将不再是“退休在家”，而要求通过新兴技术与社会保持连接，过上更高质量的养老生活。

随着信息和科学技术的发展，互联网和“大数据”被运用在了越来越多的产业和领域之中。同时，为了满足老年人对养老服务更高的需求，养老走向“智慧化”也是一种必然趋势。不管是“网购”，还是远程医疗，毫无疑

问，互联网的参与逐步正在提高老年人的生活质量。老年人在“养老”的同时，能够通过互联网不与社会脱节，网络购物、网络通信、文体娱乐、餐饮服务、远程医疗等新服务新技术全方位确保了老年人能获得高效且全面的养老服务。智慧养老依托于现代信息技术，以互联网、物联网和大数据平台为支撑，可以分析老年人的综合养老需求，实现老年人和现代科技的智能互动，以提供更多元、更精准的养老服务，最大限度地满足老年人的需求，是对养老服务体系进行一次彻底的更新升级。

在党的十九大报告中明确指出，“积极应对人口老龄化，构建养老、孝老、敬老政策体系和社会环境，推进医养结合，加快老龄事业和产业发展”，而智慧养老就是其中一环。目前智慧养老在我国还处于初始阶段，但它正得到越来越多的关注，政府出台了一系列方针推动智慧养老服务试点的建设，多元化资本也盯准了智慧养老这一市场。近些年来，学界关于智慧养老的研究越来越多，领域包括行政管理、社会治理、平台终端设计等多个视角。所以总体来说，智慧养老有较好的发展前景，推动智慧养老的发展可以有效缓解养老压力，为养老服务体系和养老产业注入新鲜的活力。

### （二）智慧养老的起源

智慧养老的概念最早是由英国生命信托基金提出的，它的原名为“全智能老年系统”，即老年人可以不受时间和空间的限制，享受到高质量的老年生活，主要是通过先进的管理技术、计算机技术、无限传感网络，将老人、社区、医护人员、医疗机构、政府、服务机构形成一个有机的整体，为老年人提供便捷、高效、物联化、互联化、智能化的养老服务①。后来，这一概念逐渐发展为现在的“Smart Care”，并逐渐被业界和学术界所广泛使用。自20世纪八九十年代起，欧美和亚洲的一些国家就开始了对智能养老的探索，

① 席恒，任行，翟绍果．智慧养老：以信息化技术创新养老服务［J］．老龄科学研究，2014，2（7）：12－20.

包括医疗资源共享平台、智能家具、为老年人提供日常起居照顾的人工智能等。智能养老进入了一个全速发展的时代，为养老服务的建设和升级提供了新的可能性。

20 世纪 90 年代，中国社会开始步入老龄化，关于养老的研究也渐渐多了起来。2007 年“数字化养老”这一概念第一次出现在大众眼前，随后若干年间“信息化养老”“网络化养老”“科技养老”“智能养老”等词汇均被高频使用。随着信息技术的发展以及对“智慧城市”等概念的讨论，专家学者开始统一使用“智慧养老”这一名词。

具体来说，智慧养老是指利用互联网、物联网、云计算、大数据等现代科学技术，围绕老年人的生活起居、安全保障、健康管理、娱乐休闲、学习分享等各方面的内容，支持和服务老年人的生活，对涉老信息自动检测、预警甚至主动处置，实现与老年人友好、自主式、个性化智能交互，提升老年人的生活质量。①

### （三）智慧养老的国内外研究现状

#### 1. 国外研究现状

全球老龄化问题在 19 世纪后期就显露了出来。1982 年，联合国于维也纳召开了老龄问题世界大会，签署《国际老龄行动计划》，其建议涉及保健和营养、保护老年消费者、住房和环境、家庭、社会福利、收入保障和就业、教育等 7 个方面。

智慧养老的概念最早是由英国生命信托基金提出的，最早被称为“全智能化老年系统”，也被称为“智能居家养老”，指利用先进的信息技术手段，面向居家老人开展物联化、互联化、智能化的养老服务②。2008 年，IBM 公司在纽约召开的外国关系理事会上首次提出了“智慧地球”的概念，随后又提出了要建设“智慧城市”。智能养老作为智慧城市建设的一部分，旨在满

① 左美云．智慧养老的内涵、模式与机遇［J］．中国公共安全，2014（10）：48－50.

② 左美云．智慧养老的含义与模式［J］．中国社会工作，2018（32）：26－27.

足老年人多元化、个性化的养老需求，运用信息技术，为老年人提供健康、便利、有幸福感的养老服务。此后，全球掀起了智能养老产业热，东亚和欧美各国都取得了一定的成就。

（1）英国。欧洲是全球最先迈入老龄化社会的地区。早在20世纪90年代，英国政府就提出“医养结合”改革，其中一项就是将信息技术融入卫生医疗体系中，如数字医疗、远程医疗以及NHS发布的医疗卫生服务App等，将智慧养老的理念融入医疗和社区照护之中。除了智能医疗系统的建立，英国还致力于推动智能化在社区中的应用，如智能化老年公寓，通过在家具中植入芯片，实时监控老年人的日常生活，以确保他们的安全和健康。英国政府鼓励家庭护理机器人的研发，还主导了“虚拟伴侣”的人工智能开发项目，为老年人提供更智能、更人性化的家庭服务。

（2）美国。美国从20世纪末开始探索将信息技术与医疗照护、居家养老结合起来。不同于英国主要以政府主导的模式，美国的智慧养老服务采用市场化的运作模式，众多高科技公司都参与了智慧养老产品的研发，推动了产品升级和技术革新；而政府则负责搭建服务平台、颁布相关法律法规，在确保市场秩序的前提下推动智慧养老服务产业的发展。

（3）日本。日本自20世纪70年代就已经进入老龄化社会，目前日本是全球人口老龄化程度最高的国家。一直以来，老龄及少子化问题都是历届日本政府最为重视的社会问题。日本利用其发达的科学技术，积极推动企业在智慧养老领域的研发。日本政府通过制定相关政策和提供补贴，推动企业对智能养老产品的研发，目前很多智能养老设备和机器人已经相当成熟，如软银、松下等公司研发的人工智能机器人在世界范围内都十分有名。除此之外，智能住宅、智能养老社区、智能养老机构等也已经投入使用，通过智能家具和信息化平台的互联，实现对老年人的医疗照护和生活关怀。

2. 国内研究现状

（1）学术研究层面。2010年前后，和智慧养老相关的文献开始出现，并呈增长趋势，研究涉及了社会科学、信息技术、经济管理等多个学科领域，包含智慧养老的内涵、智慧养老中信息技术的运用、智慧养老的需求和路径等多个话题。

（2）实践层面。我国的智慧养老建设开始于 2012 年，全国老龄办首次提出“智能化养老”的概念，鼓励并支持开展有关智慧养老的实践探索，并于 2013 年成立了“全国智能化养老专家委员会”。

2014 年 6 月，民政部办公厅下发通知将在北京市第一社会福利院、北京市大兴区新秋老年公寓、河北省优抚医院、江苏省无锡市失能老人托养中心、河南省社区老年服务中心中州颐养家园、安徽省合肥庐阳乐年长者之家、四川省资阳市社会福利院等 7 家养老机构开展国家智能养老物联网应用示范工程试点工作。试点任务主要包括：建设养老机构智能养老物联网感知体系，探索依托养老机构对周边社区老人开展服务新模式，加快建立智能养老服务物联网技术标准体系等。

2015 年，国务院发布《关于积极推进“互联网 +”行动的指导意见》中明确指出要“促进智慧健康养老产业发展”。2016 年，工信部、国家卫计委和民政部三部门联合召开“信息技术和健康养老融合发展论坛”，提出要加强对智慧健康养老产业体系的推广，并在论坛上发布了《智慧健康养老产业发展白皮书》。

2017 年，工业和信息化部等部委制定了《智慧健康养老产业发展行动计划（2017－2020）》，要求到 2020 年，基本形成覆盖全生命周期的智慧健康养老产业体系。2019 年 1 月，民政部等三部门主办的 2019 年智慧健康养老产业发展大会发布数据显示，近年来，中国智慧健康养老产业规模持续快速增长，2019 年中国智慧健康养老产业规模近 3.2 万亿元，预计到 2020 年产业规模将突破 4 万亿元。

## （四）智慧养老相关概念界定

### 1. 智慧养老

我国智慧养老研究起步较晚，研究初期学术界用过“数字化养老”“信息化养老”“互联网养老”“科技养老”等多个概念，随着“智慧城市”的

概念兴起，“智慧养老”作为智慧城市建设的一部分，这一说法逐渐被人们接受。有学者认为，智慧养老是利用物联网、智能云计算等技术，实现各类传感器终端和计算机网络的无缝连接，满足老年人的医疗服务需求和日常生活需求（席恒、任行、翟绍果，2014）。左美云（2014）认为智慧养老是指利用信息技术等现代科技技术（如互联网、社交网、物联网、移动计算等），围绕老人的生活起居、安全保障、医疗卫生、保健康复、娱乐休闲、学习分享等各方面支持老年人的生活服务和管理，对涉老信息自动监测、预警甚至主动处置，实现技术与老年人的友好、自主式、个性化智能交互。他还补充道，智慧养老还包括老年人的精神层面，因此智慧养老还要通过网络技术以及社交网络平台，丰富老年人的精神生活，让老年人的智慧得到再次利用和发挥。《智慧健康养老产业发展白皮书》显示，目前，市场中的智慧健康养老项目包括终端设备、软件产品和系统集成服务，主要涵盖老年人远程监护、慢性病管理、在线医疗、社区健康养老等。

智慧养老的内涵非常丰富。智慧养老不仅可以根据老年群体的真实需求进行养老服务的精准投放，实现对现有养老服务体系的补充，还可以深挖养老领域的潜在可能，实现对传统养老模式的升级，通过智慧养老模式的推广，可以打通养老服务的“最后一公里”。

总的来说，智慧养老就是利用互联网、大数据等现代信息技术和智能设备，以家庭、社区、机构为载体，为老年人提供生活照护、医疗卫生、文体娱乐等各方面服务，以满足老年人生理和心理上多样化、个性化的养老需求。其核心就是将数字信息技术和养老服务的结合，以现代科学技术为驱动，构建一个能够实现全社会资源和数据共享的智能养老服务平台。

2. 智慧养老模式

养老模式属于养老方式类型化的问题①，其划分依据可以是养老服务的供给主体、养老服务发生的场所、养老服务和资源的类型等。一般来说，我

① 卢德平．略论中国的养老模式［J］．中国农业大学学报（社会科学版），2014，31（4）：56－63.

们将现有的养老模式划分为家庭养老、社区养老、机构养老这三种，而智慧养老并非一种全新的养老模式，而是作为一种新技术贯穿于上述三种养老模式之中，利用互联网、物联网、大数据等数字技术实现传统养老模式的改造和升级，其本质上是一种工具和技术支撑。它与三种现有养老模式并不矛盾，是交集的关系（见图7-1）。

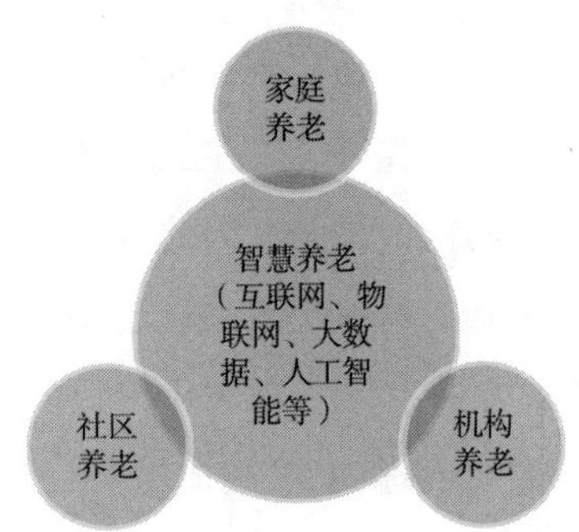


**图7-1　智慧养老和家庭养老、社区养老和机构养老的关系**

智慧养老模式实际上是将现代信息技术与传统养老模式融合，整合各种养老服务资源，形成了新的养老服务供给模式，更好地满足老年人口的需求。因此，我们通常会将智慧养老模式进行细分，具体讨论“智慧居家养老”“智慧养老背景下的社区养老”“互联网+机构养老”等不同类型智慧养老服务供给模式。另外，智慧养老模式不仅为老年人提供了“生活养老服务”，更为他们提供了“精神养老服务”。利用互联网、物联网的技术，将养老服务从线下搬到了线上，不再受限于时间和空间，满足了老年人的心理养老需求，丰富了他们的精神生活。

### （五）我国智慧养老发展概况及主要类型

我国“智慧养老”的探索起始于2012年。2012年，“首届全国智能化养老战略研讨会”在北京召开，首次提出了“智能化养老方式”的理念，随后国家印发了诸多关于建设养老服务体系、促进智慧养老服务体系的政策

和指导建议。受制于起步较晚、信息技术不成熟和养老产业的发展现状，我国智慧养老体系还不成熟，但政府和社会力量都在智慧养老的方方面面进行了探索，我国智慧养老建设逐渐进入高速发展期。

1. 智慧养老的供给主体

在第十一届全国人大四次会议上，民政部指出，要建立一个“政府主导、社会参与、全民关怀”的养老社会服务体系。在推进智慧养老服务体系的时候同样应该以政府主导，通过 PPP 模式引入更多市场和社会力量，共同为老年人提供智慧养老服务。

“银发经济”正进入黄金发展期，但是由于养老产品具有公共性，不能只考虑盈利与否，因此，政府在推广智慧养老的过程中应该起到主导作用，担负起构建法律框架、明确行业规范、正确引导智慧养老产业发展的作用。同时政府还对信息数据具有监管作用，以确保个人隐私的安全。社区作为养老服务的输送载体，运用数字平台、智能设备等更好地为社区内老年人提供智慧养老服务。市场是智慧养老产业发展的主要动力，信息技术公司对智能养老产品的研发推动了智慧养老服务体系的发展。部分企业还与高校进行合作，共同研发智能养老产品，加速了现代信息技术的发展。

除此之外，志愿组织、非营利组织等民间组织也参与了智慧养老服务的供给。

2. 智慧养老的类型

基于养老服务发生的场所，可以将智慧养老划分为“智慧家庭养老服务”“智慧社区养老服务”“智慧机构养老服务”“智慧医疗养老服务”和“智慧城市养老服务”。需要注意的是，这些养老服务虽然发生在不同的养老场所，但是并非绝对独立，在一定程度上他们互联共享智慧养老资源，共同构建了智能高效的智慧养老服务体系。

（1）智慧家庭养老服务。家庭是老年人的重要支柱，家庭在提供老年人经济支持和生活照料上发挥着极为重要作用。机构养老费用高昂、社区养老建设不完善、“养儿防老”的传统思想使得大部分老年人选择居家养老。家庭养老模式下，老年人主要依赖儿女的经济资助和生活照料，家庭血缘系统是家庭养老服务的主要供给主体。智慧家庭养老服务则是信息技术和传统家庭养老的一种融合，具体体现为以老年人居住地为基础，利用智能设备（如智能手机、智能手表）和智能家居（智能传感器、监控系统、家庭服务机器人等），构建智能的家具设施和养老服务体系。《智慧健康养老产业发展行动计划（2017－2020）》指出，要发展健康管理类可穿戴设备、便携式健康检测设备、自助式健康检测设备、智能养老监护设备、家庭服务机器人。例如，中兴健康科技有限公司推出了智慧养老系统。这套系统包含多个传感器，将传感器安装在家中，老人经过传感器时系统自动采集数据，并通过云平台对老人的行为数据和健康状况进行分析。再如，智能机器人已经成为很多老年人生活中必不可少的部分。除了扫地机器人等家务型人工智能，如"小爱同学""笑宝"等陪伴型人工智能，可以陪老年人聊天、帮助他们学习，同时记录他们的生活习惯，了解他们的情感诉求，满足老年人的精神需求。

智能家庭养老服务系统打破了单一供给主体的传统家庭养老模式，为家庭养老模式创造了更多的可能性，尽管养老服务的发生场所依然是家庭，但是家庭成员、政府、社区、企业都参与了养老服务的供给。从内容上看，信息技术的融入也使家庭养老服务从简单的"衣食住"等基本生活健康服务扩展到了健康管理、情感沟通等方面，更多样化、个性化，且服务方式更加丰富和灵活，服务质量也得到了很大的提升。

（2）智慧社区养老服务。"4－2－1"或"4－2－2"的家庭模式使子女的养老压力越来越重，传统的家庭养老开始逐步发生转变，一种老年人居住家中、依托于社会养老服务力量的混合型养老服务形式诞生，并逐步形成"以居家养老为基础、社区为依托、机构为支撑的社会养老服务体系"，社区在这一体系中发挥了重要的作用。另外，社区的智能化、信息化发展也受到了重视。2014 年，住房和城乡建设部颁布《智慧社区建设指南（试行）》，并提出了建设目标，即到 2020 年，保证全国一半的社区完成智慧化改造，并建立起完善的社区养老服务。智慧社区养老模式就是利用现代信息技术，精准识别老年人的养老需求，依靠政府、企业、社会组织等多元服务供给主

体，将衣食住行、医疗健康、社交娱乐等养老服务整合到智慧社区之中，为老年人提供数字化、个性化养老服务的创新养老模式。

智慧社区养老依托智慧社区养老服务平台，以社区为服务输送载体，整合正式与非正式组织，为老年人提供服务和支持。其中智慧社区养老服务平台应包括智慧社区养老云终端系统、社区老年人信息管理子系统、资源管理子系统、工单与调度管理子系统、评价反馈子系统、培训子系统和系统管理子系统等①，对老年人的需求与习惯进行统计和评估，满足社区老年人的个性化需求；正式组织包括政府机构、社区医院、社区家政服务中心等服务机构，非正式组织则包括志愿组织、非营利组织、社会企业等社会组织，在传统社区养老服务供给的基础上，引入社会力量和专业人士提供更全面、更丰富的社区养老服务。

智慧社区养老最好的例子是乌镇的“互联网 +”养老服务模式。乌镇居家养老服务照料中心于 2015 年投入使用，线上以智慧养老综合服务平台为核心，线下以照料中心为依托，开展社区集中照料和居家上门照料。老人可以通过手机选择送餐、健康体检等各项服务，线下则可以通过“乐享生活卡”获取服务。通过数据可视化系统，可以查阅所有老人的信息及工作人员为老人上门服务的动态。目前，乌镇所在桐乡市已初步形成了以智慧养老综合服务平台为核心，各级为老服务站点为依托，社会化运作机制为导向的“互联网 +”养老服务模式。除此之外还有“互联网 + 医养结合”“虚拟养老院”等多种智慧社区养老模式，全国各地都出台了相应政策支持智慧社区养老服务模式的发展，鼓励智慧社区的建设，通过信息手段引入更多社会力量和民间资本，整合服务资源、培育专业力量，向老年人提供传统家庭养老无法提供的更方便、多样的服务。

（3）智慧机构养老服务。智慧机构养老服务使居住在专业养老机构的老年人通过机构提供的各种智能设备，实现订餐送餐、清洁打扫、健康监测、

① 陈莉，卢芹，乔菁菁. 智慧社区养老服务体系构建研究［J］. 人口学刊，2016，38（3）：67 - 73.

预警提醒等一系列专业服务[①]，为老年人提供了智能化的养老服务，同时也使养老机构的服务管理更加规范化、智慧化。

相较于家庭和社区，智慧机构养老服务尽管成本相对高昂，但其市场化、信息化程度更高，智能设备设施种类更丰富，养老服务从业者也更加专业。智慧机构养老服务一般功能齐全，智慧化程度高，运营也更专业。例如，黑龙江乐活医养家园的“平台一站式、医疗专业化、管理酒店式、服务全方位”智慧机构养老服务模式，由中日合资开发，是集养老、休闲、旅游、医疗为一体的养老机构，由日本长谷川介护服务公司团队运营管理，分为居家生活区、医疗保健区、休闲养生区、健身康复区、文化娱乐区、休闲购物区、老年用品体验区、幼养结合天伦区八大功能区。

再如 2015 年成立的华录健康养老发展有限公司推出的“华录·风华”养老机构，具有“小规模、多功能、嵌入社区”的特点，通过线上线下一体化的方式以及手机应用、智能可穿戴设备，拓展出更多社区、居家服务，为老年人提供文娱与社交、健康管理、便捷生活、辅具租售等服务[②]。除此之外，华录还引进了国际领先的养老服务培训体系，搭建线上、线下教育平台，培养专业的养老服务人才。

（4）其他。

①智慧医疗养老服务。智慧医疗是以医疗大数据为基础，以物联网技术和云计算技术为手段，是一种以患者数据为中心的医疗服务模式。主要包括数据获取、知识发现和远程服务三个阶段[③]。如颐家（上海）老年服务有限公司针对重度失能失智老人、中度失能失智老人、轻度失能失智老人及慢性病老人四类人群，通过日间照护中心、护理站、居家上门三种方式，提供养老康复服务。颐家下辖“医养”两大核心业务组团，借助各类服务业态，通过机构、站点、居家等多种服务模式，形成特色的“医养服务平台网络”，

① 张雷，韩永乐．当前我国智慧养老的主要模式、存在问题与对策［J］．社会保障研究，2017（2）：30－37.

② 清华大学 2019 年智慧养老产业白皮书.

③ 倪明选，张黔，谭浩宇，罗吴蔓，汤小溪．智慧医疗——从物联网到云计算［J］．中国科学：信息科学，2013，43（4）：515－528.

实现“全人、全龄、全家、全程”照护服务。

②智慧城市养老服务。智慧城市养老服务是在建设智慧城市时，将智慧养老服务列入城市设施和公共服务内容，在城市高度智能化的同时实现养老服务的智慧化和效率化①。智慧城市养老服务系统涉及电子市民卡、电子健康档案、社保信息资源云平台等方面，实现各部门数据共享，资源整合互联，将信息网络覆盖整个城市，使老年人的养老场所不再局限于家庭与所在社区，可以无障碍地获取任何养老资源和服务，从而实现智慧养老服务体系全时段、全方位、全覆盖。

### （六）我国智慧养老服务体系的不足及改进建议

1. 健全制度体系和规范行业标准，加强政府的主导作用

我国智慧养老产业尚不成熟，缺乏具体的政策指导和科学建议，尚未建成完善的制度体系和行业标准，因此智慧养老产品和服务水平参差不齐。

首先，政府应该颁布配套的政策法规，完善智慧养老服务相关的法律和政策体系，明确行业规范，让智慧养老服务有序发展。其次，由于养老服务的公共属性，政府应该起到主导作用，避免发生“搭便车”等现象。政府可以通过财政补贴、购买服务等方式，确保养老服务的合理分配。最后，政府还应完善评估和监督机制，避免智慧养老行业内出现恶性竞争、资源浪费、效率低下等现象。

2. 降低智能技术、产品价格，缓解企业和老年人压力

尽管“互联网+”“大数据”等现代信息技术及人工智能产品在养老领域有很大应用，但是研发成本高，从而导致产品定价高，对老年人及其子女造成了较大的消费压力。若消费者无法负担起智能养老产品，智慧养老模式必定无法普及。因此，从政府层面来看，应该加大资金扶持力度，对老年人购买智能养老服务及产品给予一定的补贴；同时鼓励社会民间资本的投入，

---

① 张雷，韩永乐．当前我国智慧养老的主要模式、存在问题与对策［J］．社会保障研究，2017（2）：30－37.

形成良性市场竞争，提高企业和其他社会力量的参与度和积极性。

3. 提高智慧养老服务人性化和智能技术应用水平

老年人对新技术接受度较低，学习能力也相对较差，因此大部分老年人对智能产品态度消极，甚至带有抵触情绪。即便大量的智慧养老服务和产品投入使用，也不能真正地惠及老年人。首先，智慧养老服务应该亲民化，在产品和平台设计上应该便于老年人使用；其次，应该推动智慧养老服务和平台的技术革新，鼓励创新研发更智能、更人性化、更适合老年人使用的产品，提高智能技术的应用水平；最后，政府和社区应该进行"智慧养老"观念的推广，让更多的老年人了解、理解并接受智能养老产品及服务，同时可以开展对智能养老产品使用的指导和教学活动，让老年人更好地享受和利用智能养老产品。

4. 鼓励智慧养老技术和产品的创新研发

目前互联网和"大数据"技术及与养老服务的融合还不够成熟，尤其是"大数据"仍然处于起步阶段，在应用层面还有很多不足之处。从政府层面来说，设置激励机制，鼓励行业内企业进行自主研发和技术革新，鼓励行业竞争，推动互联网和大数据技术与养老服务产业的进一步融合，为老年人提供更精准的养老服务。同时，可以鼓励高校和信息技术企业进行合作，推动大数据、人工智能的研发和应用，更好地推动智慧养老服务体系的发展。

5. 加强专业人才的培训，提高智慧养老服务水平

与传统养老服务相比，智慧养老服务对从业人员的要求更高，需要有能力操作和处理信息数据及平台的专业技术人员。另外，长期以来我国养老服务都有"重技术，轻服务"的现象。在智慧养老服务体系建设过程中，尽管智能高科技养老产品水平不断提高，但是没有配套的专业人员，无法提供生活、医疗以及心理的专业服务。因此应该加强专业人才的培养，为养老服务行业从业人员开设医学、心理学、康复学等方向课程，进行智能产品和数据平台使用的培训，提高从业人员的专业水平；同时，可以在高等院校和职业学校里开设相关专业，为智慧养老服务体系提供支持。

# 二、医养结合

## （一）研究背景

国家统计局发布的数据显示，截至2016年末，中国60岁及以上老年人口已经超过2.3亿人，占总人口16.7%。而截至2015年，我国失能、半失能老人总数大约共4063万人，占老年人口总数的18.3%，高龄（80岁及以上）老年人口占全国老年人口的13.9%。满足他们对养老服务的需求，为他们提供专业的养老服务，必定将成为我国人口老龄化过程中必须面对的一项重大挑战。不仅如此，老年人也是高血压、糖尿病等慢性疾病的“重灾区”，我国慢性病患病率为17%左右，60岁以上人群患病率是一般人群患病率的2.5～3倍[①]，老年人消耗的医疗费是全部人口平均消耗卫生资源的1.9倍。慢性病以医院治疗为主，导致费用支出高、医疗保险资金压力大[②]。随着人口老龄化的不断发展，老年人失能、半失能率与高龄化趋势明显呈上升趋势，慢性病对老年人的健康威胁也会逐渐加剧，医疗服务因此成为种类繁多的养老服务项目中非常重要的一个环节。有研究表明，在诸多的社会养老服务项目中，老年人对医疗健康服务的需求最为迫切，同时由于其极强的专业性，其替代性也最差[③]。

与此同时，随着社会经济的发展与经济条件的改善，人们逐渐关注“健康老龄化”，更加关注预期寿命的质量，而不只是关注预期寿命的数量。虽然我国的人均预期寿命不断延长，但是预期寿命的延长并不意味着健康的延长，相反的，我国老年人在60岁以后的余寿中，有60%～80%的时间是带

---

① 郭丽君．“医养结合”养老服务体系［M］．北京：科学出版社，2019：4－6.

② 赵晓芳．健康老龄化背景下“医养结合”养老服务模式研究［J］．兰州学刊，2014（9）.

③ 田北海，王彩云．城乡老年人社会养老服务需求特征及其影响因素——基于对家庭养老替代机制的分析［J］．中国农村观察，2014（4）.

病生存，即大概3/4的余寿中有2/3的时间处于“带病生存”状态，即“长寿却不健康”[①]。而随着“健康老龄化”的普遍传播，全体老年人将更加注重疾病的预防与控制。健康老龄化的观念转变与人口老龄化的客观现状使老年人对“医养结合”养老服务的需求快速扩大。

随着我国“居家养老为基础，社区养老为依托，机构养老为补充”的社会养老服务体系初步建成，我国老年人依据“9073”计划（即90%的老年人进行居家养老，7%的老年人依托社区养老，剩下3%的老年人进入养老机构进行机构养老）主要采取居家、社区和机构三种养老模式，但是这三种模式中普遍存在有养无医的现象，无法为失能和患病老人提供及时的医疗、护理服务，严重影响了老年人的生活质量甚至生命健康[②③]。并且，由于养老机构风险回避与老年人支付能力限制造成当下需要入住养老机构获得养护照顾的失能失智老人被排斥在养老资源之外，现有养老资源闲置、浪费与不恰当利用现象并存，即使入住养老机构也会因机构内缺乏医疗资源而无法获得照护服务[④]。中国老龄科学研究中心研究报告指出，医疗资源是养老机构的重要组成部分，但是目前我国养老机构的医养配置比例比较低，近一半的养老机构尚未配备医疗与康复设施，直接造成了部分养老机构床位空置，而许多需要医疗照护的老年人却无法入住的矛盾现象[⑤]。

目前，虽然存在一些医养结合的试点，但我国的养老服务机构与医疗机构之间仍旧结合不足，二者之间还是相互独立、自成系统，医疗机构以危急重症患者的救治为主，养老院和家庭照料服务机构主要是提供生活照料，专业的医疗护理服务仍旧极度缺乏，这就使慢性病患者、康复患者在健康状况与生活自理能力出现问题时无法得到及时有效的治疗，不得不经常往返于家

① 王梅，老年人寿命的健康状况分析——老年人余寿中的平均预期带病期［J］. 人口研究，1993（5）.

② 肖云，邓睿，刘昕．城乡失能老人社区居家照护服务的差异及对策［J］. 社会保障研究，2014（5）.

③ 沈婉，鲍勇．养老机构老人护理服务需求分析与政策建议［J］. 上海交通大学学报（医学版），2015（4）.

④ 张晓杰．医养结合养老创新的逻辑、瓶颈与政策选择［J］. 西北人口，2016（1）.

⑤ 中国老龄科学研究中心．中国养老机构发展研究报告，2015.

庭、医院和养护机构之间，或选择长期居住医院，既浪费医疗资源也给家属带来经济与照料上的问题①。所以说将医疗资源与养老资源进行有机融合，就可以在满足老年人生活照料需求的同时，满足其护理与医疗需求，可以提高照护服务的质量，减轻家庭提供长期照护服务的负担。

政府也日益注重这个领域，在2013年出台的《国务院关于加快发展养老服务业的若干意见》中，政府提出要推动医养结合发展，促进医疗卫生资源进入养老机构、社区和居民家庭，同时要健全医疗保险机制，逐步建立长期护理保险，探索医疗机构与养老机构的合作新模式。青岛、合肥、郑州、重庆、北京等多地已经进行了医养结合的试点，并取得了阶段性的实践成果，但是也使得一些问题暴露在公众视野下。2015年11月18日，国务院办公厅转发了九部委《关于推进医疗卫生与养老服务相结合的指导意见》，从医养结合的重要性、实施的基本原则与目标到主要的任务以及相关的保障措施与组织问题，对医养结合的推进进行了全面部署，要满足人民群众多层次、多样化的健康养老服务需求，使医养结合的政策与实践进入了一个崭新的阶段。并在之后的2016年与2019年的文件中提出“建立医养结合的审批绿色通道、预约就诊绿色通道”② 与“提升医养结合服务能力”③ 等意见，持续关注医养结合问题，对其给予政策支持与引导。

医养结合的供需失衡问题严重影响人们的晚年生活质量，我们有必要对这一养老方式的学术探索和实践进行分析与总结，以加强对医养结合的了解，促进其更好发展。

### （二）概念界定

“医养结合”养老服务是对单纯的为老年提供基本物质生活需求的传统养老服务的一种延伸与拓展，是在人口老龄化加剧的新时期，人们对于养老

① 张亮，张妍，唐文熙等．健康整合［M］．北京：科学出版社，2014.

② 国务院办公厅．国务院办公厅关于全面放开养老服务市场提升养老服务质量的若干意见．2016－12－7.

③ 国务院办公厅．国务院办公厅关于推进养老服务发展的意见．2019－4－16.

服务内容之间关系的重新思考，是一种新型的养老服务。“医养结合”从字面意思看就是指将医疗卫生资源与养老服务资源相结合，以实现社会资源的最优配置，“医”是手段或工具，“养”才是中心与根本。

但是实际上，关于医养结合的概念界定也存在一定分歧，主要集中在广义与狭义上。狭义角度的医养结合的服务对象主要针对患病和失能老人，关注其养老和照料方式的改进。例如，有学者将医养结合界定为将医疗和养老资源有机结合，为老年人提供医疗、护理、康复、养老等综合服务的新型养老模式①。这一概念界定与“医养结合”开始提出时的实践活动内容基本吻合。但是，随着“医养结合”实践活动的进一步深入，医养结合养老方式中包含的服务内容和覆盖的人群不断拓展。根据 2015 年《关于推进医疗卫生与养老服务相结合的指导意见》中的“要满足人民群众多层次、多样化的健康养老服务需求”，医养结合的内涵可以进一步扩展，从广义来解释，即医养结合是以全体老年人为服务对象，针对他们的健康状况，在老年人家庭、社区、养老机构、医院等场所为其提供包括疾病预防、健康干预、长期照护、临终关怀等在内的多元化服务，以达到维持老年人健康和活动能力，改善他们生活质量的目标。需要注意的是，在广义的概念中，医养结合的养老模式不仅着眼于提高失能老年人的健康和生活自理能力，也旨在协助健康老年人群预防慢性疾病；不仅关注机构养老的老年人，也更加关注占大部分比例的居家和社区养老的老年人②。

### （三）医养结合养老服务的内涵

医养结合的养老模式通过机构间合作机制或医疗机构对养老服务的主动介入为老年人提供养老服务，不仅顺应了健康服务业的发展，也对提高养老服务水平起到了重要的推动作用。但是在当前的养老背景与政策环境下，想要盘活养老资源与医疗资源，更加合理有效地满足老年人的养老与健康服务

① 田珍都．“医养结合”的关键环节与对策建议［J］．社会福利，2015（10）．

② 张文娟．中国社会养老服务体系建设［M］．社会科学文献出版社，2017：138．

需求，发展医养结合养老服务，就必须首先对医养结合的内涵有所了解。

1990 年，世界银行（WB）首次提出“健康老龄化”的战略目标，即老年人群达到身体、心理与社会功能的完美状态。在此理念的引领下，各发达国家率先通过整合医疗资源与养老资源，旨在为老年人提供综合性、持续性的“医养结合”服务。在这种国际趋势下，医养结合养老服务将老年人健康与医疗服务放在更加重要的位置，区别于传统的单纯为老年人提供基本生活需求的养老服务。其构成要素主要包括服务主体、服务客体、服务内容、服务方式与管理机制四个部分。

1. 医养结合养老服务的主体

医养结合养老服务产品属性的多样性，决定了多元主体合作供给服务是其必然路径。从整体上讲，医养结合养老服务是具有收益非排他性、部分消费竞争性、正外部性的准公共物品；从层次上来讲，则可分为生存必须类服务、适度普惠类服务以及高端服务。根据产品不同的属性，医养结合养老服务涵盖的服务主体也就是服务的提供方必须是包括政府、市场与社会等多个主体的①，具体来说包括公办与民营的各种老年公寓、护理院、临终关怀院、各级医院、社区卫生服务中心和社区居家养老服务中心等。同时，由于医养结合养老服务体系侧重于满足老年人的医疗服务需求，因此对服务人员的专业能力要求的也比较高。首先，在居家医养结合养老服务中，与家庭建立契约关系的医生必须是具有执业医师资格的全科医生，并且最好熟悉老年病的诊断与治疗；其次，养老机构必须根据需要增加具有执业资格的医生与专业护士；最后，具有一定专业知识的护理人员也需要增加。

2. 医养结合养老服务的客体

随着年龄的增长，老年人的生理机能将会逐渐衰落。与其他年龄段的人相比，老年人更易患上各种疾病。例如，此次新冠肺炎疫情，老年人就是最主要的易感人群，同时老年人慢性病患病率极高，如果得不到及时有效的恢复性治疗很容易出现生命危险。但是医养结合养老服务的覆盖人群不能仅限

---

① 李长远，张会萍．医养结合养老服务供给主体角色定位及财政责任边界［J］．当代经济管理，2020（8）．

于这些失能与患病老人，因为慢性疾病的特质决定了其漫长的治疗过程与不菲的治疗与护理费用，所以根据发达国家的经验与理论，医疗卫生服务应该更加关注疾病的预防和前期筛查，控制疾病的发生。世界卫生组织（WHO）在 1946 年章程中关于健康的定义是“健康是身体、心理和社会功能的完美状态”，即从生物学角度检查身体器官功能，测量各项指标正常与否；从心理精神角度判断其有无控制力，能否正确对待外界影响；从社会学角度看其社会适应性，人际关系与应付各类事件的能力等①。所以，卫生服务的类型不仅是医疗服务，还应包括健康教育、预防、康复、护理及养老等围绕生命周期和疾病周期的健康服务。而 WHO 将全民健康覆盖定义为所有人都应享受所需要的有质量的卫生服务，并且不因利用这些服务而出现经济困难，这就要求卫生服务要具有公平可及性、卫生服务质量及经济风险分担。其中的公平可及性就暗含所有老年人无论健康状况如何、经济水平高低等都可以享受所需的卫生服务。所以，医养结合应当以促进老年人身心健康为重点目标，遵循全民健康覆盖的原则，将健康理念融入传统养老服务，以全体老年人为服务对象，重点面向生活不能自理的老年人，主要包括残障老年人、慢性病老年人、易复发病老年人、大病恢复期老年人及绝症晚期老年人等②。

3. 医养结合养老服务的内容

医养结合的服务内容也就是其服务项目。“医养结合”服务不仅提供日常生活照料、精神慰藉和社会参与，更重要的是提供预防、保健、治疗、康复、护理和临终关怀等方面的医疗护理服务③。多元化的医养结合的项目大致可以分为三类：一是基本的生活护理服务；二是医疗救治、健康咨询、健康检查、大病康复以及临终关怀等医疗保健服务；三是精神慰藉、心里安慰、老年文化娱乐等精神文化服务④。医养结合养老服务在强调提供医疗护理服务的同时，关注健康管理对于减少老年人陷入失能、半失能状态的重要

---

① 赵晓芳．健康老龄化背景下“医养结合”养老服务模式研究［J］．兰州学刊，2014（9）．

②③ 黄佳豪，孟昉．“医养结合”养老模式的必要性、困境与对策［J］．中国卫生政策研究，2014（6）．

④ 杨贞贞．医养结合的社会养老服务筹资模式构建与实证研究［D］．杭州：浙江大学，2014.

性。通过探讨老年医疗及护理家庭化、社区化与机构化的全面发展，引导医疗资源对自理老人的早期预防和早期干预，这比仅对失能老人的疾病治疗更有意义，也能够有效减少医疗费用的支出并提高人口的健康素质，提高“健康余命”，真正做到健康老龄化。

4. 医养结合养老服务的方式

目前，医养结合的方式主要集中在部分养老机构、老年病医院、康复疗养等机构之间的转诊、合作等方面，由医护人员到养老机构为患病老年人进行治疗，开通养老机构与医疗机构之间就诊的绿色通道，为老年人的慢性病门诊和紧急治疗提供便利。但关于目前国内常见的医养结合方式即运行模式的种类学者们有不同的看法。大部分学者认为主要包括三种服务方式，即养老机构或社区内增设医疗机构、医疗机构内设养老机构、养老机构或社区与医疗机构联合①。也有学者认为目前的医养结合运行模式分为并设模式、增设模式、协议服务、医养结合进社区与家庭、候鸟式医养结合等五种主要模式，以及其他诸如大型社区服务项目、专业化特色项目以及智能化、信息化项目等形式②。由于三种模式的分类方法未将医养结合服务进入社区与家庭的方式详细论述，而现在这两个方式均已有试点，所以本书更倾向于第二种分类方法。

5. 医养结合养老服务的管理机制

医养结合的管理机制就是其管理与相关政策制度，具体包括医养结合服务提供机构的准入机制、管辖部门、管理方式、扶持政策的制定与落实、社会支持机制、信息化建设等。

医养结合养老服务具有健康性、整合性与服务性的特征。首先，医养结合迎合了健康老龄化的理念，在保证老年人经济供养得到满足的前提下，将老年人的健康问题提上日程，把关注身心健康融入基本的养老照料，而医养结合这种健康性的理念是大部分传统养老机构所缺乏和不重视的，但意义重大。其次，医养结合养老服务将老年人最需要的医疗与养老整合在一起，在

---

① 张文娟．中国社会养老服务体系建设［M］．北京：社会科学文献出版社，2017：140.

② 郭丽君．“医养结合”养老服务体系［M］．北京：科学出版社，2019：27－33.

生活照料，实现“老有所养”的同时加入诊疗、看护等业务，实现“老有所医”。最后，医养结合的养老服务是连续的、经济的，属于服务性的工作①。

### （四）推进医养结合养老服务的必要性与可行性

1. 人口老龄化快速发展带来医养结合的需求上升

我国的老年人口比重和美国、日本、新加坡、韩国相比较低，但是比世界平均水平高出 2.2 个百分点。但是多数国家都是在经济发展水平较高的时候才进入老龄化阶段的，而我国是“未富先老”，未富先老带来的最大的问题就是医疗保健和养老问题。而且我国的失能老人、失智老人、心理健康出现问题的老人以及失独老人、空巢老人的比例都在不断地增加②。老龄化使老年人健康和照护问题增多，老年人患慢性病患病率高、患病种类多、患病时间长、并发症多、治疗难度高，对长期医疗护理服务的需求不断增加，截至 2015 年，我国城乡老人自报需要照护服务的比例为 15.3%。

2. 传统的家庭照料功能日趋衰弱

受计划生育、人口迁移流动和老少分居等因素的影响，自 1982 年以来，我国平均家庭户规模持续小型化，从 1982 年平均每个家庭户 4.41 人减少到 2018 年的每户 3.00 人③，在家庭小型化的同时，家庭结构也逐渐核心化，“4-2-1”或“4-2-2”家庭模式成为主流，这些就意味着家庭能够承担养老责任的人数减少，家庭养老负担加重。再加上两性平等思想的普遍，年轻一代的人要应付众多来自学习和工作等方面的社会性压力和抚养下一代的教育压力，也无暇顾及老年人的生活照料、情感交流和社会参与等方面的需求，尤其对残障老年人、慢性病老年人、易发病老年人和绝症晚期老

① 孙翠勇，张瑞芹，杨静．医养结合养老模式可持续发展研究［M］．郑州：郑州大学出版社，2019：P36-P37.

② 中国养老服务的政策选择：建设高效可持续的中国养老服务体系［D］．世界银行，2018-12-13.

③ 数据来源于 CEIC 中国统计数据库．

年人的医疗、护理、康复和临终关怀等特殊的专业需求更是无能为力。所以在家庭功能逐渐转化的现在，医养结合的养老服务需求如何解决非常值得研究。

3. 养老机构与医疗机构难以同时满足老年人医养需求

大多数养老机构主要以提供简单的生活照料服务为主，医疗服务较少，床位也非常有限，导致最需要照护的失能失智老人反而无法获得自己需要的服务。大型医院主要关注急性病症的救治，对那些大病恢复期、后期康复治疗、慢性病、残障和绝症晚期的老年人无法提供细致的生活护理；而小型医院也没有提供养老服务的能力，老年人出于规避风险的原因会选择在医院“长期押床”，造成医疗资源的浪费，自己也无法获得充足的照顾。所以现在迫切需要医养结合的养老服务，以缓解养老机构现存的结构性矛盾与大型医院的资源高效利用。

4. 理论支撑

根据健康老龄化与整合照料服务供给论，医养结合是将老年人的生活照料服务和医疗健康服务这两种最基本的需求进行整合，并将医疗需求置于更重要的位置，以期在养老过程中老年人可以接受到质优、便捷和可承受的健康医疗服务，从整体上提高老年人的养老质量，促进老年实现健康、积极老龄化。此外，作为整合照料的一种实现方式医养结合养老服务不仅能够保障照料的专业性与服务质量，更为显著的创新是保持照料的无缝隙性和连续性，克服健康与社会照料互相独立的状态，提高资源的利用率和服务质量。

5. 可行性

目前，我国政府已将发展医养结合服务作为发展服务业的重点、推进关键领域与重点环节改革的优先方向，明确了指导思想与发展目标。而且，我国已初步建立了“居家养老为基础，社区养老为依托，机构养老为补充”的社会养老服务体系，并且医疗卫生条件快速发展，基层医疗机构也因为医改而得到发展，医养结合服务有了技术的支撑。我国的社会保障体系日益健全，基本医疗保险等已实现制度全覆盖。基本养老、基本公共卫生和基本医疗保险已具备互联互通、统筹推进的条件与基础。

## （五）医养结合养老服务的国外经验

由于历史发展进程不同，我国是近几年才提出并实践探索医养结合养老模式的，而国外许多发达国家很早就出台政策，力图整合医疗资源与社会服务资源为失能老人提供综合、持续性的服务，如今已经积累了相当多的实践成果，所以对其进行研究与学习，吸取他们的经验与教训，是非常有助于我国医养结合养老服务的发展的。

1. 美国医养结合养老服务的实践

美国将养老机构根据其对医疗护理服务的提供程度不同分为三类：技术护理照顾型、中级护理照顾型以及一般照顾型。老年人要经过详细的评估才能入住，这样既能避免资源浪费，也能满足老年人多元化的需求。

美国关于医养结合的政策中，最著名的是 PACE（Program of All Inclusive Care for the Elderly）计划。其主要特点是：主要面向机构养老中的失能、半失能老人，以及 55 岁以上需要医护服务的社区老人；参与计划的机构必须提供初级保健、诊疗、护理、日常照料在内的综合性服务；以“按人计价”的方式支付给受托机构经费；受托单位必须在按人计费的固定额度下达到一定的服务质量，自行统筹运用，承担财务亏损的风险。经评估发现，PACE 短期内提高了老人的生活质量、照料服务的满意度、社区参与、身体功能状况，长期内减少了住院老人的数量、住院时间等，效果显著。

美国的医养结合照护服务也覆盖到了社区和家庭，如专业护理人员定期上门探望老人、建设自理型住房、发展为居家养老的独居老人提供各类服务的“退休社区”等。其中退休社区经过长期的发展形成了连续医疗模式，为生活在其中的老年人提供连续性的医疗、保健以及日常生活服务和支持，按照入住对象不同，养老社区分为生活自理型、生活协助型、特殊护理型和连续护理型。社区与医院和专业护理机构均有紧密合作。社区为健康低龄老人提供基础医疗保健与预防以及各种生活服务支持，随着老年人

年龄增加，疾病也逐渐增多，老年医学团队会根据每位老年人的具体情况提供长期慢性病管理和完备的医疗保健服务，形成从生活基本自理到部分支持，最后到入住护理院直至临终关怀的“一条龙”服务，除出现急病须外出就医外，老年人在社区就可以享受连续型的医养结合服务，大大提高了生活功能与生活质量。

2. 日本的介护保险制度

日本是全球老龄化程度最严重的国家，凭借完备的国民社会保障体系与先进的医疗技术，率先开展了“医养结合”模式的探索和实践。时至今日，日本日趋成熟的“医养结合”模式依然是其稳居世界人均年龄最长寿国家的重要保障。首先，日本在法律上为医养结合服务提供了制度保障，其早在2000年就相继建设了《介护保险法》《老人保健法》等法律制度，规定了基金筹集的对象与享受限度、筹资机制、运行机制等，且在之后不断出台相关政策，建立了老年服务完备的立法保障系统和政策支持体系，并以统一标准建设了大批专业服务机构，确保了医养结合服务的专业性。其次，日本围绕“一切从老人感受出发”的服务理念，创造了非常繁复细致的、包含“康复、陪护、健康维持”三个层级的综合医养结合服务清单①。最后，投保护理保险的日本老年人，在需要照护并经过政府审查后，可以获得相应的保险费。用这笔费用老年人可以自由选择服务机构，这样就可以引入市场竞争机制，充分调动社会力量与社会资源，促进整体服务效率和质量的提高。因此，日本逐渐形成了在政府主导下社会与市场多方参与的多元化养老模式。

3. 英国医养结合养老服务

英国在医养结合与整合照顾理念的影响下，出台了相应的政策为老年人提供持续的、综合的医养结合服务，目前其养老服务的形式与内容十分重视医疗功能的配置，大多数已具备准医疗机构的特征，具有自己非常独特的运行模式。在居家养老服务方面，英国为符合条件的老年人提供免税、非家计

---

① 蔡宗溢．医养结合：日本养老模式的特色［N］．学习时报，2020，9（18）：2.

调查的“护理津贴”，对老年人本人给予经济保障。同时，国家也会对提供一定照护时间的人予以一定数额的津贴。并且，英国按照老年人的身体状况不同提供不同类型的养老设施以供老年人居住，这些养老设施都有着相应的设施与护理资格，从而保证了医养结合服务的质量。对于社区照护，英国于1989 年出台了专门的《社区照护白皮书》，对社区进行了适老化的改造，使老年人在家就可以获得较专业的医疗、照护服务。据英国政府统计，英国的养老服务有约 95% 都在社区内进行，包括老年公寓、日间照护中心、老年活动中心、护理机构等设施。与此同时，英国的养老机构也会提供比较全面的医疗服务，满足老年人医养需求。

综合上述国家在医养结合服务方面的实践来看，具有以下共同特征：首先，都有法律作为制度保障。发达国家的法律体系较为健全，除了为医养结合服务的发展提供引导与支持，还可以很好的统一服务标准与制度，促进医养结合服务更好发展，确保制度的可持续运行。其次，多元主体的参与保证了医养结合服务更好发展。无论是美国的退休社区，还是日本的介护服务制度，政府、私营机构与非营利机构、社会工作机构等都参与医养结合服务的供给中，主体之间相互协调又各司其职，为老年人提供了各种层次的医养结合服务，能够满足老年人多元化的医养结合服务需求。除此之外，发达国家医疗技术比较成熟，有专业的社工职位为医养结合服务提供了人才支撑；信息技术发展快速，对老年人可以提供智慧化的医养结合，也便于人们的监督；完善的筹资机制与稳定的筹资来源，确保制度的可持续发展，等等。

### （六）医养结合养老服务的国内实践

近年来，在北京、上海、重庆、河南、湖南等省市陆续进行了医养结合养老服务模式的试点，在医疗资源与养老资源的整合协调方面走出了不同的道路，并取得了一定的成果。我们大致将其分为并设模式、增设模式、协议服务、医养结合进社区与家庭、候鸟式医养结合等五种主要模式。下面结合

实践情况对这些模式分别进行 SWOT 分析。

1. 并设模式

并设模式就是医疗机构内设养老机构，借助自己专业的资源与平台，开展养老服务。通过对医院进行结构与功能的调整，整合医疗资源，将医院转型为老年康复院和老年护理院等医养结合服务机构。重庆医科大学附属第一医院就投资建设了重庆市青杠老年护养中心，内部设专业医疗照护团队，并且建立了完善的内部循环转区机制：养老区—慢病康复区—医院本部—养老区，通过此机制保证老年人享受医疗、护理、养老、康复于一体的综合养老服务①。

对这种模式进行 SWOT 分析会发现，其内部优势在于医院自身就具备优质的医疗资源，专业的医疗人员和技术、设备等方面可以共享，医保也可以使用，特别是在医疗管理和健康管理方面没有障碍。这不仅能够解决大型公立医院的“压床”现象，充分利用有限的资源，还能够为老年人提供全方位的持续性医护服务。外部机会主要是国家部委发布的相关指导意见和规划，明确提出支持综合性医院开设老年病科，增加老年病床数量，推进医护型养老机构的建设。

但是这种模式也存在缺点，主要是我国医疗资源利用严重不均衡，大型医院医疗资源紧张，缺乏动力增设养老机构；而小型医院虽然资源闲置，但是转型发展的能力匮乏。而且并设模式还可能带来滥用医疗保险的风险。这种模式可能使不同级别的医疗机构差距进一步加大，增加基层医疗机构的经济负担与运营成本。在外部环境方面，政府的扶植力度不足，如建设养老床位的土地问题就难以解决。

2. 增设模式

增设模式是指原有的养老机构增设健康咨询、就医指导、应急处置就医等医疗服务，这些服务可以通过养老院自建医疗机构获得，也可以与有关医院和社区卫生服务中心联动获得医疗资质。这种类型以“养”为主，通过吸

---

① 卢文娟．开创老年护养结合新路径［J］．老年护理进展，2014（1）．

纳专业医疗人员、增设医疗卫生护理服务、协议定点保障等来增强养老机构的医疗能力。例如，青岛市福山老年公寓内设二级康复专科医院——青岛福山康复医院就是这种模式的典型，并在 2013 年被纳入基本医疗保险范围，是山东省规模最大、功能最全、设施最完备，集医、护、养一体的现代化养老机构，但是也因为其提供了优质的环境与服务，收费高昂，使收入较低的老年人难以入住。

目前我国老年人患病概率较高，能否具备医疗服务成为老年人选择养老机构的首要标准，而且此种模式可以较好地实现养护与医疗的无缝对接，减少老年人的奔波。另外，政府也明确指出支持养老机构设置医疗机构，推进医护型养老机构的建设。

但是，此种模式面临着建设医疗机构的标准难制定，以及人员、房屋、设备等都会增加成本，就间接使养老机构不得不提高价格，而这又加剧了不同类别和不同层次的养老机构的分化，高端的养老机构只能满足部分人的需求，面向中低收入的有需求的老年人反而因此获得不了相应的服务。此外，增设的医疗机构难以获得合法身份和取得医保定点资质。

3. 协议服务

养老机构与医疗机构之间合作，建立“双向转诊”机制，由综合性医院或专科医院向养老机构提供医疗服务，为老年人进行医疗检查与诊治、健康宣传等，养老机构为医院的老年人提供康复期或稳定期的护理服务，医生可以到养老机构进行复查与护理，减少老年人奔波及因此带来的风险。这个模式的试点有中南大学湘雅三院与湖南康乃馨养老机构于 2012 年合作成立的老年健康管理的专业医疗机构——湘雅康乃馨医院，这是全国大型公立医院与高端养老机构的首次合作，开创了养老与医疗行业结合的新模式。

这种协作联盟实现了养老资源与医疗资源的整合与共享，最大限度提高了医院床位的周转率与养老床位的利用率，协作的方式也灵活多样，并且养老院建在社区服务中心附近，社区可以定时上门巡诊，遇到紧急情况也可以及时处理，也是国家鼓励的行为。

但是由于是两个独立经营主体的联合，因为利益问题容易出现相互推诿现象，两种服务真正实现无缝衔接的难度较大。这种合作对于合作标准与细则、地理位置等要求较高，在实际操作中往往会出现真空，因此合作的层次较低。而且基层社区的医疗机构与养老机构合作的鼓励机制也存在问题，基层社区的医疗机构缺乏动力提供医疗服务。

4. 医养结合进社区与家庭

由于多数老年人仍旧愿意选择居家和社区养老的传统养老方式，所以医疗资源就必须进入社区与家庭。这种模式下，主要靠基层医疗机构提供家庭医生上门服务，形成“居家/社区养老＋家庭病床”的模式。这种模式首先要对覆盖的老年人进行健康评估，建立档案，根据其具体情况采用干预与保险相结合。例如，深圳市光明新区的“家庭病床”就是对有需要的老年人在家设立病床，由指定医护人员定期查床、治疗、护理，并在特殊病历上记录服务过程的一种社区卫生服务形式①。

此种模式依托社区卫生服务网络，通过推行家庭医生模式为社区老年人提供上门服务。特别是其采用的健康风险评估，对老年人的医保制度采取“跟人不跟机构”的方法都凸显了其优点。

但是和协议服务类似，基层社区机构的动力不足，在设施、人才与技术等方面不一定完善，无法提供老年人需要的所有服务。

5. 候鸟式医养结合

如名字一样，该模式是根据老人身体情况和我国辽阔地域的特点，让老年人有选择性地居住在不同地区，得到医疗与疗养性质的服务。最常见的是夏天去哈尔滨，冬天去三亚。这种模式对老年人的疾病治疗与健康都存在好处，但是存在费用、医保跨省结算与绩效问题。

除了上述模式之外，还有智能化的项目、大型社区项目等，有各自的优缺点，都有相应的试点，通过这些试点，我们也可以分析出我国医养结合服

---

① 王红漫．光明医养结合模式考究——兼论“家庭病床”模式亮点痛点与对策［M］．北京：中国财政经济出版社，2019：34.

务目前面临的一些问题①。

### （七）我国发展医养结合养老服务面临的问题

综上所述，近年来，我国地方政府和社会力量在医养结合养老服务方面进行了不断探索与实践，积累了大量的经验，但同时也发现了许多问题，有待进一步提高。

1. 理念制约

全社会对包括医养结合在内的养老服务认识并不充足，积极老龄化、健康老龄化理念仍然需要更新普及。老年人是社会中很重要的成员，他们的生活经验与社会经验都应该被重视，要发挥老年人的价值，帮助他们获得身体性自立、心理性自立与社会性自立。目前我国仍然以死亡率和人均预期寿命等指标衡量健康状况。实际上，人口健康预期寿命才能反映生命的质量。在这种理念指导下的医养结合养老服务不能得到应有的重视，难以获得各种资源支持而充分发展。

2. 服务主体中存在的问题

由于目前我国老龄化发展迅速，单独依靠政府的财政拨款难以满足老年人群的医养结合服务需求，也容易造成资源分布不均，资源难以得到最优的利用。所以提供医养结合服务需要多元主体共同参与，各自针对自己的受众，发展合适的服务。但是目前我国多元主体的参与积极性不高，多元主体共同参与的格局未形成。

首先，政府未能完全尽到自己的监管、制定法律等责任。尽管政府颁布了针对养老机构的优惠性政策与措施，如进行床位补贴、高龄老人补贴等，还将养老机构使用的水电费按照居民使用价格进行征收，以及减免税收、土地优惠政策等，但部门壁垒尚未打破，使相关政策碎片化，政策落实困难。由于在推进医养结合养老服务的过程中涉及民政、社保等多个部门，虽各有

---

① 郭丽君．“医养结合”养老服务体系［M］．北京：科学出版社，2019：28－33.

职能分工，但仍存在职责交叉情况。如民政部门进行年终考核时要审核“医养结合”型养老机构的医护人员资质、设备等项目，这就与卫生部门的职责存在交叉，导致管理部门和养老机构的人力、物力资源浪费。这种“多头管理”或“多头不管”的局面使各部门对各项扶持政策的认识、调整和落实难以做到协调一致、横向整合，出现政策“碎片化”情况，影响医养结合的发展。

其次，由于医养结合机构建设前期投资较大，资金回收较慢，其发展前途还不是很明朗，许多社会性主体仍在观望。在养老机构内部建医疗机构的标准与成本比较高，运营的花费只高不低，养老机构缺乏动力发展医养结合服务。而大型医院的医疗资源处于供不应求的情况，再加上医患问题，没有动力增加养护服务，小型医院则是缺乏技术与能力，难以提供多样的医养服务，且就算签订协约，协约内容、服务标准与要求都很难统一，加上缺乏有效的监管与问责，很容易出现问题。

3. 服务内容中存在的问题

医养服务边界界定不清，服务内容单一僵化。医养结合的关键在于界定“医”与“养”的服务边界，厘清养老照护和医疗护理的服务项目，并以老年人需求变化为核心，形成从“养”到“医”、由“医”转“养”的双向互通的服务序列。但是我国目前仍只注重提高服务总量，未对老年的需求进行详细分类，未细化养老市场需求，这就使整体上的服务供给内容单一化、服务项目千篇一律，各种机构职能界定不清，未形成服务序列。这背后的主要原因是缺乏统一的老年照护需求评估体系，不能对老人需求状况进行合理排序，以保证各种服务指标、补贴标准等梯度性政策的有效落实①。

此外，由于医养结合服务的专业性较高，其费用收取也相对较高，这就使许多最需要服务的失能失智老年人由于收入问题难以获得医养结合服务。而公办的医养结合机构即使收费较低，也会因此“一床难求”，最后成为特权群体的福利，反而有损于社会公平，也使有效需求难以满足②。

① 张晓杰. 医养结合养老创新的逻辑、瓶颈与政策选择［J］. 西北人口，2016（1）.

② 郭丽君. “医养结合”养老服务体系［M］. 北京：科学出版社，2019：112.

4. 管理制度中存在的问题

相对于发达国家医养结合的经验来看，我国迟迟没有建立医养结合的行业标准与法律法规，这为医养结合服务的发展带来了多方面的问题。首先，可以加快医疗资源与养老资源结合效率的长期照护制度未确立，因此医养结合的筹资渠道、支付比例、责任界定等都没有确定，养老机构要承担很大的风险，市场与社会主体缺乏动力参与其中。其次，统一的老年人能力评估标准的缺乏又使医疗系统与养老系统之间关于养老护理的标准存在明显差异，使各自服务对象很难明确，老年人也很难在两类系统之间顺利转接。此外，能否纳入医疗保险定点单位对增设模式的养老机构非常重要，但普通养老机构转型后难以获得医保定点资质。同时，由于监管体系的缺乏以及利益驱动，容易造成部分已过治疗期的老年人借机将常规的养老服务费用转移到医保，损害医保制度的公平性。这种道德风险的存在进一步促使普通养老机构转型后难以获得医保定点资质。最后，监管机制尚未健全，监管的标准、制度都缺乏统一规定，尚未建立起明确的、定向的第三方监管机制，医疗安全隐患较多，卫生监管问题也较多，对于医保资金的监管也需要加强。

5. 人才与设施中存在的问题

由于护理人员的地位与收入都处于社会底层水平，且工作难度高、强度大，这种工作内容与待遇之间的严重失衡使护理人员数量严重不足，学历也普遍偏低，专业化水平不足，人才流失严重。在人才的培养方面，也由于职业缺乏吸引力而导致招生困难，培训也不够规范，进一步减少了专业人才数量。公民意识与责任感的缺失、社会组织的发展还未成熟也使社会机构参与不足，缺乏社会系统支持。

除人才因素外，医养结合服务的信息网络平台及监管系统、评估系统、核算系统、运行系统等都发展相对滞后，使信息披露程度受限，信息渠道不畅通，从而导致医养结合服务市场发育不全、供给不足。

在医养结合的设施方面没有具体的法律规范，出现数量不足、质量低下、同质化严重、针对性低等问题。另外，在产业发展方面也不充分，体现

在养老用品种类不足，供给缺口大，行业秩序混乱。

总之，目前我国的医养结合服务出现了理念、主体、内容、管理与配套制度等方面的问题，亟待解决。

### （八）关于发展医养结合养老服务的建议

根据目前我国医养结合试点的成果与出现的问题，结合国外的经验与教训，我国在下一阶段应该从以下几个方面提升与发展医养结合服务。

（1）加快出台相关法律法规，以及“医养结合”服务标准和准入体系。我国可以借鉴日本等国家的经验，探索建立适合中国国情的长期照护保险制度，逐步明确医养结合老年长期照护保险制度的支付比例、筹资渠道、享受对象、责任界定以及监管部门等，确保基金长期收支平衡，确保医养结合服务的可持续发展。同时，各部门应加强沟通合作，协同制定出相应的配套措施，建立统一完善的养老和医疗服务标准，规范医疗护理行为。加快出台和完善相关服务标准、设施标准和管理规范，制定医养结合准入、退出机制，建立登记评估制度，规范市场行为，保障老年人的需求得到高质量的满足。

（2）加强部门间的协调，确定医养结合服务模式的管理主体，理顺多主体的责任边界，调动各主体的积极性。卫生、社保、民政等政府职能部门须进一步加强横向联系，打破条块分割，具体可采取单一部门主导、健康产业领导小组统筹、专门老龄事业部门主管等方式，统筹域内养老与医疗资源，政府也可通过购买服务等方式促进医养结合服务的多元主体参与。此外，除了医院、养老院转型为医养结合机构，养老机构也可以通过服务外包、委托经营管理的方式吸收医院来运营管理，从而提升双方的专业优势，相辅相成。尤其是要推动医养结合进社区、家庭，根据老年人的需求，因地制宜，提供可及、连续、综合、有效的健康服务新模式，可以推行家庭契约医生养老服务，使老人足不出户就可以解决健康问题。目前，中国养老服务行业“高空置率”与“高入住率”并存，公立机构进不去，私立机构住不起，要改变这一现象就需要建立市场化养老机制，在推进公办养老机构转制的同时，坚持平等原则，消除壁垒，加大扶持力度，引导社会组织和力量开展养老服务，调动各方积极元素，将多方主体结合起来，发挥其主动性、积极性应对老龄化。

（3）从供给侧发力解决医养结合难题，合理规划健康资源布局。我国应该对老年人进行全面评估，然后根据老年人的需求设定相应的服务标准。将医养结合服务纳入发展规划，合理布局，促进养老机构与医疗机构的有效衔接，提高资源的利用率，保证普惠性的医养结合服务均等化。

（4）培养专业人才，提高服务质量。一方面，应该提高服务人员的地位与待遇水平，促使更多人从事该职业；另一方面，政府应鼓励学校建立老年人护理专业，加强对专门人才的培养，探索采用校企联动的方式培养复合型人才、高层次人才。

（5）宣传健康老龄化、积极老龄化，提高人们对医养结合服务的认识，使社会都重视老年慢性病的预防、治疗与康复等。

除了上述建议外，配套的医疗、养老政策应作出相应调整，以更好地促进医养结合服务的发展；共享的养老信息平台、全员参与的社会支持系统、覆盖全面的养老产业等都可以促进我国医养结合服务的发展。同时，可以借鉴他国经验，吸取教训，顺应世界潮流，展开试点，发展有中国特色的医养结合服务体系。

## 三、长期照护

### （一）研究背景

长期照护（long-term care）是人类社会进入老龄、高龄甚至超高龄社会的伴生制度，是走入长寿时代的人类社会不可或缺的基本公共服务制度。

我国进入老龄化已成为不争的事实，而且我国老龄化具有人口规模大、老龄化速度快、区域间发展不平衡、城乡倒置严重、超前于现代化步伐的特点，这就使老年人抚养比不断上升，高龄化与空巢化加速发展，更重要的是老年失能失智人口的发生率随人口老化的速度快速攀升。失能指的是身体器官衰老或病变导致功能的丧失；失智则是指从轻度记忆与认知障碍到逐渐呆傻，直至生活完全不能自理的严重的智力致残即老年痴呆症。对于完全失能者，长期照护服务（简称“长照”）不可离开，连续性长期照护成为比吃饭穿衣还须优先的最基本的生活服务。

但是，随着家庭社会的变迁，家庭规模小型化、结构核心化趋势不可避免，老年人与儿女“分而不离”的居住方式也加大老年人空巢率，加上女性就业率上升，以及家庭观念的转变，代际关系逐渐下移，老年人的权威逐渐下降，变为从属性成员，赡养意识淡薄的成员很有可能放弃对老年人的照顾，尤其是需要耗费大量时间与精力的失能失智老人。在农村劳动力大量外流的情况下，对于中西部贫困家庭来说，失能老年人几乎就是“风烛残年的等死队”①。而占据大部分比例的中低收入老年人个人又难以承受昂贵的外雇护理费用，现有社会保障制度也不能满足其需求，同时市场缺乏提供照护服务的动力，政府资源也难以独力支撑，第三部门发展长期照护服务也举步维艰，老年人的需求难以得到满足。全球性、成规模出现的失能失智忧患，昭示着构筑人类生命周期终端的安全网成为长寿时代国家、社会、家庭的共同责任②。

总之，在我国人口快速老化和高龄化、失能失智人口快速出现、照护需求快速增长和家庭结构变迁的现实下，失能失智风险已经成为国家风险，化解风险的长期照护政策选择和制度设计到了刻不容缓的地步。本部分就结合国外的经验与教训，对我国长期照护养老服务政策进行梳理，并对现状进行分析，发现问题并提出我国发展长期照护政策的建议，以求建立起长期照护服务体系这个人类个体生命周期中的最后一道“安全网”，并和养老保险制

---

① 林艳．为什么要在中国构建长期照护服务体系［J］．人口与发展，2009（4）．

② 杨团．中国长期照护的政策选择［J］．中国社会科学，2016（11）．

度、医疗保险制度共同成为个体生命周期中老年阶段的三项基本制度安排，或是三张“安全网”，完善人类应对各个生命阶段生命事件的制度安排。

### （二）概念

关于长期照护的概念，我国的概念都是从英文单词“long-term care”翻译过来的。该词的翻译有很多种，其中，译为长期护理偏于专业医疗护理，长期照料偏于家庭事务；而长期照护可涵盖专业生活护理、专业康复和必要医疗，以及支持家庭和社区提供的多种形式的照料与护理。更重要的是，长期照护不能简单等同于长期加照护，时间维度在长期照护定义中只占一部分，而服务才是本质所在[①]。所以本书统一采用的是“长期照护”的翻译。

关于长期照护，一个经典的定义就是“在持续的一段时期内给丧失活动能力或从未有过某种程度活动能力的人提供的一系列健康护理、个人照料与社会服务项目”（桑特勒、纽恩，2005）。该定义明确表明：长期照护主要是为了提高生活质量而不是解决特定医疗问题，用于满足基本需求而非特殊需求。长期照护的对象是慢性病患者和残障人群，而老年人占了此类人群绝大多数[②]。OECD 则将长期照护定义为：需要接受日常生活活动帮助的人群所需的一系列服务，是社会照护和医疗照顾相结合、正式支持和非正式支持相结合的一种公共服务[③]。

正规性和专业性是长期照护最显著的特点。提供照护的场所可能是专门的机构性设施，如医院、护理院等，也可能是家庭，即使是家庭为场所的长期照护服务，也需要由有组织和经过培训的居家照护服务者来提供，因为一般的服务已不能帮助失能失智老人维持正常生活状态。

长期照护具有连续性。老年人因为患病和失能的程度不同而需要不同的

---

① 林艳．为什么要在中国构建长期照护服务体系［J］．人口与发展，2009（4）．

② 裴晓梅，房莉杰．老年长期照护导论［M］．北京：社会科学文献出版社，2010：2．

③ OECD. Long Term Care for Older People. Paris，2005.

照护，而长期照护应该包含从家庭到医院，以及中间社区医疗站、日间照护、护理院、康复中心等一系列适应各类需求的服务。而且因为老年人慢性病患病率高，更需要长时间的、连续的照护服务。

长期照护是保健和生活照料相结合。长期照护提供的服务已超出传统保健范围，扩展和延伸到了日常生活领域，涉及老年人的饮食起居。某些老年人处于患病和日常生活能力弱化两种状况同时存在且相互影响的状态，需要提供将保健与照料相结合的长期照护服务才能满足其需求。

### （三）长期照护在全球发展中的经验与教训

长期照护制度是由率先进入老龄化社会的发达国家兴起的，其发展历程是一个适应性选择过程。目前，几乎所有的工业化国家都制定了与长期照护相关的政策，开发并实施了相关的项目，这些项目已经为社会卫生和福利服务体系的重要组成部分。尽管各国的实施手段与效果各异，但是总有成功的经验与失败的教训供我们学习。所以这部分就着重介绍一下各国关于长期照护的实践。

1. 长期照护的制度模式

第二次世界大战后，老年人照料问题才被发达国家纳入政策视野。在此之前，照料老年人被普遍认为是个人或家庭的责任，若家庭无法担负责任时，就得付费购买市场服务或向志愿慈善组织寻求协助，只有在当个人无能为力又无家庭照料时，政府部门才接手收容救济。第二次世界大战后至今，发达国家老年照护制度的发展可划分为初建期（20 世纪四五十年代）、扩展期（20 世纪六七十年代）和综合调整期（20 世纪 80 年代以后）①。

在相当长的一段时期内，发达国家的老年服务机构主要以医疗护理为主，财源由政府的社会救助和社会保险体系供给。例如，美国的医疗救助项目（Medicaid Program）就负责长期照护的主要费用。英国于 20 世纪 80 年代

① 裴晓梅，房莉杰. 老年长期照护导论［M］. 北京：社会科学文献出版社，2010：48.

早期放宽个人资产家计调查标准，使中低收入老人容易获得社会救助体系的补助而住进养老机构，造成护理之家和私人办老年之家的快速成长①。但是快速增长的医疗费用逐渐超出了发达国家可以控制的范围，这让区分照护需求与医疗需求成了关键。失能失智老人一般需要的都是简单的医疗服务（更需要的服务是生活照顾及健康护理），却很容易以疾病治疗方式住院治疗，付出高昂的住院费用并长期占据医院床位，形成“社会性住院”普遍化，公共医疗费用急剧上涨，各类社会保障资金告急，财政压力巨大。尽管用医保支付这些护理费用合理，但并不经济。迫于不断增长的长期照护费用的增加，率先进入老龄化社会的发达国家不得不寻找其他代替性的方案。在不同的国家财政实力、不同的民众价值观念和原有的各自不同的社会保障制度的影响下，发达国家选择了不同的制度模式来满足日益增长的长期照护需求。

第一种模式是救助制度模式。在该模式下，长期照护制度的主要受益群体是低收入群体和没有家庭照护的老年人，由政府财政资金支付相关服务费用，一般由中央政府与地方政府共同承担。例如，英国政府在 1990 年通过“国民保健服务与社区照顾法案”（National Health Service and Community Care Act）后，将长期照护体系筹资的责任大部分交给地方政府，为了节省开支，国家干预只能最小化，服务仅提供给低收入人群，费用由国家与个人共同支付。该模式将有限的公共资源集中到最需要的人手中，保障其最基本的权利，社会效益最小，公平程度较高。该类模式的代表国家（或地区）为英格兰、爱尔兰、新西兰与注重家计审查的澳大利亚等。

第二种模式是拥有高福利传统的国家实施的普享式制度模式。该模式覆盖所有人群，普遍筹资，服务共享，对参加制度没有特定的限制条件，原则上居民只要符合照护服务的基本条件即可享受各种待遇。该模式以政府的财政税收收入为主要资金来源，服务使用者几乎无需自付费用。这种模式完全以需求为导向，以普遍、公平、消费者免费或少量付费的原则充

---

① 杨团．中国长期照护的政策选择［J］．中国社会科学，2016（11）．

分体现了平等。但是这种模式容易造成财政负担过重，所以实行这种模式的一个前提条件是该国的财政实力雄厚①。采用这种制度的国家（或地区）有丹麦、瑞典、挪威和苏格兰。这些国家都有相应的普惠式传统，并且民众普遍认为国家有责任承担起长期照护保障的责任，互助共济的观念强烈。为了减少财政支出过高的局限性，有些国家（或地区）在其中引入了经济核查的元素，以此降低财政负担，提高资金利用率，扶助水平随使用者收入水平上升而下降，确保最需要支持的人能得到足够的帮助。

第三种模式是社会保险模式。该模式是由政府与社会根据一定法律法规，为补偿长期护理服务费用支出而在医疗保险外独立设立的一项社会保险制度，通常由政府强制实施。德国、日本、韩国分别于 1994 年、2000 年、2008 年设立《长期照护保险法》。荷兰自 1967 年通过、1968 年实行的《特殊医疗费用支出法》是全球最早设立的长期照护保险，实施了保费收入、服务使用者部分负担费用及政府税收补贴共举的制度。社会保险制度采取权利与义务对等的原则：公民在缴费的前提下才可以获得相应的待遇与支持。这实际上是一种互助共济的福利制度，遵循社会保险的需求导向，为个体提供照护补助。

第四种模式是商业保险制度模式。商业保险由商业保险公司自愿开办，投保者出资购买，双方遵循“投保自愿，承保自由”的原则。商业保险模式下，一般由投保人自己付费，雇主只负责组织购买团体保单，不参与出资，而政府的责任则是对市场中的保险公司进行监管与激励。商业长期照指护保险是采取市场化方式运营，通过市场需求调节的弹性照护保障体系，承保方式与承保内容多样化，设定灵活。而美国这个以商业医疗保险为主体的国家在长期照护上仍旧选择了商业保险模式②。

以上的各种长照筹资制度尽管方式和做法不同，国家担当责任的程度不

---

① 钟仁耀，宋雪程．中国长期基本照护保险制度框架设计研究［J］．新疆师范大学学报（哲学社会科学版），2017（1）．

② 于保荣．长期照护制度：国际经验与国内政策与实践［M］．北京：中国金融出版社，2018．

同，但本质上都是提出“一揽子”规划。无论社会福利性的税收筹资还是社会保险性质的三方筹资，都是国家应对深度老龄化社会失能失智风险的政策选择①。这四种模式没有好坏之分，国家选择哪种模式主要取决于三个因素，即国家财政实力、民众文化价值观念和原有社会保障制度。有经济条件、有国家福利传统的国家多会采取普享式制度模式；而个人主义强烈、具有市场化传统的国家会倾向于选择商业保险模式；类似于德国和日本、韩国等讲究中庸的国家，会选择政府与个人、雇主同时承担责任的社会保险制度模式②。我国也要根据国情选择合适的制度模式。

2. 长期照护的递送模式

尽管长照筹资政策在长照制度体系中的地位十分重要，却不可能脱开长照服务政策和制度而单独存在。长照政策中，服务和筹资被称为双要素融为一体的一个核心。国外经验证明，若对服务本身、服务的递送缺乏全面周到的理解、规划和配置，长照筹资制度不仅不能发挥预期作用甚至还会陷入“泥潭”。

长期照护服务的组织递送是指一个国家或地区借助不同层次的组织平台将已有的长期照护服务项目组织起来，通过适当的渠道将服务递送给相应的消费者，其中主要是老年群体。国外经验表明，决定长期照护服务供给的效率和效果的关键就是服务递送模式，它不仅要适应长照对象的需要，还要综合考虑服务资源的配置是否节约和有效③。影响长期照护服务递送的因素是多方面的，如一国的经济发展水平、人口结构特征、文化背景及长期照护服务的内容等，因此并不存在单一的递送模式。

长期照护服务主要针对的是老年群体，所以其递送模式应该以老年人的需求为导向。许多西方国家都是通过建立不同层面的长期照顾服务组织递送平台来适应老年人需求的多样性。具体来说，现有的平台一般有三种

① 郑秉文. 老龄社会对社会保障的挑战［A］.“第八届社会政策国际论坛”会议论文，2012.

② 钟仁耀，宋雪程. 中国长期基本照护保险制度框架设计研究［J］. 新疆师范大学学报（哲学社会科学版），2017（1）.

③ 裴晓梅，房莉杰. 老年长期照护导论［M］. 北京：社会科学文献出版社，2010：72.

（WHO，2000）：以家庭为平台组织的居家照护服务（只要针对生活完全能自理或者部分可以自理的居家老年人）；以社区组织为平台的社区照护服务（针对完全可自理或半自理型的居家照护或社区机构内照护的老年人）；以专门机构为平台的机构照护服务（针对半自理型、完全不能自理型在专门照护机构中接受照护的老年人）。

在长期照护服务发展的早期，主要是依靠以专门机构为平台的机构照护服务来满足老年人需求，但是并没有获得满意的效果。这可能是因为养老金改善了老年人的经济能力，再加上教育水平提升，促使老年人独立自主生活意识高涨，强烈希望回归社区。同时，新型科技的发展增加了功能障碍者留住家庭的机会。而生活可以自理的老年人没必要留在照护机构接受服务，这会造成资源的浪费，加大财政负担。所以普惠共享式的北欧国家率先提出了“就地老化”（aging in place）政策，即尽可能协助失能者留住家中，过独立和常态的生活。这个政策目标一经提出，各国争相引用，成为所有发达国家认同的目标。

北欧国家发生了长照递送模式的结构性变化。1984～2008年，北欧国家65岁以上老年人住在机构的比例，丹麦从7.2%下降到5.0%，芬兰从6.7%下降到5.4%，瑞典从9.5%下降到6.4%。下降的部分被社区式居家服务所替代。机构长照中利用医院和医疗护理的模式也向社区型老人院转变。不仅是北欧国家，其他各国也纷纷投入长照政策改革中。美国的长期护理商业保险经过多年发展，虽然规模有限，但在接受过护理服务的被保险人中有80%选择的是在家中或社区接受护理。德国的长期护理社会保险也是“居家护理优先”，其在政策制定时对居家护理提供了更高的支付水平。日本长期护理保险的给付主要包括居家给付和住院给付。二者相比，居家给付范围更宽，涉及护理计划和居家护理给付的支出及用于购买辅助设备甚至用于危房改造的补贴①。

虽然发达国家在长期照护服务方面的探索仍存在不尽如人意的地方，但

① 赵曼，韩丽．长期护理保险制度的选择：一个研究综述［J］．中国人口科学，2015（1）．

是总体来讲，他们普遍摸索出了一套比较完善的老年长期照护服务体系和组织递送方式。虽然各国在服务供给方式上各有偏重，但基本上都有意识地将国家、市场和非营利组织等各种力量整合进长期照护服务供给体系，从而使其相互补充、相互竞争，既丰富了长期照护的内容，又在竞争中促进了服务质量的提升。而且，各国的长期照护服务体系都在朝着人性化、便利化的方向发展，建立了家庭、社区、机构立体型的长期照护服务递送平台，并不断向整合化的方向努力，充分考虑老年人多样的需要，尽可能将服务递送到他们身边，既提高服务效率与质量，又节省了成本。此外，在服务递送中，政府的作用也是举足轻重的，政府要不断调整递送方式，同时部分承担了服务提供者的角色。

3. 长期照护的质量控制

让老年人的生活水平保持稳定和高质量，不仅对老年人有益，也是全社会的福祉。老年人的生活质量实际上影响着周围各年龄层人群的生活质量。在老年照护服务体系有了资金和服务递送后，还需要建立一套完善的质量监督和控制体系，才能使一个国家的老年福利保障保持稳定的质量水准。因此，在发达国家，老年社会保障服务的质量控制在养老保障体制中承担着重要的监管作用。

事实上，老年保障的质量标准在各国的基础性法律中通常都有明确的规定，主要包括对长期照护对象的分类分级即服务资格的准入、服务的原则和质量标准、机构的质量管理等。长期照护服务的监管主要由中央政府负责，如英国就是由中央政府出资支持三个半独立组织（社会护理检查委员会、一般性社会护理委员会、卓越社会护理研究所）来解决长期照护服务的质量问题；德国主要是联邦卫生部、中央长期照料社会保险基金联合会和联邦长期照料服务机构联合会负责。

但是通过比较可以发现，这些国家的监管都侧重于机构，忽视了社区和家庭照护服务的质量管理。同时，法律越完善，监管越到位，独立的第三方评估越来越重要。老年人精神层面的感受也逐渐被纳入质量评估，照护服务的质量评估体系势必越来越全面。

4. 长期照护的人力资源

长期照护重要的是服务，其运转与该行业从业人员的能力、工作动机、职业态度密不可分。而发展并留住长期照护人力资源非常具有挑战性，不仅是因为长期照护对人力资源依赖性更高，也因为长期照护的专业性、地点分散性、时间不固定性与连续性等，但是现实中长照人员的薪资与地位的较低。在这种情况下，许多发达国家面临严重的人力短缺问题，为了缓解矛盾，不仅实施长期照护保险模式的荷兰、德国、卢森堡、韩国，就连实行普享模式的瑞典、挪威、芬兰也都为提供服务的家属提供照护津贴等现金补助。

## （四）我国老龄政策的历史

1949 年以来，我国的老龄政策大致经历了三个阶段。

1. 家庭供给为主，国家负责赡养城乡“三无”人员（1949 ~1982 年）

新中国成立初期，由于生产力水平低下，城乡养老服务都是以家庭供给为主，政府只负责解决没有家庭可依靠的无收入老年人的养老问题。在农村依靠集体经济为无依无靠的老年人及儿童建立了“五保”制度，对其中失能的人口进行集中养老；在城镇政府为“三无”老人①和儿童提供救助型的资助，建立了配套的福利院供养制度。

2. 社会养老与家庭养老相结合，推动社区养老服务（1982 ~2006 年）

20 世纪 80 年代，随着改革开放与计划生育的实行，伴随着家庭小型化、核心化，我国开始逐步进入老龄化社会。当国有企业改革、提前退休和下岗潮袭来时，社区拥塞了大批中年人和少数老年人，社区服务的需求日益凸显。为适应这一社会转型，1982 年全国老龄工作委员会成立，初步形成了从中央到地方的老龄工作网络。并在 1994 年颁布《中国老龄工作七年发展纲要（1994—2000）》提出要坚持家庭养老与社会养老相结合

---

① “三无”老人是指由城镇居民中无生活来源、无劳动能力、无赡养人和扶养人，或者其赡养人和扶养人确无赡养或扶养能力的 60 周岁及以上老年人。

的原则，积极建立和完善社会养老保障制度，增加老年人福利设施，扩大社会化业务范围。同时继续发挥家庭在经济供养、生活照料、精神慰藉方面的作用。1996 年，《中华人民共和国老年人权益保障法》出台，在明确规定“老年人养老主要依靠家庭”的同时，指出要“发展社区服务，逐步建立适应老年人需要的生活服务、文化体育活动、疾病护理与康复等服务设施和网点”。在此阶段，国家不仅提出了“社会养老”的原则，而且将应对老年人服务需求包括照料服务的解决思路寄托于社区，较之依靠家庭养老在政策思想上有了重大转变，也为之后提出居家养老政策奠定了基础。这一时期，社会资本主办的养老机构也开始进入养老服务市场[①]。

3. 居家、社区、机构互配，长期照护进入政策视野（2006 年至今）

近年来，养老服务提供主体的政策一直在调整家庭、社区和机构不同主体的权重和三者之间的协同关系，同时失能、半失能老年人的养老问题被提出，长期护理体系的建设受到重视。

2006 年，国务院办公厅转发全国老龄委办公室、国家发展和改革委员会等部门《关于加快发展养老服务业意见的通知》，首次提出养老服务业是为老年人提供生活照顾和护理服务，满足老年人特殊生活需求的服务行业。发展养老服务业要按照政策引导、政府扶持、社会兴办、市场推动的原则，逐步建立和完善以居家养老为基础、社区服务为依托、机构养老为补充的服务体系。并在之后，政府不断发文，探讨养老服务体系建设问题。2011 年，民政部发布《社会养老服务体系建设“十二五”规划》，首次将“解决失能、半失能老年群体养老问题”是“加强社会养老服务体系建设，促进社会和谐稳定的当务之急”提出来，并且明确政府的职责就是要“在社会养老服务体系建设的规划指导、培育市场、投资带动和示范引导等方面发挥主导作用，同时，鼓励社会力量参与建设和运营”。显然，这是国家老年人服务政策转型的重要标志。2012 年底，国家再次修订并颁布《中华人民共和国老年人

---

① 李珍．关于完善老年服务和长期护理制度的思考与建议［J］．中国卫生政策研究，2018（8）．

权益保障法》，规定国家逐步开展长期护理保障工作，保障老年人的护理需求。

新中国成立至今，我国的养老服务体系经历了从补缺到适度普惠，从单一的家庭供给主体转向社会多主体供给，服务内容从养、医、教、学、乐到生活照顾和专业护理。目前我国的以居家为基础、社区为依托、机构为补充，医养结合的养老服务体系已经有了一定的发展，但是我们在长期照护方面还面临着许多问题。

### （五）我国长期照护领域的突出问题

学术界、实务界以及政府部门关于我国的长期照护领域存在的问题产生了共识，简单来说就是缺服务、缺钱、缺人力、缺制度。

中国政府在不断以直接投资设施和给予各类财政补贴的方式投入老年服务事业，但是发展至今我们的长期照护服务仍旧是缺乏的，这背后既有供求关系总量也有供求结构性错配的问题。

现有的长期照护服务供给总量仍旧不足，而且质量欠佳。虽然养老服务快速发展，但是相对于庞大的照护服务需求，机构养老的床位仍旧不足，同时针对社区与居家养老老年人的长期照护服务发展尤为不足，难以满足大部分失能失智老年人的需求。这主要与长期照护服务的专业人才不足有关，数量有限的专业人才难以达到上门服务①。

截至2015年末，全国养老床位数增至669.8万张，每千名老年人拥有床位数达30.3张，完成了“十二五”国家规划的指标，总量比“十一五”期末增长70.2%②，然而床位空置率却一路上升，2009年为21%，2014年为48%③。据悉，2015年的空床率已经过半。那么为什么新增床位会空置，政府收不到政策效果呢？

---

① 李时华，王璐．人口老龄化与可持续老年照护体系的建立［J］．中国集体经济，2020（24）．

② 参见民政部负责人在2016年全国民政工作会议上的讲话，2015年12月31日。

③ 中国老龄科学研究中心．中国养老机构发展研究报告，2015．

从现象上看，这是结构性问题。我国新增的床位主要分布在中高端老人院和乡镇敬老院。他们的服务对象都是健康而非失能失智老人，而且出于护理成本和风险规避的考虑，即便空床也不愿收住失能失智老人。同时，根据“9073”体系，我国 90% 的老人都在居家养老，但是长期照护服务并没有覆盖到这部分老年人，城镇家庭医疗护理需求可及性不强。第四次中国城乡老年人生活状况抽样调查显示，居家养老对医生上门服务的需求最强，在农村地区，村医可以上门服务，而在城镇，上门诊疗却是不合规的，供给与需求存在制度性障碍。社区的长期护理服务也存在服务供需错配问题。由于老年人身体健康程度不一，所以其所需要的服务也不相同，但是地方政府通过社区平台为高龄老年人和长期护理对象购买的服务形式通常较为单一，如保洁、助餐等，统一的服务提供方式不能满足多样化的需求。

供需错配的结构性问题背后凸显出政策性问题：一是约占公办机构七成的乡镇敬老院按政策规定只收住“五保”而非失能失智老人，新建和改扩建的乡镇敬老院虽然床位增长很快，但老政策加上缺乏护理人员，空床率畸高[①]。二是中低端民办养老机构大多设施简陋，又难以成为医疗保险定点单位，即使其接受的失能失智老人相对较多，但是大部分中等收入群体仍旧不愿入住。三是失能失智老人的支付能力不足。由于长期照护服务的专业性，一般养老院的收费较高，失能失智老人支付不起，而收费较低的公办养老机构由于物优价廉而“一床难求”，失能失智老人难以获得。

一方面，由于土地租金贵，且房租不仅属于刚性支出还逐年上涨，挤压了软性的照料服务，致使民办院照料资金普遍短缺，这成为护理人员流动性大、合格率低、服务差、管理粗放等衍生问题的根源。从具体收入上来看，盈利性的养老机构只占一成，而亏损的占 1/4[②]，且在盈利或收支平衡的填

① 中国老龄科学研究中心课题组．全国城乡失能老年人状况研究［J］．中国残疾人，2011（2）．

② 民政部．2016 年社会服务发展统计公报［EB/OL］．（2017 - 08 - 03）［2018 - 01 - 23］．http：//www. mca. gov. cn/ar - ticle/sj/tjgb/201708/20170815005382. shtml.

报中，超过八成的机构表示利润率在5%以下，仅有个别机构在10%以上[①]。就此来看，由于各种机构的成本较高，导致收费较高。另一方面，财政补贴偏向于补供方，补供方的补贴有老人院床位建设费，还有与床位高度关联的运营补贴和对从业人员的补贴。长期固化在床位上而且多重叠加、逐年增长的补贴是发给机构的，并没有对准失能失智老人的长照服务。而补需方的补贴是对老年人的直接补贴，分高龄补贴、养老服务补贴和护理补贴，执行中，地方政府往往认为补贴需要发放给低保、五保人群，补贴就成为了针对社会救助对象的特惠政策，并未针对有需求的中低收入老年群体。这不仅大大缩小了长期照护所能覆盖的人群，而且还因为优惠叠加容易产生不公平问题，同时一些政府对于补贴不限制适用范围，容易带来乱用问题。

实际上，缺钱、缺服务和缺乏人力最终都与政策问题有关，我国缺乏对长期照护的规划。首先，将养老与长期照护混为一谈。养老是针对所有老年人群的，而长期照护仅仅针对失能失智老年人。这种观念的混淆必然带来政策焦点不清，政策导向出偏。其次，长期照护领域部门分割，各行其是。各部门对长期照护的执行理念与重点不一致，管理标准不一，补助条件差异，事权无法统一，资源难以统筹，服务零散切割。最后，政府并未建立经营长照的政策工具，具体包括：缺乏统一的长期照护对象准入机制的科学评价系统，对于失能失智老年人没有统一的分类、分级标准；缺乏识别和评估机构、社区和家庭长照状况与质量的科学评价指标体系，以及支撑这个体系的长照需求与供给数据的信息系统；缺乏对于长期照护人力进行社会补偿的科学标准和国家规范；缺乏对长期照护人才队伍培养的国家标准。过于参与长期照护服务的生产与提供上，经营服务越位，但在应发挥政府作用的公共管理方面却造成了缺位[②]。

---

① 中国老龄科学研究中心课题组．全国城乡失能老年人状况研究［J］．中国残疾人，2011（2）．

② 凌文豪，李文杰．农村老年人口长期照护问题研究［M］．北京：中国社会科学出版社，2014：113－135.

### （六）中国发展长期照护政策的建议

建立长期照护政策是中国应对人口老龄化、积极健康养老的必经之路，也是减轻家庭负担，促进社会和谐的必要方法，所以必须根据目前我国的现状，结合发达国家的相关经验，解决长期照护体系的问题，促进长期照护体系的建立。

1. 理清长期照护的定位，确立发展目标

要想发展好长期照护服务，就必须确定其定位是什么，这样才能明确其发展的方法。根据学者杨团的观点，长期照护的社会政策选择，应该明确定位于长期照护是一种公共服务，长期照护市场是公共服务市场，长期照护产业是公共服务产业。首先，长期照护的风险已经逐渐从传统的家庭的、无偿的、私人的领域转为社会的、有偿的、公共领域的风险，长期照护的费用应由政府、社会和个人共同分担。其次，老龄化社会的长期照护服务是任何私人市场、私人产业都难以满足的。但是在长期照护服务这种公共服务的提供中，出现了不同于私人市场供给方与需求方的三方结构：提供者、生产者与受益者。政府可以不直接扮演生产者的角色，因为这样会使生产效率降低，政府应该扮演的角色是公共服务的提供方，负责长期照护服务的规划、融资、安排生产、管理、监督等，委托或购买生产方生产的服务。生产方则是要适应提供方的要求，接受委托，或购买或直接生产服务，并按照数量和质量要求将服务输送给用户。受益方即失能失智者和他们的家庭组成的用户群体提出对服务的需求，并且在服务过程中与生产方协同生产，以求获得更好的服务效果。这个市场的三方即提供方、生产方和受益方的结构都是多元性的，各方都可以参与制度的建设与选择，创造出丰富的、创新的服务。

另外，长期照护产业化、市场化是公共服务的产业化与市场化，并不排斥私人企业与私人业务，在长期照护的整体规划下，将私人企业和私人服务纳入委托、外包、购买等多种公共服务。但是目前的长期照护市场并

未完全发展起来，放任大批资本进入养老市场建设高档养老公寓而床位闲置、大批的养老院不愿接收失能失智老人等造成的供需失衡大多是政府没做好自己提供者的角色，也未厘清长期照护服务定位。

具体的目标应是长期照护服务就地化，因为目前资源不足以及大多数老人偏好居家或社区养老，所以应让长期照护服务本社区内就地化——让 60 ~ 100 岁、生活自理程度从高到低的老人，在晚年生活各阶段不同需求的所有服务不出社区即可得到动态的满足①。

2. 制定以家庭为根、社区为本、基层治理为重的长期照护社区计划

长期照护服务主要有两个部分，一是筹资问题，二是服务的递送。按照“就地老化”“长期照护在地化”的原则，长期照护体系既要向前延伸，做好预防慢性病与失能失智，又要向后延伸，做好临终关怀服务。这就要规划、设计一个能够提供不间断、多样化照料服务的新的社区长期照护治理体系。即从物质载体的角度，实现家庭—社区—机构的长期照护连续统一，使各类长期照护服务载体不间断地提供适用的服务和管理，而这是机构养老很难做到的。如果能够建立以家庭为基础的居家照护体系，促进社区志愿服务组织与社会互助组织的发展，促进社会力量介入社区与居家老年人长期照护服务，建立社区老年人长期照护信息平台，那么老年人就可以获得相互契合、无缝衔接的服务②。

3. 推动观念变革和社区机构设置的结构性改革

要推动观念变革，建立积极老龄化、健康老龄化的观念，倡导老年人自我锻炼、自理家务、互助合作、开展社区活动作为健康促进、失能失智预防、激发生命活力的重要内容。同时要打破长期照护机构只有大型化才能专业化、规范化的错误观念，将社区作为长期照护服务递送的主要平台，加强其专业水平。

这样就需要在社区设立一个机构管理长期照护服务，在社区层次发挥长

---

① 裴晓梅．形式多样的长期照护服务应贯穿养老过程的始终［J］．人口与发展，2009（4）．

② 凌文豪，李文杰．农村老年人口长期照护问题研究［M］．北京：中国社会科学出版社，2014：194 - 197.

期照护公共服务产业提供者的角色，在国家政策的指导下，规划、组织、配置、管理本社区内的长期照护资源，实施分类管理，给予不同对象精准的服务。

为推动长期照护服务能够在社区落到实地，必须建立一系列管理程序，包括老年人数据的收集与评估分类，核算照护成本，配置支持家庭的长期照护服务递送系统，建立长期照护管理中心，协调社区内各项资源。

4. 放开市场，鼓励民间兴办长期照护服务，政府只需“兜底线、织密网”

长期照护服务的公共服务产业属性并不抑制私人的进入，相反地，政府应该放开市场，扮演好长期照护服务提供者的角色，守住底线，以个人和家庭提供长期护理的经济能力和服务能力的多寡为标准，精准支持弱势的个人和家庭，为低收入又没有家庭支持的老年人提供服务。其余的老年人照护需求应该交由市场与社会来满足，政府可以通过建立信息平台监督民办机构的服务质量。同时，将补供方变为补需方，让老年人用“脚”去评估民办机构的质量，在长期照护服务领域中发挥市场的作用，促进竞争，刺激服务水平的提高。

5. 建设信息平台、无障碍设施改造以及照护服务人才培养等配套措施

我们可以借助快速发展的互联网建设信息平台，以便对长期照护服务进行监督与普及。而无障碍设施改造可以促进家庭养老服务的发展，有助于实现“就地老化”，减少对专业服务人员的需求。针对缺乏的照护服务人才，国家一是可以建立起专门的培训体系，二是可以激活农村妇女这一大批人力资源，对其进行培训，减少人力资源缺口。

在老龄化、失能化如此严重的现代社会，长期照护关乎上亿家庭与个人的生活质量，关乎社会的稳定与和谐，建立长期照护体系已不可避免。但是针对是否要通过建立长期护理保险来筹资，我们应该要慎重，虽然我国目前已有多省份开始长期护理保险的试点，但是新增一项保险给企业带来的压力不可小觑。我们可以从理念上入手，先改变人们的观念，突破学科之间、部门之间、地域之间的界限，共同努力发展相关研究与试点，逐步建立长期照护体系。

# 四、以房养老

我国老龄化问题的一个主要特征就是“未富先老”。老年人口退休后收入骤减，加上家庭结构的转变，我国基本养老服务体系建设尚不完全，如何实现“老有所依、老有所养、老有所安”引发了全社会的思考。2003 年，孟晓苏首次提出老年人可通过个人房产抵押方式，换取年金以增加养老收入。“以房养老”的养老模式就这样进入了公众的视野。近十余年来，很多地区都展开了“以房养老”的相关实践，如南京的汤山留园老年公寓、上海的以房自助养老、北京幸福人寿的“以房养老”保险项目等。这些项目有的获得成功，有的却惨遭流产，社会上对“以房养老”的养老模式也褒贬不一，但无论如何，“以房养老”作为多元养老服务体系中的重要一环，为日趋严重的老龄化问题提供了一条新的解决思路。

## （一）“以房养老”概念界定

从广义上来说，“以房养老”是一种将房产和养老通过金融保险机制相结合，实现功能自主创新的新思想①。一般指老年人为实现多样化的养老服务需求，通过按揭、售房、租房、换房、投资房产等方式将房产抵押给专业机构，从而获取专业的养老服务、增加现金收入或进入机构养老。

从狭义上来说，“以房养老”是指住房反向抵押贷款。老年人住房反向抵押贷款是一种可以让拥有房产产权的老年人把他们住房资产的一部分或全部抵押给保险公司或银行等金融机构，金融机构根据老年人的年龄、预期寿命及房屋的现值、增值空间等情况对房产进行综合估价，从而转换

① 柴效武. 以房养老——理念与模式［M］. 北京：清华大学出版社，2017：4.

成一次性的收入或一个固定年金的金融产品，老年人可以继续居住在该住所直至去世或出售房屋、永久搬离住所。老年人去世之后，房屋所有权就归金融机构所有。与传统贷款的现金流方向相反，因此也被称为“倒按揭”。

用房产来换取养老可以追溯到若干世纪前的欧洲，荷兰老年人将房产出售给年轻人，并继续居住在该房产里直到去世；法国 Viager 项目则是老年人将房子出售给年轻人并签订终身年金契约，老年人可以继续居住在房子里直至去世时，年轻人收回房子并停止支付金额；在英国，也有用房产抵押入住老年公寓的实例。

在当代，住房反向抵押贷款发展于美国。20 世纪 80 年代，新泽西州劳瑞山的一家金融机构率先创办了住房反向抵押贷款项目，联邦住房管理局制定了 HECM（home equity conversion mortgage）计划，为老年人提供现金，拓宽了老年人的养老途径，帮助老年人支付医疗费用、改善生活条件等。数十年间，参加 HECM 计划的老年人人数不断增加，成为了美国老年人养老的重要方式之一。

## （二）国外“以房养老”模式发展现状：以美国为例

“以房养老”对于我国老年人及其子女来说还是一个新鲜的概念，人们对这种新的养老模式还持有很多怀疑的态度。而“以房养老”在欧美发达国家发展了数十年，住房反向抵押贷款的养老模式已经有了很多成功经验。尽管我国国情与欧美国家大不相同，但可以通过对欧美国家住房反向抵押贷款的背景、发展现状和发展前景进行分析，从中获取实践经验，帮助建立一个完善的“中国式”的住房反向抵押贷款运作体系，丰富我国的多元养老服务体系。此处将对美国住房反向抵押贷款项目进行简单概述。

1. HECM 发展历程

美国住房反向抵押贷款起源于 20 世纪 80 年代。“婴儿潮”一代开始陆续进入老年，老龄化问题严重。他们之中很多人无儿无女，尽管有住所却无

人赡养，也没有养老资金，可谓“房子富翁，现金穷人”。

1983 年，新泽西州劳瑞山的一家银行创立了住房反向抵押贷款项目。而美国住房和城市发展部下属的联邦住房局也于 1984 年开始了住房反向抵押贷款的尝试（HECM 计划），1987 年在国会通过，1988 年里根总统签署同意了住房反向抵押贷款保险的议案。

HECM 计划于 1989 年开始尝试，前十年发展缓慢，截至 1998 年，大约签订了 4 万份住房反向抵押贷款。进入 21 世纪后，“婴儿潮”时期出生的人口逐渐进入老年，年龄上满足 HECM 的签署条件（年龄满 62 岁）。“婴儿潮”一代认为房屋是一种流动性较好的资产而不是一种安全存款，所以他们比大萧条那代人更能接受住房反向抵押贷款①。因此对于“婴儿潮”一代而言，住房反向抵押贷款是一种很好的养老方式，可以为他们退休后的养老生活提供保障，提高他们的生活质量。在一定程度上，“婴儿潮”一代为美国住房反向抵押贷款的发展创造了机会。

1998 年，HECM 计划开始在全国正式推广，并保持持续增长。截至 2012 年，HECM 每年新增约 7 万份住房反向抵押贷款。截至 2015 财政年度，HECM 的贷款资产组合价值为 67.78 亿美元，预计到 2020 财政年将达到 136.65 亿美元②。

2010 年，美国联邦住房局推出了新的贷款产品 HECM Saver。HECM Saver 的设计初衷是降低放贷者的风险，同时降低借款人的借款成本，相较于 HECM，HECM Saver 的使用者不需要支付联邦住房管理局的预付保险费，从而降低了参与成本。2011 年，HECM Saver 项目参与人数增长了 120%③，在住房反向抵押贷款市场中占据了稳定地位，与 HECM 相互补充。2014 年 HECM 和 HECM Saver 合并，进一步放宽了申请条件，扩大了住房反向抵押贷款的规模。

---

① 水名岳．以房养老：方案与对策［M］．上海：东方出版中心，2018：37.

② 水名岳．以房养老：方案与对策［M］．上海：东方出版中心，2018：48.

③ Elizabeth Ecker. Reverse Mortgage Applications Fall，HECM Saver Gains 120%［DB/OL］. 2011. 02. https：//reversemortgagedaily. com/2011/02/23/reverse-mortgage-applications-fall-hecm-saver-gains-120/.

2. 申请条件

第一，申请人必须是该房产的房主，且该房产为申请人的主要住所。联邦住房局还对房屋有一定的标准，如果不满足该标准则无法进行反向抵押，房主需要对房屋进行整修后重新申请。

第二，对房主的年龄要求。房主年龄应在 62 岁以上。一般来说，房主年龄越高，其获得的住房反向抵押贷款额度越高。

第三，为了避免纠纷，美国住房和城市发展部要求所有有意愿参加住房反向抵押贷款的老年人必须参加相关的培训和咨询。培训会向老年人介绍该项目内容、项目特征、办理手续以及该项目与其他金融项目的区别等，以帮助老年人更好地了解住房反向抵押贷款，作出自己的判断。进入贷款程序前，所有申请者都必须参加由专业机构为其提供的咨询并且获得相关证明。

3. 支付方式

HECM 贷款额度主要取决于申请贷款的老年房主的年龄、预期寿命、房产现值以及未来升值空间，同时，金融机构还要对贷款人要求的利率、贷款相关手续费用、房产折损等进行综合考虑。通常来说，房产现值越高，贷款额度越高；老年房主年龄越长，贷款额度越高；利率水平越低，贷款额度越高。

老年房主申请 HECM 后依然可以居住在该住宅，但是需要承担房产的维护费用和税收。当老年房主去世或永久搬出该居所时，HECM 项目到期，房屋由贷款机构出售偿还贷款，出售金额超出贷款金额的部分则由子女继承；若老年房主去世时房产现值低于贷款金额，贷款机构需要向联邦住房管理局提交文件申明贷款机构损失的金额，联邦住房管理局会为贷款机构作出相应的差额金补偿。

老年借款人可以自己选择抵押房产的所得贷款的支付方式。一般有四种方式：（1）一次性支付；（2）任内支付，即只要老年房主还居住在抵押住所中，即可每月领取固定金额的钱；（3）定期支付，即在一定年限内，借款人可以定期领取房产抵押所得资金；（4）授信，即在任何时候都允许借款人

领取规定额度内的资金。

4. HECM 的可取之处

美国进入老龄化社会早于中国，对于多元的养老方式探索起步更早，“以房养老”模式发展成熟。住房反向抵押贷款项目参与人数多，市场规模大。HECM 已经成为美国老年人重要的养老模式选择之一，其值得借鉴之处主要有以下几点。

（1）有健全的法律法规和制度政策。20 世纪 80 年代，美国在开始住房反向抵押贷款项目尝试之初就颁布实施了美国国家住房法案，并授权美国住房和城市发展部，从国家层面进行担保。随后发布的系列法案进一步明确了同住房反向抵押贷款有关的运作机制、信息披露机制、监管机制等。

同时，美国政府还提供了相应的政策优惠。美国国家税务局规定住房抵押的收入不算个人收入，无须纳税；老年借款人去世后，出售该房产也无须上缴有关税费。除此之外，老年借款人进行住房反向抵押贷款项目后还可以享受相应的社会福利优惠政策，增强了项目对老年人的吸引力。

（2）政府的直接参与减轻了金融机构和老年人的顾虑。20 世纪末，住房反向抵押贷款作为一项新的金融养老项目，金融机构和老年人必然对其风险性抱有较大的顾虑。为了打消人们的顾虑，美国政府颁布实施了相关的法案以明确住房抵押的运作机制，并为借款方和贷款方都提供了保护。

对于借款方来说，HECM 项目由政府推出，由政府担保，老年借款人无须担心金融机构倒闭，且 HECM 项目没有追索权，不准逼迫借款人售卖房屋还款。

对于贷款方而言，不必担心老年房主去世时由于房价下跌导致的亏损。若老年人去世时房产现值低于贷款金额，贷款方可以向联邦住房管理局进行申请，联邦住房管理局会为贷款机构作出相应的差额金补偿。

同时，HECM 为老年借款人提供了专业咨询制度，向老年借款人详细介绍住房抵押相关事宜，并对他们进行培训。老年人必须取得相关资质认证才可以参与住房反向抵押贷款项目。这不仅打消了老年借款人的疑虑，一定程度上也保护了金融机构，使其免受纠纷。

（3）成熟的金融市场为 HECM 的发展提供了支撑。美国金融市场高度发达，为 HECM 提供了大量优秀的金融人才和金融工具，可以设计出更合理、更精准的住房反向抵押贷款项目，既能够吸引更多的借款人，也能保证金融机构的利润。同时，发达的金融市场还为住房贷款项目提供了二级市场，为 HECM 一级市场的发展创造了一个良好的资本市场环境，大量金融机构推出了住房反向抵押贷款的证券化产品，包括 HECM 和私营住房抵押贷款项目。证券化使更多的资本涌入住房抵押贷款市场，加强了资本的流动性，提升了贷款的市场流传效率，从而推动整个住房反向抵押贷款产业的发展。

## （三）“以房养老”模式的中国经验

相较于欧美国家，我国“以房养老”模式起步迟，市场不够成熟，缺陷较多。自 2004 年柴效武教授提出“以房养老”的概念，全国各地都展开了相关养老模式的探索。“以房养老”是一种横跨房地产、金融保险、养老保障三大领域的养老模式①，虽尚处于开拓阶段，但是对于解决我国人口老龄化问题有很强的现实意义。近些年，“以房养老”的实践越来越多，这些实践有助于补充我国养老服务体系，丰富我国养老服务资源，造福广大老年人。

### 1. “以房养老”的发展现状

2002 年，中房集团董事长、原国家房改课题组组长孟晓苏首次建议提出老年人可通过个人房产抵押方式，获得年金领取权益。他认为，住房反向抵押贷款寿险很适合我国当前的国情，老年人能够在收入低谷期开启“房产金库”，有效补偿老年生活，保持子女与社会对老年人的长期尊重，有利于推进和谐社会建设②。随后，柴效武教授将住房反向抵押贷款的养老模式概括为“以房养老”，这一概念在国内开始广泛流传。

2004 年，中国保监会在北京、上海、广州开始“以房养老”模式新试

① 柴效武．以房养老——理念与模式［M］．北京：清华大学出版社，2017.

② 孟晓苏．论建立“反向抵押贷款”的寿险服务［J］．保险研究．2002（12）.

点。2006 年，在全国两会上，建设部科技司司长赖明建议推行“以房养老”，在一些大城市进行试点，待成熟后向全国推广。建议一经提出，在全国掀起了热烈讨论，北京、上海、南京、杭州等地纷纷展开了“以房养老”的实践。但是出于不成熟、风险大、不能很好满足老年人需求等原因，大部分项目都惨遭“流产”，“以房养老”模式发展陷入僵局。

2013 年，《国务院关于加快发展养老服务业的若干建议》发布，将试点开展老年人住房反向抵押贷款；同年，国家发改委及民政部共同召开发布会，表明中国将在各个城市开展老年人“以房养老”试点，促进“以房养老”及金融养老稳步落实。会后，保监会牵头在 2014 年初出台具体措施——《中国保监会关于开展老年人住房反向抵押养老保险试点的指导意见》，计划在北京、广州、武汉、上海四个城市开展为期两年的试点①。

2016 年 3 月，中国人民银行、民政部、银监会、证监会、保监会联合印发《关于金融支持养老服务业加快发展的指导意见》，提出要加快保险产品和服务方式创新，继续推进老年人住房反向抵押养老保险试点。鼓励银行业金融机构探索住房反向抵押贷款业务。鼓励金融机构积极探索代际养老、预防式养老、第三方付费养老等养老模式和产品，提高居民养老财富储备和养老服务支付能力。

在养老压力不断增大的情况下，学术界对住房反向抵押贷款的关注度越来越高，各地政府也出台了众多鼓励发展“以房养老”的政策建议，“换房养老”“售房养老”“租房养老”等项目已经投入实践。可见，“以房养老”作为多元社会养老服务体系的一部分，确实可以帮助缓解社保基金的压力，满足老年人的养老需求，在我国有较大的发展空间。

2. 我国发展“以房养老”的可行性分析

（1）“以房养老”是应对人口老龄化的新思路。面对规模巨大的人口老龄化挑战，现有的养老服务体系似乎有些难以应对。基本养老保险基金、医疗保险基金都存在一定缺口，家庭结构转型使家庭无法给老年人提供足够的

① 水名岳．以房养老：方案与对策［M］．上海：东方出版中心，2018：125.

支撑，而现有的养老服务又有种类单一、发展不充分的问题，难以满足老年人的养老需求。随着我国老龄化程度的不断加深，个人很有可能面对更大的风险和养老压力，必须寻求解决养老问题的新机制。

“以房养老”模式通过金融手段把养老服务和房产结合起来，以房产推动养老服务的发展，是一种市场化的创新养老方式。一方面，市场机制的引入为养老服务汇集了更多的金融资本，有助于缓解社会和家庭的养老负担，缓解基本养老保险和医疗保险的资金压力；另一方面，多元资本的进入必然使得养老服务和养老产品更丰富多元，更能精准识别老年人的养老需求，从而能够提供针对老年人个性化需求的养老服务。且“以房养老”具有商业属性，市场竞争可能会使养老服务和养老产品的价格降低，惠及更多老年人。

（2）“以房养老”有利于促进房地产业的流动，促进居民消费。在中国人的传统思维模式中，“有自己的房子”是一件十分重要的事情，很多人为了房子奋斗一生，到退休收入骤减之后可支配收入减少，变成了所谓的“房子富翁，现金穷人”。而有一部分老人，则希望通过更换房屋来提高老年生活质量。据国家统计局统计，我国大部分老年人储蓄相当可观，有购买力，也有能力追求更好的生活品质。但在收入减少、房价上升的情况下，老年人对消耗大量储蓄购置新房屋存有较大的顾虑。住房反向抵押贷款可以帮助老年人用房产置换现金，增加他们的可支配现金。对于老年人来说，住房反向抵押贷款所得相当于一笔额外的养老金，既增加了他们的可支配收入，也增加了消费的选择余地——有可能更换更好的房屋，也可以通过消费提高生活品质。与此同时，老年人的旧房子、老房子重新流向市场，可以卖给收入较低的中低阶层社会成员，从而实现房地产业的流动，提高了房子的利用率和使用价值。除此之外，可支配收入的增多意味着居民消费水平的提高。研究表明，参加了住房反向抵押贷款的老人幸福感得到了增加，个人和社会总福利效用均得到了提升（黄民安，2013；柴效武，2004）。

（3）养老现实需求和观念转变呼吁“以房养老”。近些年，我国家庭结构发生转变，家庭养老已经无法提供老年人需要的生活照顾和经济支撑了。“4－2－1”或“4－2－2”的家庭模式正逐渐成为主流，“空巢老人”现象

也将越来越严重，未来养老的责任必将从家庭转移到社会。

另外，在传统认知里，老年人总是勤俭节约、舍不得花钱，对养老的需求也仅仅停留在日常起居和医疗服务上。而改革开放以来我国经济不断发展，人民生活水平不断提高，老年人对养老的要求也随之提高，不再满足于最基本生活照料和医疗照护，老年人对养老服务的要求不仅覆盖衣食住行、心理健康、精神生活等方面，还提出了老有所教、老有所学、老有所乐，对我国养老服务体系的发展提出了更高的要求。“以房养老”的出现就是响应了新的养老需求。例如，老龄房地产业为老年人提供了设施功能齐全的养老场所，提高了他们的生活品质；住房反向抵押贷款则增加了老年人可支配现金，增加了老年人的消费，不仅可以满足老年人的物质需求，还使他们有富余的钱去投入爱好或接受教育，从而实现他们的精神需求。“以房养老”的养老模式给予了老年人更多的养老选择，把养老服务从满足基本生存需求提高到了为老年人提供可享受的、有品质的老年生活。在养老需求不断提高的今天，“以房养老”的出现可谓是必然的。

（4）国外实践经验有助于我国“以房养老”发展。虽然我国“以房养老”还处于开拓阶段，但是欧美发达国家经过数十年的探索，已经形成较完善的“以房养老”模式，如美国的HECM、法国的Viager项目，为我国提供了大量的实践经验，可供参考。

欧美发达国家发展成功的住房反向抵押贷款项目存在着一些共性。首先，这些项目都有政府的支持。政府的参与可以增加住房反向抵押贷款的信用度，尤其是在项目初创阶段，政府的担保会起到重要作用。政府在制定了法规政策来规范这些贷款项目的同时，也为金融机构提供了政策优惠，吸引金融机构参与“以房养老”市场，为项目后期发展打下坚实的基础。其次，需要市场力量的参与。“以房养老”是对传统养老模式的补充，其作用之一就是减轻社保基金的压力，欧美国家的住房反向抵押贷款均有市场力量的介入，政府也鼓励私营机构积极参与其中，减轻政府部门的经济压力，同时也提供种类更加丰富的养老服务。最后，欧美发达国家的住房反向抵押贷款都有类似的进入要求，即只有达到一定年龄的老年人才能通过向金融机构抵押自己的房产，其抵押目的是为了提高生活水平。

3. 我国“以房养老”案例分析

（1）南京汤山温泉留园老年公寓项目。2005 年，南京汤山推出的温泉留园老年公寓是一种“以房换养”的养老模式。温泉留园老年公寓是一家民办养老机构，在全国率先推出了“以房换养”的养老模式，其本质是一种“倒按揭”。“以房换养”是指拥有南京市 60 平方米以上产权房、年满 60 岁以上的孤残老人，可以自愿将其房产抵押，经公证后入住老年公寓，终身免缴一切费用；房屋产权在老人，待老人去世后，房产权归养老院所有。

但在 2005 年，“以房养老”毫无实践经验，在项目的实际操作过程中遇到了很多问题：借款人的申请资格如何界定？老年人在养老院的生活费如何计算？如何平衡抵押房产价值和老年人照顾与医疗支出？这些问题在当时都没有得到很好解答。并且当时“以房养老”作为新养老概念进入人们的视野，完全没有法律法规作为凭据，对于养老院来说，老人的医疗费用负担很重；而对于老年借款人来说，若养老院破产，其生存保障也就没有了。愿意推出“住房反向抵押贷款保险”的保险公司也寥寥无几，一段时间后汤山留园项目就惨遭破产。

（2）上海市公积金管理中心“以房自助养老”项目。2007 年，上海市公积金管理中心提出了“以房自助养老”的养老模式。该模式中 65 岁以上的老年人，可以将自己的房产与上海市公积金管理中心进行房屋买卖交易，交易完成后，老年人可以一次性收取房款，房屋由公积金管理中心再返给该老年人，租期由双方约定，租金与市场价等同，老年人可按租期年限将租金一次性付与公积金管理中心，其他费用均由公积金管理中心交付。该模式不同于“倒按揭”，需要实现完成产权人的变更，且相比于倒按揭，“以房自助养老”更侧重于居家养老，便于老年人在熟悉的生活环境中继续养老。

不同于国外的住房反向抵押贷款，上海市“以房自助养老”在贷款签订之初就完成了房屋产权的转换，房产升值的部分均交付给了公积金管理中心，这也引起了一些老人子女的不满，影响了该项目的推广。最终，上海市的“以房自助养老”也以失败告终。

（3）中信银行的“信福年华卡”。2011 年中信银行推出了全国首个具有“以房养老”功能的“信福年华卡”。老年借款人可以以房屋为抵押，分期领取养老贷款。具体操作过程中，贷款金额不得超过房产估价的 60%，每月实际支付金额不得超过 2 万元，最长贷款期限不超过十年，解除抵押后，房产可以转让、赠予或继承。

与其他住房抵押贷款不同的是，“信福年华卡”的借款人不限于老年人本人，其年满 18 岁的法定赡养人也可以作为借款人，通过房屋贷款为父母提供养老资金支持；同时要求借款人必须同时拥有两套房产，其中一套房屋用于抵押，解决了一套房屋难以处置的难题。

（4）幸福人寿的“房来宝”保险产品。2015 年 3 月，经过中国保监会批准，保险版“以房养老”产品由幸福人寿正式推出，这是我国第一个老年人住房反向抵押养老保险，首批试点城市为北京、上海、广州和武汉。幸福人寿“房来宝”的具体要求是，投保年龄为 60～85 岁，投保时双方根据房屋情况、预期增值、老年人平均寿命等约定基本养老保险金额。保单生效后，保险公司按月向老人给付基本养老保险金额（须扣除部分管理费用）。与普通的人身险产品 10 天的犹豫期相比，以房养老产品设定的犹豫期达到了 30 天，且每一个环节都需要老人参与或到场，负责人会与老人进行详细具体的沟通；借款人在扣除相关费用之后，也随时可以退保赎回，终止保险合同。

截至 2019 年 4 月，幸福人寿“房来宝”保险产品累计承保 194 单（133 户），推广十分艰难。

### （四）我国发展“以房养老”的现实阻碍

“以房养老”的概念已被提出十多年，从实践来看无论是以房换养还是住房反向抵押贷款发展得并不理想，大多数项目最终都惨遭失败。这与我国的国情和国人的思维模式脱不开干系。我国社会缺乏“以房养老”成长的土壤。尽管“以房养老”只是作为基本养老方式的补充出现在市场上，但其理念和操作方式不符合国人的养老习惯，因此在发展过程中遇到了较大的现实阻碍。

1. 遗产继承观念对“以房养老”的阻碍

中国人有着强烈的子女继嗣和遗产继承传统思想。费孝通曾指出，父母对孩子的义务是根据亲属关系确定财产传递的一般原则的基础。也就是说，父辈有将房产留给子女的义务，而房产也成为了子女赡养父母的凭证，二者存在契约关系。“以房养老”无疑打破了代际之间的这种经济契约，对传统代际关系产生了影响。子女担心无财产继承，老人则担心房产抵押后子女将不再履行赡养义务，进而影响老年人对“以房养老”的态度。研究表明，遗产继承的观念对住房财富效应的影响巨大，抑制了我国的住房财富效应的正常发挥，阻碍了“以房养老”的有效实现①。

与之相关的是家庭结构和家庭经济条件对老年人“以房养老”态度的影响。养老从来不是老年人一个人或两个人的事，而是与家庭结构和家庭关系息息相关的。这一关系在“以房养老”模式中体现得更为明显：子女数量越少、子女经济条件越好的家庭，子女对遗产继承的动机相对没那么强烈，也越支持老年人参与“以房养老”；反之则有可能强烈反对父母参加“以房养老”，而据研究，子女的态度对老人加入“以房养老”项目的意愿有极大的影响。除此之外，“空巢老人”以及收入较低的老人也有较强的“以房养老”意愿。

2. 房屋产权对“以房养老”发展的限制

房屋产权问题也影响我国“以房养老”的发展。不管是以房换养、售房养老、租房养老，还是住房反向抵押贷款项目，都要求老年借款人拥有房屋产权，无房屋产权和经济条件差的老人已经被排除在外。而拥有房产的老人也并非全部符合参加“以房养老”的要求，有些房子是单位产权房，不能外部流通，不符合抵押要求。

另外，我国现行规定居民住宅用地的土地使用年限为 70 年。住房反向

① 陈健，黄少安．遗产动机与财富效应的权衡：以房养老可行吗？[J]．经济研究，2013（9）．

抵押贷款项目运作时长较长，对于一些年限较长的房产，金融机构必须考虑到这一问题。同时，国家相关政策的变化、房屋的拆迁都将影响“以房养老”的进行，很难预测长期的政策走向，对于金融机构来说开展“以房养老”项目实际面临着较大的风险。正因如此，尽管国家出台了若干相关政策推广“以房养老”，响应号召的金融机构也屈指可数。

目前，我国“以房养老”主要在城市开展，在农村或城乡接合部还存在很多小产权房，村民无权对房屋进行转让或出售，无法参与“以房养老”，而在农村常见的“土地换社保”同样有局限性大、参与度低的问题。由此可见，“以房养老”始终只面向部分老年人，其消费群体小，自然无法得到很好的推广。

3. 没有完善的政策框架和行业标准

近10年来，民政部、工信部等有关部门就养老服务体系建设及“以房养老”颁布了很多相关的政策意见，但是仍然缺乏具体法律法规和政策规定对借款方、贷款方和整个“以房养老”行业进行规范。要想建立起“以房养老”模式，必须法律法规和政策规定先行。

首先，政府应该发挥主导作用，为金融机构提供一定的担保，起到整体调控的作用，方便“以房养老”的调控。其次，应该明确借款人和贷款人双方的义务，以解决信息不对称的问题，保证老年人在交易过程中不受到利益侵害。再次，应该建立风险防范制度。一方面，要加强房产评估风险防范制度，防止房价上升时升值部分被金融机构抢占而侵害了借款人利益，也防止房价下跌使贷款方面临破产的风险；另一方面，需要专家及专业人才对“以房养老”项目进行更完善的设计，充分考虑老年人预期寿命、房价波动、利率波动对项目可能会产生的影响。最后，应该强化市场监管和评估，建立起征信体系，避免不道德的市场行为，降低市场风险，使借款人和贷款人都没有后顾之忧。

4. 金融市场发展不完全

“以房养老”与金融业息息相关，包括银行、保险、房地产等众多行业。目前，我国金融市场还有很多不足之处，愿意开展“以房养老”项目的机构很少，由于金融分业经营，在法律和监管上也存在一些障碍。在保险公司层面，产品的标准化、支付的模块化、计算的价值化、期限的灵活化等改进空间也很大。除此之外，政府与金融机构之间的关系也有待厘清，在缺乏制度保障和政策优惠的情况下，金融机构对开展“以房养老”存在很大的顾虑。

### （五）我国“以房养老”发展改进建议

1. 强化政府在“以房养老”发展过程中的作用

“以房养老”在我国还处于开拓期，缺乏公信力，无论是老年人还是金融机构都仍持观望态度。此时应该由政府主导“以房养老”项目，或由政府指定相关机构提供服务，政府对其进行指导和监管。政府的担保可以增加“以房养老”项目的可信度，打消老年借款人的顾虑，确保在发生房价波动等不确定性情况时借款人的利益不受到损害。政府也应该加强对金融机构的支持，如加大税收优惠政策，鼓励金融机构进入“以房养老”市场，从而增加“以房养老”市场中的供给。

2. 加强法律法规及市场监督体系建设

目前，我国“以房养老”缺乏规范性的法律文件和政策规定，必须建立一套法律法规来规范市场行为。政府应该加强对金融相关法律、社会保障相关法律、房地产相关法律等进行进一步讨论和完善，也可以在部分城市推出遗产税试点，为“以房养老”提供成熟完善的法律支持。政府有权授权金融机构参与“以房养老”项目，有必要对借贷双方给予担保、承担风险等，设立退出机制，整顿和规范市场并清理违法违规经营的机构①。同时也要建立市场监督管理体系和风险控制机制，促进金融机构、咨询机构、评估机构的发展，缓和由于预期寿命、房价波动等不确定因素带来的风险。

3. 制定科学合理的“以房养老”产品

由于老年借款人的预期寿命、房价波动、利率波动都难以预测，“以房

---

① 水名岳．以房养老：方案与对策［M］．上海：东方出版中心，2018：208.

养老”的风险较大。在设计以房养老项目时必须考虑到诸多风险，对房产价值和老年人可领取的款额作出准确计算，并对房价上升时升值部分及房价下跌时机构亏损的部分进行合理设计安排，以避免纠纷发生。

同时，应该增加“以房养老”产品的多样性。现在市场上的“以房养老”产品大多是住房反向抵押贷款及相关保险产品，还有一些“以房换养”的服务，产品种类单一，可替代性高。可以引导私营机构的加入，增强市场竞争，建立多元化、多层次的“以房养老”服务体系，确保市场供给，从而促进“以房养老”的普及。

4. 加强“以房养老”宣传，倡导老年人的参与

很多老年人对“以房养老”还不是很了解，对于这种需要将自己房屋产权进行抵押的养老方式抱有很大的疑虑。同时，受到遗产继承观念的影响，很多老年人不愿意将房产进行抵押，一些子女也持反对态度，这对“以房养老”的推广产生了极大阻碍。因此，政府应该加强“以房养老”的宣传，对有房产的“空巢老人”或符合条件的老人展开有针对性的宣讲；可以设置咨询机构，帮助老年人了解什么是“以房养老”、如何参与以及“以房养老”的好处。同时，加大“以房养老”的试点，在北京、上海、广州等老龄化程度深、经济发展水平高的地区先行开展“以房养老”并积累经验，逐步推广。

# 第八章　混合福利视角下养老服务政策研究

## 一、问题的提出

我国老龄化加速发展，老龄化社会已然来临。这成为转型期中国面临的重大社会问题之一。据第六次人口普查数据显示，我国60岁及以上老龄人口比例是13.26%①，同时养老补贴缺口又达到了1.3万亿元②，受公共物品非效率性和道德风险的双重制约，单靠政府承担养老服务已经无法有效应对日趋严重的老龄化问题③。2008年1月29日，全国老龄委办公室、发展改革委、教育部、民政部、劳动保障部、财政部、建设部、卫生部、人口计生委、税务总局联合下发《关于全面推进居家养老服务工作的意见》。2016年5月27日，习近平总书记在中共中央政治局第三十二次集体学习时强调，要构建以居家为基础、社区为依托、机构为补充、医养相结合的养老服务体系。2019年，民政部下发《民政部关于进一步扩大养老服务供给促进养老服务消费的实施意见》，要求各地方政府大力发展城市社区养老服务、积极培育居家服务、促进机构养老服务提质增效，繁荣老年用品市场。在国家政

---

① 中华人民共和国国家统计局.2010年第六次全国人口普查主要数据公报［EB/OL］.（2011-04-28）［2012-04-20］.http：//www.stats.gov.cn/tjgb/rkpcgb/qgrkpcgb/t20110428402722232.htm.

② 杨雪.谁来填补中国养老金1.3万亿元的缺口［EB/OL］.（2011-06-03）［2012-4-20］.http：//pinglun.youth.cn/mtgz/201106/t20110603_1604770_1.htm.

③ 齐红倩，李民强.发展慈善事业，破解老龄化困境［J］.人口学刊，2010（3）：42-47.

策的有效推动下养老服务快速发展，各地基于自身实际的探索创新形成了不同的模式，如张奇林和赵青概括出的“上海模式”“百步亭模式”“昆明模式”①，汪大海和张建伟总结的“鹤童模式”②，以及广为讨论和引用的宁波海曙区模式、南京鼓楼区模式和苏州沧浪区模式等③。这些不同地域的养老模式表现出一个共同的特点，即养老服务在社会化情形下供给主体多元、服务对象公众及服务队伍趋于专业，表现出福利混合经济的特征。

福利混合经济源于西方，表现为多个权力或服务中心的并存，能够通过竞争和协作给予公民更多的选择权和更好的服务，有效避免公共产品或服务提供的不足或过量④，公益性社会组织可以通过资金筹集、养老服务提供、养老社区规划等方式提供高质量、多层次的养老服务，以化解人口老龄化风险。现阶段国内对于居家养老服务的地域模式讨论较多，而鲜有基于福利混合视角下对不同地域的居家养老乃至机构养老模式做对比分析讨论。

因此，基于以上背景，本章意欲集中讨论两个问题。第一，不同地域养老模式的内容和特征是什么？第二，基于闽清县养老政策实践的调研，并比较不同地域养老模式，探讨现阶段社会化养老中社会支持环境存在的不足，然后提出政策建议。

## 二、混合福利下养老服务社会多元主体结构

在20世纪七八十年代，西方国家的石油危机冲击了整个世界经济，带

---

① 张奇林，赵青. 我国社区居家养老模式发展探析［J］. 东北大学学报（社会科学版），2011（5）：416-420，425.

② 汪大海，张建伟. 福利多元主义视角下社会组织参与养老服务问题——“鹤童模式”的经验与瓶颈［J］. 华东经济管理，2013，27（2）：118-122.

③ 张国平. 居家养老社会化服务的新模式——以苏州沧浪区“虚拟养老院”为例［J］. 宁夏社会科学，2011（3）：56-62.

④ 王兴伦. 多中心治理——一种新的公共管理理论［J］. 江苏行政学院学报，2005（1）：96-100.

来了严重的通货膨胀、大量失业人口及福利国家出现严重财政困难等问题。同时人口老龄化、贫困人口增加等因素又带来不断增长的社会服务需求。在这双重困境下，以往由国家单一提供福利的方式又面临福利提供效率低下、财政负担严重、选择自由受限、民众工作热情降低、产生福利依赖和懒惰情绪等诸多问题①。在这种形势下，西方各个不同的社会群体都认识到需要对原有的社会政策体制进行改革。主张结合民间资源与力量来实施各项社会福利方案，政府不应该是福利的唯一提供者，福利的责任应该由公共部门、营利部门、非营利部门和家庭社区四个部门共同负担。因此，出现了福利市场化、志愿化、地方分权化及福利社区化的趋势。我们基本上可以用“福利混合经济”或“福利多元主义”来表示该理论思潮。这也是继古典自由主义、凯恩斯、贝弗里奇范式之后为解决福利国家危机而新兴的理论范式。只是在各个国家的称谓不同，如在英国称为“福利多元主义”和“福利的政治经济或混合式经济”，在其他欧洲国家称为“福利组合”“社会经济”等。

在福利混合经济中，福利服务的提供主体主要包括公共部门、私营部门、志愿性部门和非正式部门。也正如林闽钢（2020）认为的在福利混合经济理论框架中，存在四个构成要素，即国家福利、市场福利、志愿性福利和非正式福利（家庭福利）②。我国从 20 世纪 80 年代中期提出社会福利社会化思想并开始进行福利社会化改革。经过不断发展与变革，我国老年社会福利要素包括国家老年福利服务、市场老年福利服务、家庭（非正式部门）老年福利服务及志愿性组织（非营利部门）老年福利服务。与此同时，在这四者关系中，“国家”的角色不仅是提供照顾服务的公共部门，还是其他三者承担照顾服务的支持者、规范者及决策者。其中市场福利服务指民营机构提供的一切养老照顾服务；家庭老年福利服务指的是家人、亲戚、邻里朋友提供的照顾等服务；志愿性组织老年服务指的是地域性、自发性、慈善团体等为

---

① 赵婷婷．我国城镇养老服务机构的问题研究［D］．天津：南开大学，2013.

② 林闽钢，王锴．国际比较视角下老年社会服务体制的多样性——兼论中国老年社会服务体制的新结构化［J］．经济社会体制比较，2020（1）：44－52.

老年福利所提供的服务。回首人类社会养老的历史，养老服务的供给已经由家庭一元供给发展成国家、市场、志愿性组织及家庭多元供给的趋势。相信未来福利多元主体供给将成为不可逆转的洪流。

## 三、地域性养老服务模式

本章的养老地域模式比较将选取一个机构养老的典型代表（天津“鹤童模式”）以及两个居家养老服务的典型代表（苏州“沧浪区模式”、南京“鼓楼区模式”）。将从它们的机构性质、资金来源、服务对象的选择、服务内容、服务人员的专业化程度、该模式下的成功经验和存在问题以及运行模式等层面切入论述，对三者模式进行比较分析以期回答本章提出的两个问题。

### （一）天津“鹤童模式”

“鹤童模式”指的是天津鹤童养老院养老服务模式。鹤童养老院创立于1995年，是全国第一家非营利性质的老人护理院。本着“老人是客户，老人是衣食父母，老人是命根子”的理念，通过社会力量的会聚来帮助失智、身患绝症以及生活无法自理的老人。因为是一家民办非营利的养老服务机构，所以融资渠道分为三类：第一类是机构创办人投资；第二类是有偿服务；第三类是社会捐赠。鹤童养老机构将客户分为全护理、半护理、全自理、痴呆老人等，按照不同的分类收取相应的服务费用。同时，其服务人员有较高的专业化水准，护理人员主要分为国有企业下岗再就业培训的护理人员，鹤童养老机构自己创立学校培养的护理人员，以及专业化的社工师傅。经过25年的发展，形成了独具特色的“鹤童模式”，目前有较丰富的养老运营项目，包括日常的商业化运营、公共服务的外包、养老服务产业的可持续打造等内容（见表8－1）。

表 8 – 1　　“鹤童模式”的养老服务内容

| | | |
|---|---|---|
| 日常的商业化运营 | 提供有偿护理服务 | 提供全护理、半护理、全自理、痴呆老人等收费服务 |
| | 老年相关产品的销售 | 开设老年用品研究所，进行老年用品的研发和销售，涉及护理床、洗浴与登厕、压疮防治、助行器械、日常起居、康复器材等多个品种 |
| | 物业管理服务 | 成立天津市鹤童劳务服务有限公司和鹤童清洁管家与洗涤公司，为全市各大医院、学校及政府机关提供后勤社会化服务 |
| | 项目策划与投资活动 | 与盛龄鹤童国际健康照护管理有限公司联合组建欧洲养老护理专家团队，为中国政府和社会各界提供国际化养老护理的产业链服务。如政府长期照护服务体系建设规划、员工培训与继续教育等 |
| 公共服务外包项目 | 开展养老服务外包 | 与北京月坛街道办事处签订委托管理协议，接管由月坛街道办事处兴办的月坛街道敬老院。政府出资购买养老院的服务 |
| | 特殊时期与政府合作 | 2008 年汶川地震，与政府合作开展四川绵竹“四川灾区孤老孤残专业护理院项目”，采用专业的“发包管理流程”，从京津地区派出项目执行人员前往灾区工作，团队每季度轮换一次，在实施过程中执行全面的社工培训和严格的财务管理制度 |
| 养老服务产业链可持续化的打造 | 人才培训 | 成立了“鹤童老人护理职业技能培训学校”，与南开区人才服务中心合作，连续免费开办多期面向下岗女工的护理人员培训班，培养了大批养老护理从业人员 |
| | 制定养老服务标准 | 参与制定《养老护理员国家职业标准》，主编《养老护理员国家职业资格培训教程》和《养老护理员国家职业资格培训教学大纲》等教材 |
| | 组织孵化与培育 | 成立鹤童之声合唱团、延安医院、鹤童义工联合会、鹤童 DV 研究社、鹤童京剧社等多个健康老年人活动组织 |

“鹤童模式”的成功源于其建设了一个学习型组织，在成立之初的 1997 年就主动邀请该领域专家对其开展了我国首次非营利组织机构的评估工作，借此为机构定位和改革寻求明确的方向。同时，机构负责人曾经多次与发达国家的专家学习经验，如曾多次与德国、美国、奥地利、法国、日本等专家交流护理经验与管理方式。引进了成功的管理方式与照护方法，使改革和学

习同步前行。养老机构实现了从国内传统的养老院式管理向现代化管理模式的转变。例如，推出老人整体护理新模式，使管理流程化、程序化和个案化；推出员工职业生涯管理，实行终生服务、终生培训的制度①；同时又进行自主学习，攻破长期卧床重症老人出现的各种难题，开展老人膳食营养标准化研究，开展痴呆和偏瘫老人的康复康乐活动，推出个案护理、全面照顾的全新护理模式，与国际老年人服务机构的先进做法实现接轨②。为了提高组织的发展与建设能力，又引进平衡计分卡等人力资源前沿性管理工具，对管理的过程和结果进行不间断的评估和创新。也正是采取了渐进和不断学习追求创新的发展道路，成就了鹤童养老服务机构。

然而事物的发展总有两面性，我们通过“鹤童模式”看到了市场和志愿性组织提供养老服务的高效，也是混合福利经济理论指导下的成功，这是好的一面。另一层面上，我们从“鹤童模式”发展的情况可以发现，政府在这个过程中发生了缺位。由于国家政策缺乏较大的支持，没有像公办福利机构那样有相应固定财政资金的支持，“鹤童模式”如今也遇到了很多民办养老机构面对的资金严重短缺的困境；与此同时，机构服务人员也出现了缺口，由于养老机构的主要服务人员源于国有企业下岗再就业的女工和自身成立的职业技能培训学校的培养，而当今经济的发展使国有企业下岗女性有更多选择，机会成本较高，而年轻群体又因该行业脏、累、苦也不青睐该行业，大大增强了护理人员的不可持续性。

### （二）苏州“沧浪区模式”

“沧浪区模式”是指在苏州沧浪区葑门街道成立的居家养老服务中心的基础上，以中国电信苏州分公司研发的“居家乐服务系统”为支撑，由苏州市鼎盛物业管理有限公司作为主营运商，整合辖区内提供养老服务的企业，

---

① 闫薇．鹤童崛起的启示［J］．中国社会工作，2010（1）：21－23.

② 汪大海，张建伟．福利多元主义视角下社会组织参与养老服务问题——“鹤童模式”的经验与瓶颈［J］．华东经济管理，2013，27（2）：118－122.

从而组建成虚拟养老院，以此进行养老服务的模式。虚拟养老院是一家民办非营利的养老服务机构，其经营理念是为居家老人提供标准化、专业化、亲情化的养老服务。运作经费主要来自政府的财政支持、服务项目的收费和社会募集①。其服务对象为年满 60 周岁的社区老人，因资金来源主要以政府的扶持和财政补贴为主，因此老年人享受服务按一定标准补贴，该服务机构将服务的老人分为 A、B、C 三个层面，A 类无偿服务伴有补贴，B 类是低偿服务伴有相应补贴，C 类是老人付费服务但是价格低于市场均价（见表 8－2）。

**表 8－2　　“沧浪区模式”服务内容**

| 服务对象 | | 享受条件 | 补贴标准 |
|---|---|---|---|
| A 类 | A1 | 年满 60 周岁生活需要全护理的三无、低保、低保边缘孤寡老人，市级以上劳动模范，重点优抚对象，归国华侨，当地无子女照顾或子女残疾的 75 周岁以上的老人 | 450 元/月・户 |
| | A2 | 年满 60 周岁生活需要半护理的三无、低保、低保边缘孤寡老人，市级以上劳动模范，重点优抚对象，归国华侨，当地无子女照顾或子女残疾的 75 周岁以上的老人 | 350 元/月・户 |
| | A3 | 90 周岁以上的空巢老人 | 250 元/月・户 |
| B 类 | B1 | 年龄在 75～89 周岁，符合下列条件的空巢老人：孤寡老人、一老养一老、烈属、伤残军人、市级以上劳模、归国华侨 | 60 元/月・户 |
| | B2 | 年龄在 80～89 周岁的空巢老人 | 30 元/月・户 |
| C 类 | | 年满 60 周岁以上的老人 | 费用自理 |

资料来源：张国平．居家养老社会化服务的新模式——以苏州沧浪区“虚拟养老院”为例［J］．宁夏社会科学，2011（3）：56－62.

与此同时，该机构在市场化运作的服务机制下，运营主要依靠居家乐“221”养老服务系统作为信息中心和技术平台，将老人、服务中心、加盟单位三者串联起来，保证了服务需求信息在三者之间的顺畅、准确流通（见图 8－1）。该系统包括呼叫中心客户端、老人居家客户端、平台服务组件、

① 张国平．居家养老社会化服务的新模式——以苏州沧浪区“虚拟养老院”为例［J］．宁夏社会科学，2011（3）：56－62.

通信及信息传输四部分，形成了工单生成、工单流转、监控考评、收费查询、统计分析、服务预测6大功能模块。① 其提供的服务项目可分为日常生活照料类、便民家政类及精神慰藉类，包括家政便民、医疗保健物业维修、人文关怀、娱乐学习、应急救助等6大类共计54项服务。细分为：洗衣烧饭等便民家政类有17项，修理水电等物业维修类14项，陪同就医等助医保健类13项，生日提醒等人文关怀类8项，还有娱乐学习类2项和应急求助类。

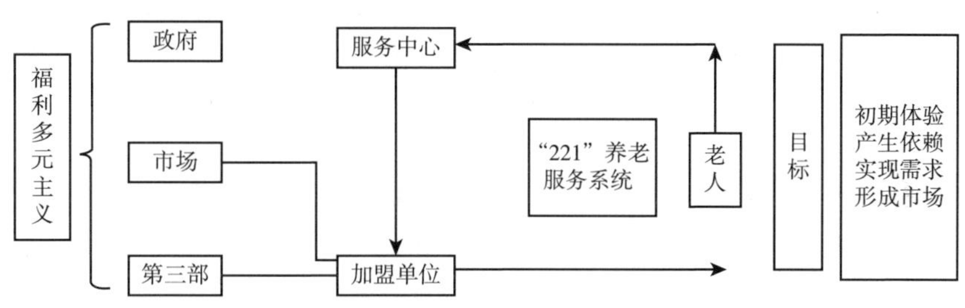


**图8－1　苏州市沧浪区虚拟养老院运行框架**

资料来源：左显兰．虚拟养老院——社区居家养老模式的升级［J］．改革与战略，2013（9）：114－118.

此外，该虚拟养老院在依据系统中老年人的工单需求提高了管理的效率及服务质量的同时还开通了服务热线电话。老年人及其家人可电话联系咨询服务内容，或提出自己的个性化服务需求，工作人员再根据电话内容生成系统工单。老人接受服务后也可电话反馈服务质量，实现双向沟通便捷化。

苏州"沧浪区模式"的成功源于地方政府将社会管理创新与现代信息技术手段的有机结合，探索出了通过企业化管理和市场化机制来发展养老服务的道路。该模式基于政府承担经费、定向委托服务、合同化管理和约束、评估服务兑现程度的公共服务提供方式。将原来由政府直接提供的养老服务，外包给合适的社会组织生产，打破了以往国家来提供公共服务的垄断地位。政府将虚拟养老院委托鼎盛物业管理有限公司作为主运营商，应用信息科技的优势实现养老服务供需的无见面化对接，通过整合社区服务企业及加盟新

① 左显兰．虚拟养老院——社区居家养老模式的升级［J］．改革与战略，2013（9）：114－118.

会员，培育及发展了当地养老市场。这也体现为将政府发现公共偏好和获取资源的优势与市场和社会组织生产及提供服务的优势结合起来，克服了非公共组织在资源配置和政府在微观管理激励机制上的无效性，实现了养老服务由一元供给到多元供给的成功跨越。

同样，苏州“沧浪区模式”成功的背后也隐藏一些问题。由于养老服务的提供依赖当地养老企业的加盟，养老服务的需求方是当地的居民，而经济的发展使供需双方加入虚拟养老院的意愿在下降，已加入的成员服务的积极性也不高；再者，虚拟养老的运行资金主要由当地的政府财政支持，而服务规模的持续扩大和增长需求加剧了政府的财政压力，增强了供给不可持续的可能性；再加上服务水平方面表现出服务内容不全面、服务质量不高、服务人员素质参差不齐等问题①，使虚拟养老院的发展陷入了困境。

### （三）南京“鼓楼区模式”

南京“鼓楼区模式”是指在南京鼓楼区政府主导下，依公共财政的投资机制，设计“居家养老服务工程”，并以项目委托的方式委托在该区注册的民办非营利组织——心贴心老年人服务中心为南京市鼓楼区内的高龄、独居、困难的老人（包括残疾人）提供居家养老服务的养老模式。南京市鼓楼区人民政府通过财政资金逐年增长向心贴心老年人服务中心购买指定老年人的养老服务。心贴心老年人服务中心本着“替老人谋安康，帮儿女尽孝道，为社会促和谐”的理念，为广大老年人服务。由于政府主导该项目且提供资金支持，因此对消费服务的老年人有着明晰的限定，主要包括两类群体②（见表 8－3）。心贴心老人服务中心通过招募并培训各个社区下岗、失业、困难人员，为老人提供上门服务，服务的项目包括了生活照料、膳食服务、康复保健、生活护理、文化教育、社交活动、精神慰藉、应急服务等。提供

① 张帆．我国虚拟养老院的问题及对策研究［D］．合肥：安徽大学，2017.

② 鼓楼区老龄工作委员会．鼓楼区“居家养老服务”实施方案［Z］．鼓楼：鼓楼区老龄工作委员会，2005－7－6.

服务的队伍训练有素，其中大部分为下岗职工，且都经过专业养老服务和家政培训，95%的人获得专业资格证书，其中30%的人拥有中级证书，能够在相对程度上保证一定程度的服务质量。

**表8－3　　“鼓楼区模式”服务对象**

| 消费者类别 | 具体条件 | 政府购买居家养老服务的形式 |
| --- | --- | --- |
| 第一类：享受免费服务的人群 | 90周岁以上的高龄老人 | 每月提供20小时的免费家政服务 |
| | 80周岁以上的独居老人（无子女或子女在南京市以外） | |
| | 未进入社会福利养老机构的孤老 | |
| | 身有残疾、身患重大疾病，生活不能自理，享受低保的独居老人（无子女或子女在南京市以外） | |
| | 夫妻一方身患重大疾病，或生活不能自理，或残疾（肢体残1级；精神残1级、2级；智力残1级、2级；盲人等）的空巢老人（子女在南京市以外） | |
| | 夫妻双方均80周岁以上的空巢老人（子女在南京市以外） | |
| | 独生子女为残疾（肢体残1级；精神残1级、2级；智力残1级、2级；盲人等）的老人（属以老养残） | |
| | 老人与独生子女同住，同住子女长期生病卧床、失去赡养能力，家庭合计月经济收入在1000元以下 | |
| | 其他特殊困难的老人 | |
| 第二类：享受补贴的人群 | 对有一定经济收入的独居老人和空巢老人 | 由政府出资月租费、“南京金康信息技术服务有限公司”送机，安装声讯求助服务热线“安康通” |
| | 对家中无电话的困难独居老人和空巢老人 | 政府出资安装求助门铃 |
| | 对未进入政府出资免费家政服务且行动不便的独居老人和空巢老人 | 政府出资聘请民办非企业单位组织人员定期上门探访 |
| | 其他特殊情况的老人 | |

资料来源：范炜烽，祁静，薛明蓉，郑庆，甘筱敏．政府购买公民社会组织居家养老服务研究——以南京市鼓楼区为例［J］．科学决策，2010（4）：19－30，94.

鼓楼区居家养老服务的运行方式可以概括为，鼓楼区政府通过每年的财政投入经费向心贴心老年服务中心购买每月 20 个小时的居家养老服务，各社区下岗、失业、困难人员在经心贴心老年服务中心培训后上门向指定老人提供服务。服务包括生活照料、日常护理或者特殊护理，医疗康复包括陪同到医院看病、治疗、配药等、精神慰藉等①。社区主任、街道老龄办干事、社区老年人协会对心贴心养老服务中心提供服务情况进行监督管理（见图 8－2）。

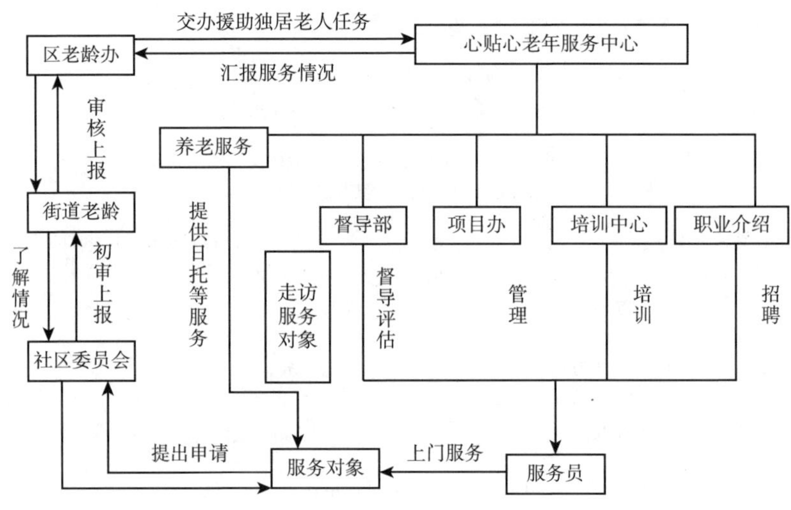


**图 8－2　鼓楼区居家养老服务运行框架**

资料来源：范炜烽，祁静，薛明蓉，郑庆，甘筱敏．政府购买公民社会组织居家养老服务研究——以南京市鼓楼区为例［J］．科学决策，2010（4）：19－30，94.

南京“鼓楼区模式”的成功，最重要的是源于当地政府提出“建立有远见的政府”并根据人口学周期建立长期的超越官员任期的“城市养老规划”，从而达到有效构建城市社会化养老服务的体系的目标②。在这个过程中，南京市相关大学的老师对养老服务体系的构建起到了智囊团的作用。也

① 范炜烽，祁静，薛明蓉，郑庆，甘筱敏．政府购买公民社会组织居家养老服务研究——以南京市鼓楼区为例［J］．科学决策，2010（4）：19－30，94.

② 李学斌．福利多元主义视角下的城市社区养老服务模式研究［D］．南京：南京大学，2012.

正是基于此，鼓楼区政府在养老服务事业中一边大力开发社会资源，一边出台优惠政策来扶持民营机构提供养老服务，体现了政府与市场有效协同作用于养老服务的重要性。在支持鼓励的背景下使养老服务市场化，又在市场化机制中建立科学的评估与监督机制，为“居家养老服务网”的前进保驾护航。

然而，无法避免的依旧是迅速发展背后存在的问题。首先，在服务购买的过程中程序制度化、规范化程度不高，同时也缺乏相应的竞争机制，容易造成一家独大、垄断经营损害养老服务的社会福利性问题。其次，服务覆盖范围较小，仅服务于鼓楼区，服务的相关标准和规范还待进一步健全。在社会福利社会化的情况下，国家和市场以何种协调机制使养老服务在充分市场化下又不降低其福利性还需继续探索。

## 四、闽清县现行政策工具和养老现状

闽清县简称“梅”，位于福州市西部，闽江中下游，距离省会福州五十千米，既承接福州和沿海地区的辐射，又是连接闽北地区的重要门户，地理位置独特。全县总面积1494平方千米，下辖11个镇5个乡292个村居，总人口约32万人。全县60岁以上的人口数量为57328人，占比17.62%，其中孤寡老人为442人。老龄化较为严重，对于养老服务的需求很大。2020年1月，依据红十字会关于养老服务的相关研究课题，笔者所在研究团队围绕闽清县养老服务发展的相关实况，进行了实地调研，抽取该县相关的社区、乡镇、村等养老服务的提供单位进行走访调研。本章的案例分析与呈现也是以此为基础的。

### （一）闽清县养老服务现行政策工具分析

#### 1. 直接政府、拨款

所谓直接政府，在萨拉蒙的《政府工具：新治理指南》一书中这样定义：直接政府是通过政府公务员来提供或者取消物品与服务的供给。有了这个工具，政府同众多人们赖以生存与获得幸福的家庭、宗教团体、社会组织、慈善机构以及小型企业一样扮演一个直接生产者的角色。

2008 年 1 月，全国老龄办联合国家发改委等九部门下发《关于全面推进居家养老服务工作的意见》，其中提出各地政府应在区、街道（乡镇）和社区（村）建立居家养老服务中心、站点，负责本辖区居家养老服务的实施和管理。闽清县政府依据文件指示在原有养老站点的基础上于 2019 年新建提升改造金沙、塔庄、省璜、白中、东桥、池园、雄江、白樟 8 个社区居家养老服务站，总投资 240 万元，年底已全部完成并投入使用。与此同时，又加大农村幸福院建设，按照“有固定场地、有设施设备、有服务内容、有人员队伍、有管理制度、有筹资渠道”的“六有”内容建设 36 个农村幸福院，总投资 540 万元，且已于当年 6 月份全面完成并达到了基本服务水平。农村幸福院覆盖了 70% 的行政村，达到了省市级所规定的 70% 的要求。在居家养老服务照料中心建设层面，闽清县在原有的基础上新建云龙、金沙、白中、池园、上莲、桔林等 7 个乡镇居家照料中心。按照《福建省社区居家养老服务照料中心星级评定暂行办法》的要求，落实星级标准建设，总投 620 万元，已经完全投入使用。当前，居家养老服务照料中心已经覆盖 16 个乡镇，同时也超出了市局要求覆盖中心乡镇 100% 的任务。通过此种方式，切实落实了养老服务尤其是居家养老的硬件服务设施。

2. 政府支持企业

所谓政府支持企业是政府特许的、私人拥有的、由私人管理的机构。政府支持企业虽然被限制在某一市场内运营，但它也享有税收减免、法规豁免等特权，其融资成本低。①

在养老服务中，第三方社会主体的参与也是不可或缺的一部分。例如，我国在《关于全面推进居家养老服务工作的意见》提出，对居家养老服务中能够与政府剥离的服务职能都要尽可能交给社会组织和非营利机构去办，交

① 莱斯特·M. 萨拉蒙. 政府工具：新治理指南［M］. 肖娜等，译. 北京：北京大学出版社，2016.

给市场和企业去办，“采取多种形式，充分调动社会各方面力量参与和支持居家养老服务”。《国务院关于加快发展养老服务业的若干意见》《关于鼓励民间资本参与养老服务业发展的实施意见》等政策文件也就大力发展居家养老服务网络、鼓励民间资本参与的具体形式等作出专项意见。

闽清县积极领会政策精神，并努力落实政策的执行。该县金太阳老年综合服务中心（金太阳老年公寓的前身）成立于2007年，其以“没有围墙的养老院，服务15分钟到家”的服务理念和宗旨，构建了以信息化为支撑、居家养老为基础、社区养老为依托、机构养老为补充的大健康融合的综合养老服务产业链。2017年，县民政局通过公开招投标，以“公建民营”的方式引入该机构。在政府投资基础设施经营权交由企业经营的政策支持下，该老年公寓迅速发展，不但拥有优越的硬件优势，如交通便利——公寓距县中心10分钟左右的路程，到县医院5分钟左右的路程，出行有专车接送，确保了老人安全出行和意外的及时救护。而且拥有优越的软实力，优美的自然环境、专业的服务团队以及丰富多彩的老年活动。以此模式提供养老服务的还有祥安养老服务有限公司等，切实提高了该县养老的服务水平以及老年人晚年的幸福指数。

3. 购买服务合同

在《政府工具：新治理指南》一书中这样描述：“购买服务合同本质上是一种协议，在该协议下，政府出资制定私人组织向具有资格的‘客户’群体递送服务。购买服务合同涉足的业务包括家庭咨询、就业培训、老年人日间照料、寄养服务、青年人指导项目、药物滥用咨询、住房救助以及外来劳工的健康评估等。”

闽清县政府以“公建民营”和招投标的形式，在当地引进企业签订解决当地养老服务的协议。在当地有如“金太阳老年公寓”及“祥安养老服务有限公司”等这样的第三方主体，承担起当地养老服务的重任。它们承担了包括机构养老、居家养老以及社区养老等多种角色。最为重要的是，如“金太阳老年公寓”等这样一批养老服务机构，在与政府的协议下，将城市特困或者乡村特困人员全部纳入养老服务的范畴，让这些“特困老人”住进养老院享受该有的养老服务，政府对于将“特困老人”纳入养老院供养的机构给予适当的补贴。县政府购买重点优抚人员、贫困户、计生特殊人员、特困供养人员、城乡低保人员、重度残疾人员及 80 岁高龄人员这七类人的基础养老服务。特困人员在养老机构集中供养的，政府按每人每年 2500 元补助给供养服务机构。

也正如同萨拉蒙所说，工具选择不一定是二选一的抉择，不同工具可以综合利用以产生联合效果。如果把政策视作为同样目标或在相同领域所进行的一系列项目的集合，则普遍的现实是某项政策的执行、单个项目的运作往往综合运用了多种不同的政策工具。综上所述，闽清县在养老服务中政策工具的组合模式为“直接政府、拨款 + 政府支持企业 + 购买服务合同”的形式，在一定程度上有效促进了当地养老服务事业的发展。

### （二）现有政策组合模式下闽清县养老现况

#### 1. 现有成就

2018 年，闽清县政府下发了《关于印发闽清县全面放开养老服务市场提升养老服务质量实施方案的通知》，深入贯彻习近平新时代中国特色社会主义思想和党的十九大精神，以满足全体老年人养老需求为出发点和落脚点，持续深化简政放权、放管结合、优化服务改革，加快推进养老服务供给侧结构性改革，保障基本需求，繁荣养老市场，提升服务质量，逐步解决老年人对优质养老服务的需求与当前养老服务发展不平衡不充分之间的矛盾。全面放开养老服务市场，号召降低准入门槛、精简行政审批环节、加快养老机构改革、完善价格形成机制、加强行业信用建设等措施。大力发展居家养老服务，有力推动养老服务提质增效、有序提升农村养老服务能力和水平。

在政策执行的大力推动下，闽清县境内共建成并投入使用的老年人活动中心共计 81 所，涉及 81 个村落，设置床位共计 648 张；建成并投入使用的社区居家养老服务站共计 21 所，涉及 21 个社区，设置床位共计 168 张；建成并投入使用的乡镇敬老院共计 14 所，涉及 14 所乡镇，设置床位共计 519 张；建成并投入的社区居家养老服务站共计 16 所，涉及 16 个乡镇，设置床

位共计239张；建成并投入使用的农村幸福院共计190所，涉及190个村落，设置床位共计1531张。相比闽清县下辖11镇5乡292个村居的现况来说其覆盖率达到了70%以上。

与此同时，闽清县还着手开展田园式养老模式试点，搭建县内智慧养老服务平台并积极推进医养结合工作。首先，闽清县在其下辖白樟镇下炉村、上莲乡莲埔村、三溪乡上洋村开展以田园养老为核心、以休闲农业为主导，融合观光体验、文化娱乐、休闲度假、医疗护理、健康运动等业态分布的"1+1+X"产业格局。其次，在智慧养老层面，搭建了以"一个县级指挥中心和养老监管系统、养老机构照护系统、视频监控系统、人脸识别系统、应急广播系统、对讲求助系统"为整体的智慧养老服务信息平台，有效提升了该县养老服务水平。最后，县政府敦促养老服务结构就近与当地的医院、乡镇卫生院签订医疗服务协议，开展协议式"医养结合"。在2019年，该县民政局举办了养老服务管理人员、养老护理人员培训班，共计培训70多人，使养老服务的护理人员向专业化水平发展。截至2020年，全县共有养老服务专业人员312名，其中专业的护理人员169名。在此基础上，又大力发展志愿者养老服务，各乡镇均组建有1~2支志愿者服务队，深入敬老院、幸福院开展老年人精神关爱活动；组织心理咨询师、医护工作者组成的专业团队为老年人开展心理咨询、医疗健康服务等。

在农村养老服务方面，全县在建成190个农村幸福院的基础上，又出台了《闽清县农村幸福院专项补助资金管理办法》，明确服务对象主要为60岁以上、生活能够自理的本村以及周边村民，优先保障散居特困老人、空巢老人、残疾人等，对全面运营的给予每个幸福院每年1万元的运营补贴；实行"星级评定制"，对评选为五星、四星、三星级的幸福院分别给予2万元、1.5万元、1万元的奖励。与此同时，积极推广农村幸福院"6+N"的管理运营模式，"6"为必备项目，包括棋牌娱乐、电视放映、阅读、健身、文体活动、午休；"N"为拓展服务项目，由所在乡镇、村根据提供服务能力和老年人需求，可拓展志愿者服务、电影放映、闽剧播放、老年灶、乡村医生巡诊等服务项目。

2. 不足与难点

（1）“差序格局”下因资源不公而引发的“马太效应”。首先，面对养老服务这项公共事业中经济先行和绩效考核制度的双重约束，政府通常采取建立壁垒型制度、设计“政策隧道”等方法使公共资源差序化的配置格局得以生成。在调研中发现，在养老服务产业化的过程中，政府引进私企来提供养老服务项目，而这其中则表现出这样一个趋势：在现有公共资源格局下，养老服务的项目、硬件设施、养老文化、服务人员的配备以及定点医养结合下的“医养协议”，都明显呈现为县—镇—乡—村逐渐递减的效应。这其中的原因一方面是由于不同的地方不同辖区本身固有的资源不同、经济发展程度不同所造成；另一方面也表现为政策资源的不公。从县级单位到村落提供养老服务的机构因为所处层级的不同，以及现有政策模式下一些政府工作者着急“树典型”“做模范”，政策资源也就出现了“政策隧道”给予部分机构以偏向性政策和资金的支持。在地方固有资源“差序格局”下，再加上这样的政策鼓励会产生“马太效应”，服务水平和能力呈现“县—镇—乡—村”逐层递减的趋势。

（2）企业为利而产生的“追赶和超越”效应下的陷阱。无论政府如何强调养老事业养老服务的公共属性或者称其为公共物品，但是，一经引入企业或者个人产业化经营后，个人和企业经营的目的最终不是无偿付出和无私奉献，盈利或者是获利是最终目的。在养老服务产业化经营初期，企业和个人因为急于进入该领域而竭尽全力表现出良好和规范化营运的趋势。但是，个人或者企业一旦进入该行业后考虑更多的是顺利运行下带来的收益。随着时间的推移，不同企业或者个人所成立的服务机构将会因竞争关系的产生开始考虑“追赶和超越”，从市场运营竞争角度来看这是一个好的现象。但是，难免会产生恶性竞争，养老服务机构在既定规模下要想获利更多可能会有两种选择，第一种是提高养老服务的收费水平，第二种就是增加更多的客户（老年人）群体。由于是既定规模下的营运，更多养老服务机构趋向于提高养老服务项目的价格，这显而易见对本为公共产品属性的社会养老服务不利。与此同时，部分养老机构则因初期较强的经济基础选择扩大服务规模以

吸纳更多的客户（老年人），在市场价格规律的作用下，此时该机构更趋于降低服务项目的价格来吸引客户（老年人），在较低的服务价位下，有较多的服务客户（老年人），提供较差的养老服务，以达到获利的目的。长此以往则会产生“劣币驱逐良币”的效应，使原本养老服务水平好、项目多、种类全的机构被挤出市场。无论如何，这种个人或者企业间“追赶和超越”的行为都会对养老服务的产业化经营不利，同时也会影响政府的公信力。

（3）信息不对称下的被“欺骗感”带来的危害。由于信息不对称引发的社会问题层出不穷。因此在养老服务产业化经营中，我们必须将信息不对称纳入考量的范畴。这里所说的信息不对称包含三个方面，分别是养老机构与政府间信息的不对称、养老机构与其服务客户（老年人与老年人子女）间信息不对称以及政府与公民（老年人与老年人子女）间信息不对称。

首先，政府与养老机构间信息不对称。在调研中发现养老服务社会化产业化运营过程中，政府在引进养老服务提供机构时，对于养老服务提供机构的规范运营文件与政策表述含糊，如在《闽清县全面放开养老服务市场提升养老服务质量实施方案》一文中有这样的表述：“完善价格形成机制。加快建立健全市场自主调节的养老机构服务收费管理机制。民办营利性养老机构，服务收费项目和标准由经营者自主定价；民办非营利性养老机构，服务收费标准由经营者合理确定，有关部门对其进行必要的监管；公建公营养老机构的基本床位费和护理费，实行政府指导价管理，其他养老服务收费由养老机构依据实际发生成本，按照非营利原则据实收取；公建民营的养老机构，服务收费由运营方依据委托协议等合理确定；对政府和社会资本合作投资建设（PPP）的养老机构服务收费，由运营方依据合作协议等合理确定。”对于养老机构定价管理机制缺乏明确可行的价格规制，养老服务机构对于提供服务的价格标准可由经营者自主定价，那么也就是说对于各项服务没有最低价和最高价的规制，经营者完全按照自己投入的固定成本和可变成本进行服务项目的定价。这一定程度上是充分竞争的表现，然而，一旦养老机构为利“追赶和超越”损害当地养老服务市场，政府进行管理和规制时，就产生了困难。政府强行介入的后果就是损害养老服务机构的积极性，使企业产生了“上当受骗”的错觉。这在损害养老服务市场良性发展的同时又损害了政府公信力。

其次，养老服务提供机构与服务客户（老年人和老年人子女）间信息不对称。养老机构以提供服务为宗旨，以最终获利为目的。因此在寻求目标客户做宣传的过程中会存在过分夸大服务水平和待遇标准的情况，一旦与客户签订服务协议，或者是子女将老人安置进养老机构后，在接受服务程度和待遇标准与当初宣传及协议待遇出现偏差后，客户群体会产生“上当受骗”的错觉，就会产生客户与养老机构间的纠纷和矛盾。如果不加以规制，就会发展成养老机构无服务受众，老年人没有养老服务机构可去或者是老年人享受不到应有服务的“两难境地”，这种情况一旦发生也会损害社会养老服务的良性发展。

最后，政府与公民（老年人与老年人子女）间信息不对称。养老服务社会化运营后，一方面政府不能及时有效掌握养老服务机构的服务运行情况，另一方面养老服务机构向政府反馈的都是好的消息，在这样的循环操作下，政府又会大力宣传养老服务社会化、产业化运营的好处，与此同时，社会公民又不能及时将信息反馈到政府管理机构。在这样的情形下，社会公民必然会认为“上当受骗”，就会将情绪转嫁给政府。再加上前面已经论述的两种情形，就会对政府公信和养老服务市场产生损害。

（4）专业人才缺乏与养老机构倍数化增加间的矛盾。在调研过程我们得知，该县现有各种规模的老年活动中心 81 所、社区居家养老服务站 21 所、乡镇敬老院 14 所、居家养老服务站 16 所、农村幸福院 190 所，共计有 322 个不同规模的养老服务单位。在此我们先抛开经营主体，就养老服务的提供单位而言，每个站点配备 1 个常驻养老护理的专业人士，也共计需要 322 位养老护理专业人才。而目前，该县共有养老服务专业人员 312 名，其中专业的护理人员 169 名。这两个数据对比我们不难发现，在目前养老服务机构或者单位倍数化增长的趋势下，各类专业人才极度缺乏。

现行养老模式下，所有养老服务单位都与乡—镇—县级单位的卫生院或医院签订了“医养协议”。这中间也存在着所求与所需不匹配的现象，一方

面，老人大都患有老年人特有的慢性疾病，医院或者乡镇卫生院缺乏这方面的医师；另一方面，大多数乡镇卫生院提供的服务类似于感冒发烧抓药这样的服务，缺少有医治老年人特有慢性病方面的医师，使养老机构倍数增长与专业人才缺乏的矛盾更为凸显。

## 五、四种地域性养老模式的对比

天津“鹤童模式”、苏州“沧浪区模式”、南京“鼓楼区模式”以及闽清养老实践都是福利多元主义在中国的实践，本章将从经济主体、服务内容以及整体优劣势对这四种模式进行比较。

### （一）经济主体

经济主体包括与经济活动有关的政府、机构、企业、自然人。现代社会中，经济主体不同，其行为结果的承担者也不同。若是企业则对投资人负责，若是公共事业则应该取之于民、用之于民。其经营理念也不同，例如企业注重效率，政府关注公平。不仅如此，经济主体还会对运营、管理方式产生深远影响。

鹤童作为一家民营企业，资金来源包括：机构创办人投资、有偿服务及社会捐赠。作为养老服务中的市场力量，其本着“老人是客户，老人是衣食父母，老人是命根子”的服务理念经营。但是，作为市场中的一员，其第一要务就是维持自身的运作，在有余力时承担一定的社会责任。而鹤童除了日常的商业运营、承包了很多公共服务外包项目外，还在汶川地震期间与政府合作开展“四川灾区孤老孤残专业护理院项目”。简单来讲，鹤童虽是民营企业，但其心系社会，为中国的养老服务事业贡献了自己的力量。

而苏州“沧浪区模式”涉及主体就较多较为复杂，政府始终起着主导、引领、扶持和管理监督作用，提供服务的却是企业，而老人的情感需求主要从家庭获得满足。实际上，该模式是整合政府、社区、企业以及家庭的资源，满足老年人的需求并对特困人员进行保障。虚拟养老院的运作经费主要来自政府的财政支持、服务项目的收费和社会募集。这就决定了该项目既要满足企业、投资者的经济需求，也要满足政府要求的公益需要。

南京“鼓楼区模式”源于当地民政局委托南京市相关大学的调研，调研结果发现有很多生活条件极其艰苦的老年人需要被照护，进而推动了政府购买养老服务。心贴心服务中心由此注册，其受到了区民政、老龄部门给予的全力扶持和悉心指导，还吸引了很大一部分下岗职工从事养老服务行业。其资金提供方是政府，运作方是政府购买老年服务的长期合作对象，消费者是由区政府界定的可以享受免费服务或补贴的特定老人，考核标准是老人的满意度。而在运作过程中，又通过市场化机制提高用户体验，如社区服务中让老人“用脚投票”选择送餐餐厅。从这个角度来看该种模式具有很强的社会公益性质，可以判定为政府主导、用市场化方式解决社会问题、提高社会福利为目标的一种模式。

闽清养老服务政策执行过程中，政策工具的组合普遍表现为“直接政府、拨款 + 政府企业或政府支持企业 + 政府购买合同”的形式。其中的经济主体包括政府、企业、社区以及社会主体等。

### （二）服务内容

责任主体不同导致养老资源的不同，进一步又导致了服务内容的差异化。

“鹤童模式”服务项目多样，除了养老行业常见的护理功能、承接政府的外包服务、销售老年相关产品之外，还向纵向一体化发展，进行养老人才培训，养老标准制定，孵化培育老年人活动组织，甚至还组建养老护理专家团队向政府和社会各界提供国际化养老护理产业链服务。其本身拥有整合资源、科学管理的能力，但受人员资金所限，还是以机构养老为其主业。

苏州“沧浪区模式”是政府主导下企业运营的一种新型合作模式。政府提供部分资金，苏州电信提供“居家乐服务系统”，而企业提供养老服务，类似于加盟制，养老院主要提供居家养老服务。服务项目可分为日常生活照料类、便民家政类及精神慰藉类，满足了老人最基本的需求。但其涉及主体众多，服务良莠不齐，沟通成本高，产业弹性较低，发展受到限制。

南京“鼓楼区模式”在一定程度上是政府牵头打造的养老服务，在政府部门协助下，社区以及“心贴心”居家养老服务均有参与，目前拥有 2 所养老院、1 所老年大学、6 所社区养老服务站。其服务项目广泛，重点集中在生活保障服务、安全保障服务、特殊求助服务以及上门探视服务。例如，社区服务的重点是老人送餐服务、精神关爱服务以及社区康复服务。

闽清县大力发展居家养老服务，有力推动养老服务提质增效、有序提升农村养老服务能力和水平。闽清县还着手开展田园式养老模式试点、搭建县内智慧养老服务平台并积极推进医养结合工作。

## （三）整体优劣势

从其优劣势来看，三种模式资源组合不同，优劣势也不同。

鹤童养老院是市场化运营的非营利养老机构，为了更好适应市场化，其运用多种科学管理手段，吸取各国先进经验，向纵向一体化发展，管理弹性灵活，追求创新，是市场化养老行业的标杆，其非营利企业的本质在很大程度上保证了其养老服务的质量。“鹤童模式”虽然承担部分政府外包项目，但其融资渠道并不包括政府，资金紧张。在机遇较多的情况下，很多人不愿意进入这个行业，造成企业人力资源紧张。

如果说天津养老院类似于直营制企业的话，那么苏州“沧浪区模式”更类似于加盟制，加盟制的特色之一就是规模大，提供服务的人力资源充足。且政府牵头并提供部分经济支持，信息平台在降低了信息不对称的情况下刺激了服务量的增加，服务人群也在不断扩大，减轻了资金压力。但苏州“沧浪区模式”也存在很多加盟制固有的弊端，如管理幅度过大，管理层号召力低；沟通成本高，成员相互推诿；质量良莠不齐，易降低服务满意度；以居家服务为主，老人的社交需要难以满足。

南京“鼓楼区模式”则是政府牵头的养老服务产业，其出发点本身就是解决社会问题。让下岗、失业、困难人群再就业的同时向特困老人、孤寡老人、空巢老人提供养老服务，居家养老、社区养老以及机构养老三者协同作用，相辅相成，构建了社会化养老服务体系。但由于其高度依赖政府的扶持，必然存在相应的弊端，如该模式覆盖范围较小、推广存在困难、服务提供方缺乏有力的竞争者、发展缓慢等。

闽清养老实践存在地方固有资源“差序格局”，服务水平和能力呈现逐层递减的趋势，以及企业为利而产生的“追赶和超越”效应下的陷阱，无论如何这种个人或者企业间“追赶和超越”的行为都会对养老服务的产业化经营不利，同时也会影响政府的公信力。

## 六、结论与支持性社会环境不足探讨

通过上述的比较分析我们发现，无论是机构养老服务还是社区居家养老服务，都在快速发展的背后暴露出诸如政府责任模糊、服务机构融资难、服务人员专业化程度不高且不可持续可能性大、服务质量不高、市场化导致福利指数下降、缺乏对服务机构和服务水平明晰的监督评估规范制度等问题。出现这种情况的原因主要有：一方面，一些地方政府将养老服务的“包裹”丢给市场、志愿性组织及家庭；另一方面，一些地方主体职能和责任界定模糊，养老服务供给呈碎片化，且出现部分业务高度重叠导致资源利用效率不高或者部分业务无人问津、部分重要需求无法满足的现象，这一定程度上又加重了政府的责任和负担。此外，趋利是市场本质属性。养老服务市场化供给后因缺乏有效的政府规制措施和制度又导致养老服务福利性指数下降。究其根本，在于福利社会化的改革上地方政府对于福利社会化的认识不清，将福利多元供给理解为政府责任的转嫁，又将福利在社会化的同时进行了私有

化和市场化操作①。然而，养老服务的责任和养老服务的生产在养老服务福利系统运行过程中存在相对的独立性。也就是说在福利多元框架下，养老服务提供的主体承担的是养老服务生产者的角色，并未完全承担养老服务供给福利的责任。

因此，当前构建社会化养老服务的支持性社会环境最大的不足是各地方政府对于福利多元主义供给认识不清，将养老服务生产的权利交由市场、志愿性组织等的同时将养老服务福利的最终责任也进行转嫁。未来我们构建养老服务供给支持性社会环境，首要之事就是明确各供给主体的关系，即明确市场、志愿性组织、家庭与政府在养老服务福利供给中的责任关系。在社会运行过程中，政府以强制力为倚重垄断了资源分配的话语权，在养老服务福利供给中发挥主导作用，承担着最基本、最重要的保障职责；而市场则通过向社会生产财富提供就业，承担养老服务福利供给的法律责任；志愿性组织依靠社会作为其养老服务福利供给的孕育和践行场所；家庭则作为个体承担养老服务福利的法律和道德责任，且在养老服务动态化趋势下家庭是最后静态的消费单位。因此，在支持养老服务的社会环境的建构当中，各地政府更应明晰政府在养老服务供给过程中应承担最主要的责任，政府可以直接向社会提供养老服务，也可以通过委托市场、志愿性组织、家庭进行养老服务供给的生产。也就是说养老服务多元供给是养老服务的生产与提供方式多元，社会化养老服务福利的责任主体依旧是政府，且为保证福利指数的增加和不降低，政府不可转嫁责任。唯此，才能使社会福利在多元供给主体的社会协同作用下筑牢我国社会化养老服务的支持性社会环境。

当然，政府应该承担基本责任，主要承担制定标准、监督核查以及兜底特困人员的责任。但关于实际运营、活动举办等，还是应该发挥市场的作用。志愿性质的养老服务能丰富老年人的精神文化生活，成为老年人的精神慰藉，应当予以支持。一言以蔽之，政府、企业、社区以及志愿性的养老服务组织都应发挥自身的优势，对现有资源进行组合提升，事半功倍地发展我

① 陈友华，庞飞．福利多元主义的主体构成及其职能关系研究［J］．江海学刊，2020（1）：88－95.

国的养老事业。

## 七、养老服务政策执行的优化路径

2017 年，国务院印发《“十三五”国家老龄事业发展和养老体系建设规划》，将养老服务体系的发展目标定为养老服务体系更加健全，养老服务供给能力、质量以及结构更加合理，养老服务更加多层次、多样化，且更加方便可及。在养老服务供给过程中，政府作为最主要主体，协调社会资源的投入，通过构建养老机构和购买提供各项服务等来满足老年人的生存、生活和发展等方面的需求，保障老年人的生活质量。这也就指明，在自由裁量权范围内，政府在提供养老服务的过程所承担的责任包括组织责任、制度设计与规范责任、财政责任以及监督责任。因此，养老服务政策执行的优化路径也需要从以下几个层面介入。

### （一）优化政策的顶层设计

在养老服务政策的制定与设计出台的过程中，各级政府部门要摒弃以往的“统治”思维。首先，政策的出台要调动社会各方主体，如各地方政府、各参与服务提供的企业以及普通社会群体，充分听取意见与建议，充分讨论各方主体的权利与义务，明晰各主体的责任与义务，采用“第三方政府思维”制定并出台养老服务政策，以期达到规范有序有效的养老市场秩序。其次，地方政府应明确自身责任，合理界定自身“自由裁量权”的领域。各地方政府应该在中央政府的指导意见、通知、文件的范围内，出台更加细化的政策、法规以及条例等，将自身所拥有的组织责任、制度设计与规范责任、财政责任以及监督责任出具细化透明的条例。一方面使养老服务走上法制化、规范化、科学化道路；另一方面也使社会各参与养老服务提供主体能够有效获悉政府“自由裁量权”的领域，为养老服务市场积极稳健发展提供信

心。最后，各地方政府应该协同市场管理部门出台对营利性民营机构、慈善组织在养老服务供给中提供养老服务的质量、落实养老政策法规的情况、服务人员专业服务能力等进行有效监督和规制的制度文件，使养老服务市场规范运营。

### （二）注重政策工具的优化组合和恰当配套

政策工具是达到政策目标的有效途径，政策任务的完成离不开政策工具的优化和有效组合。由于有些政策任务、有的政策工具会比其他工具更适合。正如莱斯特·M. 萨拉蒙的观察，每种政策工具都有一套独特的政治经济学——一系列往往有着可合理预测出绩效和问责结果的激励、处罚、法规及程序。[①] 因此，政策执行过程中政策的优化组合和恰当配套则显得尤为重要。

现有的养老服务政策在执行过程中，政策工具的组合普遍表现为“直接政府、拨款+政府企业或政府支持企业+政府购买合同”的形式。而在现有模式下易产生如前面已经论述过的“马太效应”“劣币驱逐良币”现象以及信息不对称等情况。为了极大限度地缓解当前存在的问题以及规避未来将会发生的问题，在政策执行的过程中应该引入经济规制、社会规制、公共信息、收费以及许可交易、政府保险和福利券等政策工具。引入这些政策工具有以下目的：首先，进一步规范养老服务市场。如实行养老服务项目的最高价、最低价规制，可以避免养老服务市场后期发展中会存在的恶性竞争及其引发的养老服务贵或者养老服务水平差等问题。其次，加大对养老服务急需的专业人的培养。当前养老服务专业人员，如老年人心理咨询师、重度失能护理员、老年人康复治疗理疗医师，以及基层单位紧缺的医师、专业护理员等，政府应采用相应政策工具加大对专业人员的培养，以解决当前专业人员紧缺的问题。再其次，有效规制政府自身的“自由裁量权”，让社会各主体

① Lester Salamon, Beyond Privatization: The Tools of Government. Washington, D. C.: Urban Institute Press, 1989: 28.

明晰政府权责范围，实现依法行政、科学行政。最后，增强信息公开度。要加强基层养老服务的宣传和讲解工作，使老百姓明确认知现有养老服务。

### （三）“差序格局”下资源投入向基层适度倾斜

基层作为政策和资源投入辐射的最边缘性地带，必须在养老服务政策和资源投入上给予倾斜。首先，针对农村社会养老服务供给普遍滞后的现状，各地政府应把农村养老事业摆上重要议事日程，作为各级民政部门的工作重点，履行政府的养老职责，同时将发展乡村社会养老服务业与国家大力推进的乡村振兴战略相结合，实现积极应对乡村人口老龄化挑战与乡村社会经济发展的有机统筹。其次，针对农村社会养老服务供给区域差异显著的现状，中央政府应在政策和财政支持上有所倾斜，重点支持中西部欠发达地区农村社会养老服务的发展，同时鼓励各地区因地制宜开展农村社会养老服务供给模式探索，如互助养老、搭伴养老、异地养老等养老模式。再其次，针对农村社会养老服务供给的结构性失衡问题，巩固和加强居家养老服务是今后的发展重点，政府相关部门要特别关注农村经济困难老人、孤寡空巢老人、高龄老人及失能老人的养老诉求，确保其有尊严地度过晚年生活。最后，随着互联网时代的到来，养老信息化、智能化是未来的发展趋势，这为农村社会养老服务的发展提供了良好契机，各地区政府应引导城市与农村地区建立社会养老服务发展的协作机制，精准有效补足农村养老事业发展的短板，切实满足农村老年人的多元化养老需求。

### （四）发掘全社会各主体的积极主动性，充分发挥社会协同作用

社会化养老服务的发展，不仅要处理好政府在养老服务中的定位问题，还应积极地探索社会不同主体参与养老服务的可行性。为调动全社会各主体的积极性，第一，发挥政策优惠的作用。为社会主体参与养老服务扫除障碍与壁垒的同时给予明确的法规条例保障，在财政上给予各参与主体适当奖

励，增加各主体的可获得感。第二，购买专业人员培训服务。地方政府通过划拨财政资金对专业化培训机构进行服务购买，通过专业化的组织培训，积极提升如居（村）委会、志愿者组织卫生院医师、护士等主体的参与意识和专业化照护能力，有效引导各社会主体参与养老服务的热情。第三，规范监督管理机制。政府部门要牵头建立针对养老机构服务质量建设的多部门协同推进机制，形成完善的服务指标监管体系，强化对社会主体参与养老服务的过程监管，要强化对专业机构服务人员的监管力度和手段，积极引入第三方评估机制开展对服务质量的考核①。第四，协调利益，实现各主体共享。多元主体参与社区养老服务效能的实现离不开对各主体间利益协调机制的整合，其整合的出发点是基于在政府主导下，通过整合社会资源，建立法律规范，为各主体提供平等参与社区养老服务的舞台②。

①② 王兆鑫，叶彤汝，王亚君．社区养老服务多元供给主体的路径及整合研究［J］．西部经济管理论坛，2019（5）．

# 第九章　PPP 模式在老龄产业中的作用提升建议

在人口老龄化程度日益严峻的当代社会，老龄产业在养老问题的巨大压力推动下迅速发展，已成为老龄社会基础性、支柱性和战略性产业，是经济发展新的增长点。我国政府强调，要大力发展养老、健康、旅游等生活和生产性服务业，促进养老家政健康消费。发展以养老服务为主要内容的老龄产业，是为了让更多有需求的老年人，能够方便地获取足够数量和质量保证的产品与服务。因此老龄产业作为一种公益性和外部经济较大的混合公共物品，既有公共产品的成分，也有私人产品的成分，前者的供给以政府为主，后者的供给则主要是市场。但随着老龄人口的增多，老人空巢化、高龄化现象普遍，单纯依靠政府力量来发展养老服务业和老龄产业显然已经不能满足老年人日益增多的养老服务需求与消费需求。

而 PPP（public-private-partnerships）模式，作为公共部门与非公共部门为提供公共产品和服务而建立的一种利益共享、风险分担的合作机制，与传统的公共物品提供方式相比，可以将公共部门和非公共部门的优势结合起来，有效解决公共产品和服务供给中存在的资金、技术、管理等方面的问题。这一模式的出现也使养老事业和老龄产业的发展迎来新的机遇，将 PPP 模式引入老龄产业的发展，不仅能有效提高养老服务的水平，增加养老事业的资金投入，满足老年人日益丰富的养老需求，还将对优化老龄产业供给结构、缓解我国人口老龄化问题发挥重要作用。本章将在总结上述研究内容的

基础上对促进 PPP 模式在我国老龄产业中的运用，提出几点对策建议。

## 一、明确定位，做好老龄产业发展规划

近年来，在国家政策的支持和引导下，社会各界对老龄产业的关注持续高涨，不仅有大量的资金投入老龄产业，如兴建老年公寓、开发老人旅游路线等，中央及地方媒体也分别创建了老年之声、“夕阳红”栏目以及官方微博，依托“夕阳红”栏目推出的老年生活用品专卖店，专门经营老年人吃穿住用行、健身、休闲、娱乐等数万种老年用品①。但我国处于起步阶段的老龄产业相对而言还是个新兴产业，需要进一步明确功能定位，做好老龄产业的发展规划，在实际运用 PPP 模式时，也需要谨慎地进行项目选择，明确发展重点。

### （一）做好老龄产业发展规划，确保产业规范有序发展

虽然目前随着老年人需求潜力的爆发，老龄产业的发展处于很“热”的局面，国家也连续发布了中国老龄事业发展“十二五”“十三五”规划，从宏观层面对老龄产业发展的机遇、挑战、总体战略、主要目标、重点领域等进行了明确，但我国依旧存在区域、城乡老龄事业发展和养老体系建设不均衡，老龄服务市场发育不全、有效供给不足、质量效益不高，老年用品市场发展滞后等突出问题。因此，我们要进一步做好老龄产业发展规划，细分市场，明确定位，从起基础作用的社会保障体系，到医养结合的机构养老和居家养老，再到形态丰富的养老地产、老年金融、老年旅游等养老服务体系，以及日渐繁荣的老年用品市场等，均需明确发展主体和发展思路，进行精细化建设，使各个不同的体系都能健康有序发展。国家还需从顶层层面着力改

① 郭剑平，孙莉华．老龄产业热的冷思考——以江苏省为例［J］．服务经济，2016（9）．

善老龄事业发展和养老体系建设的支撑条件，统筹做好老年人经济保障、服务保障和精神关爱等制度安排，促进老龄事业发展和养老体系建设城乡协调、区域协调、事业产业协调，实现老龄事业的可持续发展①。

各地方政府也应根据辖区内的养老状况和老龄产业的发展情况，制定符合本辖区实际情况的老龄产业发展整体规划，科学地提出老龄产业发展的总体要求、主要目标、重点任务、保障措施等，并纳入经济社会发展规划，坚持把应对人口老龄化与促进经济社会发展相结合。要整合相关部门职能，统一机制，形成合力，从系统工程的高度制定详尽的老龄产业发展规划，出台老龄产业发展指导意见和实施细则②，并从土地、融资、补贴等多方面出台更加清晰化、体系化的老龄产业引导和扶持政策以及执行细则，切实保证相关政策真正得到落实，最终使老龄产业能够规范有序发展甚至加速发展，为经济发展创造红利。

### （二）明确项目选择，提供有力保障

PPP 模式作为我国政府目前力推的公私合营模式，具有风险共担、利益共享的特征，因此将 PPP 模式运用于现代养老服务事业和老龄产业，不仅能实现政府职能，还能发挥社会资本在运营管理方面的专业优势，促进养老事业的多元化发展。但由于我国现在的 PPP 项目主要集中在基础设施建设、环保等领域，尚未完全与现代养老服务产业结合，PPP 模式运用于养老服务项目无成熟经验可循，因此我们在实际应用时，要做好项目选择，因为并非所有的养老项目都适合用 PPP 模式来参与建设，政府等公共部门要承担起项目选择的重任，对项目应用 PPP 模式进行可行性分析和风险分析等，慎重确定项目的开发主体。

以我国的养老机构建设为例，目前的现状是市场上处于两端的设施简陋

① 中国网．中国老龄事业发展“十三五”规划（全文）［EB/OL］．http：//www.china.com.cn/policy/txt/2017－02/28/content_23478923.htm.

② 郭剑平，孙莉华．老龄产业热的冷思考——以江苏省为例［J］．服务经济，2016（9）．

的养老机构和豪华型的养老机构较多，要么就是政府兜底的、保基本的、设施简陋的敬老院，要么就是政府作为形象工程、不断加大投入、硬件条件和服务水平都远远超出基本需求范围的公办养老机构，或者是地产公司投资兴建的豪华的酒店公寓式的老年公寓，而真正符合大多数老年人养老需求的中档养老机构所占份额较低，呈现两头大、中间小的“哑铃型”结构，导致大量老年人的有效服务需求得不到满足。因此政府等公共部门应首先做好养老机构的分类管理标准，依据养老机构的服务对象及相应服务功能对其进行分类的精细化管理，建立统一的老年人入住养老机构评估标准，对哪些老年人可以入住由政府出资兴建的公办养老机构，而消费能力尚好、有更多服务需求的老年人又该入住怎样的养老机构等问题进行明确说明。要合理运用公私合营模式，保基本、守底线的公办养老机构仍由政府主办，但可以通过项目购买，将其中如食堂、清洁、维修等环节通过招标等方式交由私人部门来承担，以此提高服务质量和服务效益。同时更多地采用公建民营、公办民营的方式来举办养老机构，新建、租赁、资源整合等多举措并举，如政府提供土地，由私营机构来建设并运营养老机构或者政府主要负责兴建养老机构，而具体的运营则由专业性的社会组织和企业等市场力量来完成，还能利用私人机构的高端护理设施和技术，解决目前养老机构功能单一、护理水平低下的现状，公共部门再对其进行监督和评估。国家大力倡导兴办的社区居家养老服务中心，也可以通过由社区提供场地，与周围餐馆、家政服务公司合作的形式来完成对老人的助餐、助浴、助洁等服务，而不是由政府大包大揽。确定运用 PPP 模式的项目后，政府还应保证项目所需资源的供应和收益并对项目的实施进行监督、评估，为其提供支持，减少项目运行中的障碍，确保服务质量和效益，让市场力量成为养老机构运营主体的同时，通过 PPP 的合同关系，合理分担风险，共享收益，使公共部门和私人部门的合作能够有效而持续。

### （三）找准切入点，研究切实可行的合作模式

养老项目既可以由政府发起，也可以由市场主体发起，对于后者，政府

只需按照既有的政策给予政策支持和补贴，而对于由政府主体发起的养老项目，就需要政府更多投入。而同样地，在实践中，PPP 项目有着多种运作模式，如管理合同模式、委托运营模式、BOT 模式（建设—运营—移交）、BOO 模式（建设—拥有—运营）、TOT 模式（移交—经营—移交）等。PPP 项目没有最佳的运作模式，应该根据项目自身特点和参与者的管理、技术、资金实力等因素，选择合适的运作方式并对之进行优化调整。因此，如何针对不同的养老项目设计切实可行的合作模式是需要重点研究的问题。

1. 公建民营型养老机构项目的 PPP 运作模式

公建民营型养老机构项目一般可采用 BOT 运作模式。在该模式中，项目资产的所有权归政府所有。具体的运作模式是，政府或政府授权部门通过采购程序，选择合适的社会资本方与政府指定的出资主体共同设立项目公司，政府或政府授权部门授予项目公司特许经营权，在特许经营期内由项目公司负责养老项目的建设及运营管理。项目建设完成后，项目公司将相关养老设施提供给政府设立养老机构，并由项目公司负责项目设施的维修养护；进入运营期后，养老机构由项目公司进行托管运营，向养老人群提供养老服务，并向服务对象收取一定的费用；特许经营期满后，项目公司需将项目资产无偿移交给政府或政府指定部门。

在这一模式中，项目公司的收入来源主要有以下几个方面：（1）养老机构的托管收入，该部分费用一般由政府支付；（2）资产可用性服务收入（类租金），该部分费用一般由政府支付；（3）项目附带的其他经营性收入；（4）为保证项目可行性，政府提供的可行性缺口补助。

2. 民办非营利性养老机构的 PPP 运作模式

民办非营利性养老机构建设项目一般可采用类似 BOO 的运作模式。根据 2015 年民政部等十部门联合发布的《关于鼓励民间资本参与养老服务业发展的实施意见》（以下简称《实施意见》）的规定，项目资产的所有权归养老机构，但实际运作中投资者享有参与养老机构重大事项管理、获得合理回报等一系列权利。具体的运作模式是，政府或政府授权部门通过采购程序，选择合适的社会资本方与政府指定的出资主体共同设立项目公司，政府

或政府授权部门授予项目公司特许经营权，在特许经营期内由项目公司负责养老设施的建设及运营管理。项目建设完成后，项目公司以项目资产捐赠或项目资产出租的形式来设立非营利性养老机构，前一种形式项目资产所有权归养老机构，后一种形式项目资产所有权仍属于项目公司；进入运营期后，养老机构由项目公司进行运营管理，向养老人群提供养老服务，并向服务对象收取一定的费用，政府也需向养老机构提供相应的运营补助；特许经营期满后，项目公司可以选择继续运营或清算退出。

在这一模式中，项目公司的收入来源主要有以下四个方面：（1）养老机构的运营管理收入；（2）租金收入，根据《实施意见》的规定，以资产出租形式设立非营利性养老机构的，允许项目公司收取不高于市场公允水平的租金；（3）项目附带的其他经营性收入；（4）为保证项目可行性，政府提供的可行性缺口补助。

总之，政府需要根据实际需要来发起养老服务业的 PPP 项目，并将工作重心从具体的项目运作，转到强调规则程序制定、事中事后监管、法制信用建设等方面上来，为 PPP 养老项目的运作创造一个更加良好的环境。

## 二、健全法律，完善政策扶持体系

PPP 模式下，政府角色将由服务的直接提供者转变为管理监督者，成为项目利润的调节者和公共利益的维护者，一方面，政府要保证项目的盈利空间，考虑项目回报率的吸引力；另一方面，由于养老事业和老龄产业具有一定的公共物品的属性，政府也要考虑维护老年人利益，使价格在老年人可承受的范围内，让老年人有意愿且有能力来享受养老服务。因此，为了促进 PPP 模式能够得到更加规范的运用，同时吸引更多的社会资本愿意进入到老龄产业中，我们要重视针对 PPP 项目的法律法规建设，加强政策创制，加大政策扶持力度，为 PPP 项目在老龄产业领域的顺利开展提供良好的法律和政策支持。

## （一）重视立法支持，健全相关法律法规

PPP 概念下的新型公私合营模式客观上要求高度的法制化、规范化和追求契约精神。因为 PPP 项目通常投入大，回报周期长，社会资本在进入这样的项目时会考虑进入后的风险，如果没有相应的法律法规作为保障，有可能会导致风险的增加和成本的上升，从而影响 PPP 项目的有效运行，成为其进入公共服务项目的障碍。因此可以说，依法干预是 PPP 模式运行的基本方式。发达国家的经验也表明，制定完善的法律、法规是私营部门资本进入基础设施和公共服务供给领域的保障。德国就基于公私合作制项目招标的复杂性以及周期长、综合性强的特点，其公私合作制促进法明确要求引入竞争性谈判机制，选择最优合作对象以满足公共采购的目标需求。美国佛罗里达州有关公私合作的立法，也确立了一系列强化政府监督职能的法律制度，总检察长负责公私合作制项目的监督工作，同时，为保障公共利益，法律还禁止政府与私人企业共同拥有一家企业或以政府信用给私营企业提供担保，其目的就是为了阻隔国家信用与私人企业纠葛在一起，以保护“公共资金”的安全①。

我国现阶段还没有针对 PPP 模式的完善的法律体系，相关政策依据还主要是国务院以及各部门或地方依据国务院制定的管理办法，如《国务院关于鼓励支持和引导个体私营等非公有制经济发展的若干意见》（“非公经济 36 条”）和《国务院关于鼓励和引导民间投资健康发展的若干意见》（“新 36 条”）中鼓励、引导民间资本进入基础产业和基础设施领域、进入社会事业领域的规定；建设部发布的《市政公用事业特许经营管理办法》和《北京市城市基础设施特许经营条例》，没有专门关于 PPP 模式进入老龄产业发展方式的法律法规和指导方针。现有的这些部门规章或地方条例，不仅层级低、权威性不够，而且可变动性大，社会资本在与政府的接触过程中，面临

① 陈婉玲．公司合作制的源流、价值与政府责任［J］．上海财经大学学报，2014（5）．

着很大的风险。因此，我们亟须建立统一的基础性法律体系来对此进行规范。首先，由于 PPP 项目涉及面较为广泛，建议应先由全国人大制定政府与社会资本合作的基本法，明确政府与社会资本的合作领域、合作方式，确定 PPP 项目的融资、立项、投标、建设、运营、管理、质量、收费标准及其调整机制，对项目的排他性、争端解决机制，以及移交等环节作出全面、系统的规定，界定好部门之间的分工、协作、审批、监管等诸多问题①，为社会资本参与公共事业提供基本依据。其次，出台应用 PPP 模式参与养老事业和老龄产业的专门法律政策，明确各个利益相关主体在老龄事业发展中需要承担的责任和义务，强调保护合作各方的利益诉求，有效达到促进发展老龄事业的目的。再其次，地方政府和相关部门在基本法和专门法的基础上，要出台更加具体的实施规范，让 PPP 模式在养老事业和老龄产业发展中真正做到有法可依、有规可循，将项目的法律风险降到最低。最后，还要以地方法规、行业法、公司法、招投标法等法律法规作为配套，以其他文件规章作为指导。只有制定规范性、完整性的法律法规体系，为 PPP 机制的长效运行奠定良好的法治基础，才能提高社会资本参与公共事业和老龄产业的积极性，才能更好推动我国 PPP 项目和老龄产业的健康发展。

### （二）加强政策引导，完善政策扶持体系

近年来，有关老龄产业的政策密集出台，党的十八大明确提出要积极应对人口老龄化，大力发展老龄服务事业和产业，2013 年国务院出台的《关于加快养老服务业的若干意见》中也提到要统筹规划发展城市养老服务设施，大力发展居家养老服务网络，加强养老机构建设，加强农村养老服务，繁荣养老服务市场等；2015 年新修订的《中华人民共和国老年人权益保障法》中更是规定，积极应对人口老龄化是国家的一项长期战略任务，国家采取积极措施，发展老龄产业，将老龄产业列入国家扶持行业目录。扶持和引

① 刘薇. PPP 模式理论阐释及其现实例证［J］. 改革，2015（1）.

导企业开发、生产、经营适应老年人需要的用品和提供相关的服务。其中还包括要求放开养老服务市场，加强公私合作的指导文件，如 2015 年发布的《中共中央关于制定国民经济和社会发展第十三个五年规划的建议》中指出：要全面放开养老服务市场，通过购买服务、股权合作等方式支持各类市场主体增加养老服务和产品供给。从这些政策来看，社会资本进入老龄产业的发展应该是一路绿灯，但事实并非如此，这些政策大多重形式轻落实，反而成为制约社会资本进入老龄产业的瓶颈，亟待得到创新突破。

1. 明确土地用地政策

养老机构的用地问题是社会力量介入养老服务市场支付成本最高的一项，更是他们普遍面临的难题。根据住房城乡建设部等部门发布的《关于加强养老服务设施规划建设工作的通知》，城乡规划编制单位和城乡规划主管部门应严格贯彻落实人均用地不低于 0.1 平方米的标准[①]，然而在实际运行中许多民办养老机构用地仍然不能满足这个标准，无法享受到政策优惠。要解决这一问题，首先要从制度上予以明确。各地政府不仅要将养老机构建设规划纳入城乡总体规划布局，还要依法确定养老服务设施土地用途和年期，因地制宜地确定养老服务设施的服务半径和规模。对非营利性的养老服务设施主要采取土地划拨方式，对营利性的养老服务设施可采取协议出让、租赁等有偿方式供应，并对用电、用水、用气等给予一定的优惠。新建养老服务机构项目用地涉及新增用地的，若符合土地利用总体规划和城乡规划，应当在土地利用年度计划指标中优先予以安排。其次要加大资源整合力度，可由政府出面或鼓励社会力量对现有空闲厂房、学校、社区用房等进行改造和利用，兴办养老服务机构和建设养老服务设施，再给予租金上的补贴。最后要督促已有的政策落实到位，政府应协调相关部门建立协调推进机制和定期回访制度，统筹解决养老机构用地、场所等问题，为 PPP 项目扫清障碍。

---

① 中华人民共和国住房和城乡建设部．住房城乡建设部、民政部等部门联合印发《关于加强养老服务设施规划建设工作的通知》［EB/OL］. http：//www. mca. gov. cn/article/zwgk/mzyw/201402/20140200587266. shtml.

2. 放开限制，加大补贴和金融支持力度

养老机构的建设通常所需初始投资量大、利润空间小、回报周期长，因此很难对社会资本有吸引力，唯有发挥规模经济优势，走连锁化和品牌化的道路，才是持续健康发展的方向，但目前按照国家政策规定，民办非营利养老机构受民办非企业单位“不得设立分支机构”规定的制约，难以实现连锁化经营的市场要求。因此，应该放开对民办非营利养老机构的限制，使其能够品牌化和连锁化经营，走专业化发展的道路。同时为了增加养老机构对社会资本的吸纳，需要政府在税收、财政补贴、金融融资等方面有所作为。

在税收方面，可适当放宽税收优惠的范围，从增值税、消费税、营业税等方面对公私合营项目实行减征或免征。加大对民办养老机构经营活动中公益性活动的税收优惠力度，鼓励营利性养老机构也多从事公益性活动，发挥社会效益。同时社会和企业向养老机构的捐赠也可以抵税，并颁发荣誉奖项，以此来鼓励社会对养老服务事业进行捐助、对老龄事业发展的支持。

在财政补贴方面，可以建立 PPP 专项资金，提高对民办养老机构建设补贴、运营补贴、床位补贴等的标准，并将补贴资金纳入财政预算，提高政府购买社会养老服务的力度。划拨固定比例的福利彩票公益金用于扶持养老服务事业和老龄产业的发展，也可以直接对经济困难老人进行补贴，如补贴其入住费、护理费等。另外，政府等公共部门也要放开观念，正视市场上各种不同类型的养老机构或养老服务形式，将该发放的补贴和资金真正落实到位，使老人们的养老需求都能真正得到满足。

在金融融资方面，由于现在大部分民办养老机构属于民办非营利性质，国家对民办非营利组织规定不得盈利、不得分红，这就限制了其贷款资格，也制约了民办养老机构的进一步发展。另外，许多银行目前对养老服务行业的风险评估机制尚不成熟，缺乏对养老机构进行贷款审批的经验，大部分养老机构尤其是民办养老机构很难从银行进行贷款融资，只能通过收取老年人入住费用或社会捐助等方式来筹集资金，资金困难现象非常突出。因此政府财政部门要制定促进多元化融资的优惠政策，创新信贷产品、优化贷款审批流程、拓宽信贷抵押担保物范围。国家政策性银行发挥主导作用，增加针对老龄产业 PPP 项目的贷款，并给予利率上的优惠；同时引导商业银行、保险公司、基金等积极参与 PPP 项目，从而满足养老服务事业和老龄产业的信贷需求，为老龄产业的进一步发展提供资金保障。

3. 创新专业人才培养政策

由于 PPP 项目在我国属于新生事物，它的运作涉及政府管理、项目管理、投融资管理、风险管理、公共服务等多个领域，需要比较复杂的法律、金融、管理等方面知识，因此政府部门除了对项目的运作提供指导和支持外，还应加强人才培训工作，大力培养具备相关专业知识的复合型人才，尤其是要注重提高公共部门人员参与的专业能力和实践能力。可以采取与高校和专业化的培训组织进行合作的方式，通过实际的案例分析与考察、专业的人才资格认证体系等，培养公私合营模式的专业化人才。一方面，可以定期开展有关 PPP 项目管理的专题讲座和培训，使公共部门工作人员具备基本的 PPP 项目运营、管理等相关知识；另一方面，也可以与高校联合培养，高校通过开设相关专业，对学生进行专业系统的教育，从而为公共部门输送专业化的人才。

PPP 项目进军老龄产业不仅需要专业化的管理人员，更需要大量专业的养老服务人员。但由于养老服务人员，尤其是护理员工资待遇低、社会认可度低、工作强度大等原因，养老机构的服务人员一直存在着总量不足、质量不高的问题。因此要创新养老服务人员的培养机制，不再让养老服务专业人员的短缺成为制约我国老龄产业发展的因素，同时也只有养老服务人员的专业化水平得到了提高，养老服务行业的供给质量才能得到保障。一方面，我们可以借鉴“免费培养师范生”的成功经验，将养老服务专业人才培养列入国家职业教育重点目录，鼓励高校开设养老服务专业，由中央和地方财政专项列支，设立全国和区域性的“免费养老服务人员培养专项基金”，在学习期间减免学杂费、补贴生活费，并要求学生毕业后定点从事养老服务工作一定年限以上，对于未按要求从事养老服务工作的，则按规定退还已享受的免费教育费用并缴纳违约金。另一方面，一些大型养老机构还可以与中西部地区的卫校、职业教育院校等展开合作，由养老机构出资对学生进行教育和培

训，待学生学成后进入养老机构工作。另外，国家还可以建立养老服务人员技术职称评估评定制度，像众多职业资格评定一样，对养老服务人员进行以职业能力为主的技术等级评定和职业资格认证，并建立收入与职业资格级别相匹配的薪酬制度和动态调整制度。对那些长期从事养老服务工作的养老服务人员，国家和养老机构也要按工作年限逐年提高年度绩效奖励水平，提高其工资待遇，并为其缴纳社会保险，减轻其在生病或年老时的负担，使其在照顾别人的同时自己的生活也能有所保障，从而让养老服务人员能充满希望并无所顾虑地从事养老服务工作，增加这个行业对人们的吸引力。

## 三、加强管理，规范老龄产业的服务标准和定价机制

运用 PPP 模式推进公共服务项目和老龄产业的供给，政府等公共部门最重要的就是对其进行全面综合的管理，因为 PPP 项目都是公共投资项目，尤其是进军老龄产业的项目，涉及的都是公众利益，而维护公众利益是政府的职能之一，因此政府对整个 PPP 项目的运行和老龄产业以及养老机构的运作都负有管理的职责。同时更要利用市场在老龄产业资源配置中的决定性作用，发挥 PPP 模式的管理优势，提升养老机构内部的管理服务水平，最终做到政府部门与社会资本之间相互协调和互动发展，达到提供优质养老服务的目的。

### （一）建立管理机制，防范 PPP 项目的风险

PPP 项目尤其是涉及公共服务事业的项目，通常牵扯的利益实体较多、时间跨度较大，没有严格的管理贯穿始终是难以奏效的。从国外经验来看，成功实施 PPP 的国家大多建立了专门的 PPP 管理制度。以英国为例，其采用财政部与财政部专设任务小组共同负责和指导 PPP 模式的实施，给政府机构和私营部门提供咨询与指南。英国对 PPP 模式的推广已经形成了较为规范的

体系，除了财政部外，还有多家机构共同参与，包括伦敦国际服务局、国家审计办公室、公共委员会、地方项目监控组等，并根据不同类型的项目建立了不同的专门监管机构作为配套措施①。

由于 PPP 模式在我国目前还处于起步阶段，所以应首先从我国的国情出发，先建立由政府牵头，涵盖财政、发展改革、住建、交通等多个部门的专门管理机制，以加强其统筹协调作用，而后再随着 PPP 模式的成熟，发展到设立专门的管理机构对 PPP 项目进行管理。在管理内容方面，合同管理是 PPP 管理的核心，包括合同订立、合同履行、合同纠纷处理等。其重点是以全面、详细、规范的条款明确 PPP 参与各方的权责，具体包括项目成果标准、风险分担安排、公共服务范围变更程序、公共利益保护条款、纠纷处理条款等。风险管理也是 PPP 管理的重点，管理人员要对 PPP 项目进行可行性研究，并对项目运行过程中潜在的风险做出预测和总结，强化风险识别能力，合理评估各方承担风险的能力，根据收益原则进行风险识别，将运作过程中各个时期的风险进行合理分配②，以降低风险。PPP 模式的本质是公私合作，维持良好的公私伙伴关系是 PPP 项目有效运行不可或缺的条件，因此 PPP 管理小组的另一项任务就是 PPP 的关系管理，主要包括正式的报告管理和非正式的沟通机制，要求通过报告和沟通，提高 PPP 项目的透明度，杜绝项目建设和管理中的权钱交易、利益输送等行为。

### （二）加大管理力度，规范服务标准和定价机制

在对进军老龄产业的 PPP 项目建立科学的管理机制、进行有效的管理以外，政府也需要加大对整个养老服务业和老龄产业的管理力度，对其市场准入、服务标准、价格机制等进行明确，使老年人能够享受到公正合理的养老服务，切实维护老人们的利益。

---

① 孟春，王景森. 借鉴国际经验，完善我国 PPP 机制［J］. 经济研究参考，2014（36）.

② 甘国玲，姜姝珺. PPP 融资模式促进养老机构投资的研究［J］. 时代金融，2017（2）.

1. 建立不同类型养老机构的服务设施标准

政府部门可以根据不同类型养老机构的入住对象和服务内容需求等，将养老机构划分为自理型养老机构、助养型养老机构和护养型养老机构三类，由此规定不同类型养老机构的服务设施标准，如对自理型养老机构的全护理床位比例要求没有那么高，只需达到 20% 即可，护工人员与入住老年人比例可在 1∶10 左右，但必须配备图书室、娱乐室、体育运动场所等，使自理老年人能够锻炼身体，丰富自己的精神文化生活。助养型养老机构的全护理床位需达到 60% 以上，护工人员与入住老年人比例可在 1∶5 左右，机构内需安装无障碍设施、配备辅助器具等。而护养型养老机构的全护理床位则必须达到 100%，必须配备康复护理设施和辅助器具等，护工人员与入住老年人的比例也应维持在 1∶3 左右。

2. 建立统一的老年人入住养老机构评估标准

在老年人入住养老机构前，要对其进行身体状况和经济状况的评估，身体状况评估包括健康评估、认知评估、走失评估、抑郁评估等，依据评估结果确定护理等级，即确定老年人入住的养老机构类型；经济状况评估包括老年人的家庭状况评估、老年人的自身经济状况评估、老年人子女的经济状况评估、老年人与子女关系评估等，由此确定老年人入住的养老机构性质，是入住公办养老机构还是民办养老机构，再综合两方面的评估结果，确定老年人入住的养老机构。

3. 明确定价标准

财政部门需要明确养老服务行业的定价标准，根据市场价格来合理推算养老服务的定价区间，避免出现因价格机制导致的市场供给失衡的现象。对于由政府主办的公办养老机构，其运营费用主要来自财政部门的补贴，因此价格应低于养老服务行业的市场价格；对于非营利性民办养老机构，由于政府部门也对其进行建设和运营方面的补贴，因此其价格也不能高于市场价格，财政部门还需对其价格进行合理调整以补偿投资人，从而确保投资人能够取得正常合理的投资收益以维持机构的持续发展；而对于一些条件较好的营利性高档养老机构，其价格水平应与市场价格保持一致或略高于市场价格，但政府部门也有责任对其价格进行管理，确保机构提供合乎价格标准的服务，并要制止经销商将由于其管理不善造成的成本增加转嫁给公众消费者的不合理提价行为。

此外，政府部门还要确保这些标准机制的透明度，对所有的养老机构和老年人都一视同仁，使之能够公平公正地发挥作用。

### （三）加强养老机构内部管理，提升养老服务水平

对于入住养老机构的老年人来说，养老机构就是他们的“家”，老年人就是这个“家”的主人。因此，养老机构的设计理念、管理服务、设施设备都应以满足老年人的需求为主，符合“家”的理念。特别是随着老年人群综合素质的提高，他们对养老服务的质量要求也越来越高，而对于 PPP 模式下的养老机构来说，社会资本投资方为了实现利润最大化，只有在机构运营的过程中，增加资金投入，实现管理的规范化、服务的专业化、设施设备的安全性，提高养老服务的专业化水平和供给质量。

1. 提升管理水平

提升养老机构的管理水平，首先要完善其管理的体制机制，实行科学化、规范化、专业化的管理。按照管理职能和服务功能合理规划，实行院长负责制下的层层负责制，明确分工，定岗定责、定管理流程、定服务标准，并把每项要求细则都以制度成文的形式予以明确并对外公布，确保所有的工作人员和老年人都能知晓。其次要走信息化管理的道路，建立信息化管理系统，开展智慧养老，为机构内每位入住老人都建立健康档案并实时更新，确保老年人在突发意外或健康受损需要到医疗机构接受治疗时，能随时调出其健康档案进行查看。尤其是在多地连锁经营的养老机构，要确保每个机构都能随时查看所有老年人的健康档案，为旅居老年人提供保障。再其次要做好风险易发点的检查与监控，定期对机构内事故易发的卧室、卫生间、楼梯、走廊等存在的风险进行检查和预测，必要时采取措施积极应对，做好风险易发点的风险防范和监控工作。最后还要建立规范的反馈协调机制，经常性地

与老年人及其家属举行座谈会与其进行沟通交流，不仅使家属们对老年人的健康状况有详细了解，还能收集老年人及其家属的反馈意见，积极采纳他们对机构及服务人员的合理化建议，提高管理服务质量。

2. 提供专业化的服务

养老机构亲情化的服务水准，需要服务人员具有娴熟的业务技能和高尚的职业道德。因此，养老机构一要建立养老服务人员培训制度，通过内部培训和外部交流，提高他们的专业能力；二要加强养老服务人员的素质教育，随着步入老年期，人们的综合素质越来越高，他们也希望服务人员的素质能够随之提高，这样他们提出的诉求更易被理解，与服务人员的交流也能更方便；三要通过机构内的人文关爱机制，如健康体检制度、休假制度等福利制度，增强服务人员的归属感、责任感和荣誉感，这样他们也能在机构内感受到温暖，从而更加用心工作，更加关爱、呵护老年人。

3. 完善服务设施设备

养老机构的硬件设施是保障老年人入住安全、便利、舒适的基础，养老机构要根据老年人的需求特点，对机构进行科学规划与建筑，提供符合老年人居住条件的住房，并配备相应的设施设备，如配备医疗康复设施和辅助器具、安装紧急呼叫装备、设置无障碍通道、安装无障碍设施、装有监控录像等。通过不断完善养老机构的硬件设施设备，既注重安全性，也注意实用性、便利性和舒适性，真正让老年人体会到“家”的感觉。

## 四、完善监督，建立养老机构的行业评估和社会评议机制

PPP 模式进军老龄产业，只是改变养老服务或产品的提供方式，即由原来的政府直接提供转变为公私部门合作提供，养老服务在社会经济中的基础性和公共性地位没有改变，为了防止社会资本的进入可能带来损害公众利益的风险，维护其公共性的本质，政府部门在对其进行全面综合管理的同时，

还需要加强监督，建立健全针对 PPP 项目和养老机构的监督机制，引入第三方评价体系，建立行业评估和后评价机制，使养老服务事业和老龄产业走上规范有序发展的道路。

### （一）完善监督机制，规范项目发展

科学的监督机制应该将监督置于项目的整个环节和层面，实现监督的依据、过程以及处理结果的有机统一。

第一，要完善针对整个养老服务业和老龄产业的“监督清单”，实行标准监督。对监督标准进行全面梳理和细化，明确监督主体、监督范围、监督形式、监督内容等问题。各部门按照划分的监督主体确认分内的监督范围和监督内容，着重对分级分类、安全卫生、风险防范、应急管理等重点环节进行查漏补缺，优化完善。同时，还要对检查操作标准，如检查的实施、询问、材料收集、核对等检查事项建立目录化的操作标准，并予以制度化的规范，实现监督检查的常态化。

第二，要完善针对 PPP 项目运营的监督。主要是针对 PPP 项目合同的监督，因为在 PPP 项目运用于养老服务领域的过程中，项目有关的所有权利、义务和经济关系等都是通过严密的合同约定的。政府部门应及时监督合同的执行情况，一旦发现有违背合同的行为出现，应该及时纠正错误，推动 PPP 项目的良性发展。

第三，要完善针对养老机构的监督。政府监管部门应适度地控制养老机构市场准入、协调养老服务价格和监督养老服务水平。对养老机构的管理规范化程度、管理制度是否健全、风险管理计划的制定与执行、工作人员的专业技能培训等方面进行定期或不定期的监督检查，提高养老机构运作的规范化程度。同时，在监管过程中政府部门要审时度势，避免由于监管过多造成的寻租泛滥，养老机构投资成本被人为加大，损害社会资本方和公众的利益，影响养老机构提供养老服务的效率。

第四，政府部门在强化监管的同时，必须保证监管规则的透明度，将监

管过程向社会公开，降低监管的复杂性，保障私人部门所合理的资本利益，吸引更多的私人组织愿意参与同政府部门的合作，提供更多、更好的养老服务。

### （二）引入第三方评价体系，建立行业评估和社会评议机制

受传统体制的影响，基于公共性，我国公共服务和基础设施等监督机构一般都内设于政府部门，因此政府部门既是公共服务制度的“安排者”，又是公共服务产品的“提供者”和“监督者”。在大力倡导公私合作模式后，政府部门虽然摆脱了公共服务直接“提供者”的身份，但依然身兼制度的“安排者”、项目的“合作者”和“监督者”等多重角色，而政府角色的错位、职能混淆都可能成为影响公共服务产品发展的关键因素①。这就需要我们在公共服务的提供过程中引入独立的第三方评价体系，依靠专家、社会组织、行业协会、志愿者、社会公众等人员组成的第三方评估队伍，对公共服务的提供进行检查评估，确保公共服务的质量和效益。同样，对养老服务业和老龄产业的运作也应如此。

首先，我们可以依靠专家的专业知识，对养老服务行业的准入、退出、行政许可、等级评定、评估年检等制度的实施情况进行核查和监督，确保每项制度都落到实处，能够真正发挥作用。其次，依靠各类专业的社会组织对养老机构的运营进行监督，如审计组织定期对养老机构的财务状况进行审查，社会工作组织对养老机构的人员、设施、服务、护理状况等情况进行检查等，通过专业社会组织的监督，确保养老机构规范运作。再次，要重视行业协会的作用，组建养老服务行业协会、护理协会等行业组织、协会，建立行业评估机制，通过同行的机构互相评比打分，利用行业间的相互交流和学习，提高行业整体的服务水平和质量，促进养老服务行业的健康发展。同时也不能忽视广大社会公众的监督力量，尤其是广大入住老年人及其亲属、志

① 陈婉玲．基础设施产业 PPP 模式独立监管研究［J］．上海财经大学学报，2015（6）．

愿者等服务人员，要建立社会评议和公示制度，定期或不定期地向他们收集对养老机构的评价意见，要求养老机构对评价较低的地方进行整改，并向社会公布检查评估结果和整改方案，确保养老机构的功能真正得以实现。最后，各监督组织一定要保证其独立性，以确保监督结果的公正性，使对养老服务业的监督能够真实有效，从而使养老服务能够真正朝良性的方向发展。

## 五、依托技术，拓展养老服务发展新思维

无论是互联网、物联网还是大数据、云计算，这些最新的信息技术都在助力智慧养老概念的产生。作为以互联网为支撑，依托现代信息技术的智慧养老方式，涉及面广，涵盖老年人的生活照料、健康管理、安全保障、应急救助、娱乐休闲和学习分享等诸多方面，通过便捷、高效、灵活的服务与管理，能够实现现代科技与老年人的智能互动，促进老年人在物质生活和精神生活方面不断提高，提升老年人养老生活的幸福感。

### （一）以需求为导向，构建“互联网＋”养老服务新体系

无论以何种方式提供养老服务，以老人的需求为根本都是首要的，养老服务的完善就是养老服务资源与养老需求不断优化匹配的动态过程。因此，智慧养老模式的构建首先要体现以老年人需求为中心的理念，以尊重老年人、读懂老年人为前提，了解不同层次老年人的实际需求，使老年人从心底接受智慧养老服务和使用智能养老产品，而不是为智慧化而智慧化，从而使之成为闲置资源。

一是做好前期的需求调研工作，考虑老年人的生理特点和真实需求，了解老年人最急需、最棘手、最渴望解决的难题，如日常照料、医疗康复、生活服务等；二是充分了解老年人对新事物的了解程度、使用意愿、价格期望等，根据老人的接受意愿来构建智慧养老服务平台和设计智能养老服务产

品，避免投入资金后出现设施闲置的现象，使之未能真正发挥作用，造成资源浪费；三是老年人在使用智能产品过程中，要不断对其服务满意度进行调查，根据老年人使用情况和评价进行分析，并及时进行调整和更新，使智能产品的设计更具有针对性和有效性，真正解决老年人的多样化需求，提高养老服务的效率，降低成本，促进老年人与家人、老年人之间的互动，提升老年人对服务的满意度和生活的幸福度。

在先进的科技手段支撑下，以智慧养老为契机，我们更要积极探索和完善虚拟养老院、云医疗、智能家居等养老服务平台和产品，充分利用信息技术与养老服务深度融合，实现互联网与传统家庭养老、社区养老和机构养老等养老服务方式的互融互通，改革传统养老服务行业，解决养老领域“最后一公里”问题，构建内涵丰富、品种多样、适应中国老龄社会发展的“互联网+”养老服务新体系，不仅能够让老年人享受更为专业、便捷的养老服务，更能整合各方资源，减轻政府负担，提高服务效率。

### （二）强化创新，优化智慧养老平台设计

老年人能否接受智慧养老这一新模式，很大程度上取决于使用是否方便、价格是否相对低廉和值得信赖，因此，必须不断加强创新，完善和优化智慧养老平台的设计。首先，通过政策引导，鼓励企业结合老年人生理习惯以及认知因素等群体特征开发出更适合老年人应用的信息科技产品与服务，注重智慧养老服务软件平台的性能稳定与界面友好，操作起来稳定、方便、快捷，让平台兼具技术高新化和操作“傻瓜化”。其次，加强软件的日常运行维护，做好后期保障服务，不断提高和完善软件的兼容性、稳定性、安全性，解决好老年人关心的隐私保护问题。最后，智慧养老服务内容要注重功能全面，既要包含家政服务、医疗护理、精神慰藉等常规性服务，还要有针对性地提供个性化服务，如针对低龄老人要更加关注精神文化生活方面，如舞蹈、棋牌、摄影等。中高龄老人和失能半失能老人侧重于居家养老服务，如助浴、助急、助餐和医疗保健服务，开展健康讲座、家庭医生诊疗等。通

过建立完善的养老信息服务平台、便携式的养老服务终端、完善的养老服务热线、养老服务求助系统和救援系统、养老服务反馈评估系统，让老年人能够充分感受到通过智慧养老平台提供的服务更有助于提高自己晚年的养老生活，从而得到老人的信赖和认可，提高设备的利用率和普及率①。

此外，建立系统性的数据库，实现数据共享也是优化智慧养老服务平台的举措之一。我们在进行数据的收集、存储、挖掘时，要将海量、零碎信息形成一个系统性的数据库，以打破“数据孤岛”问题，使老年人的数据信息能在养老、医疗等多个平台间实现共享，从而能够更高效地为老年人提供服务。同时，还要建立数据分析与决策辅助平台，发现数据的潜在价值，如以直观、动态的多维报表、图形形式展现给管理方和需求方，使管理方能够更直观地知晓老年人的状况，以便及时调整对老年人的养护方案，使需求方也就是老年人能够更有针对性地提出自己的需求，接受服务。也就是说，利用数据的共享和深度挖掘能够更好地确定正确的服务发展方向，使之主动响应和精准服务，从而实现资源的优化配置，推动养老服务行业的发展。

### （三）加大宣传，开展老年群体再教育

智慧养老涉及的都是最新、最前沿的互联网技术，对于老年群体来说，如何让他们跨越这个技术鸿沟，了解和接受智能化的养老方式，并能够正确掌握和熟练使用智能设备来享受养老服务，也是当前推动智慧养老亟须解决的一个问题。

因此，我们首先要加大宣传，一方面，根据老年人认知特点进行信息技术入户宣传和指导，通过多种方式，营造智慧养老模式的环境氛围。例如，借助老年人活动中心等非正式团体或通过家属亲朋的宣传间接影响老年人用户对智慧养老的接受和使用，使老年人减少对智能化养老方式的排斥。另一方面，针对目前已开发出来的一些优质智慧养老项目受益覆盖面窄，并没有

---

① 屈贞. 智慧养老：机遇、挑战与对策［J］. 湖南行政学院学报，2016（3）.

得到有效利用的情况，主管部门要就各地试点的运行模式、成效、经验等方面进行总结和评判，推出一些成功典型范例，通过新闻媒介给予宣传，为其他地方发展智慧养老提供参考和借鉴。智慧养老模式的建立和完善是一个渐进式发展的过程，前期的宣传推广非常重要。其次要加强老年人的信息技术和智能设备教育，可以在居家养老服务站点或者养老机构等老年人集中的地点成立老年人信息技术培训班，将信息技术教育作为智慧养老的重要环节。针对老年人互联网知识缺乏、智能设备操作障碍等问题，根据老年人的认知特点设计相应的教学模式，通过强化训练、以老带新等手段让老年人掌握互联网技术，能够熟练操作智能设备，化解老年人因科技恐惧症而带来的智慧养老适应不良现象，从而为智慧养老奠定良好的基础。

## 六、积极引导，提高老年人的有效消费需求

在人口老龄化背景下，随着经济社会的转型、家庭规模的缩小、成员的流动以及结构变化使单纯依靠血缘关系的家庭养老已经无法满足日趋增多的养老需求。只有将养老服务由家庭转向社会，实现养老服务社会化，才能拓展养老需求，发展养老服务业和老龄产业。但是受传统文化和“养儿防老”观念的影响，目前许多老年人还是无法接受社会化的养老方式，再加上消费观念保守，重储蓄、轻消费，不愿意花钱购买社会化的养老服务方式，子女们也碍于社会舆论的压力，怕背上不孝的名声，不敢将老人送到养老机构去。因此，我们要积极引导，创造社会化的养老氛围，提高老年人的养老消费需求。

### （一）拓展社会保险，提高老年人的消费支付能力

由于我国老年人的收入水平普遍不高，支付能力有限，很多老年人无法承担商业化的养老服务，即使是较低的福利性收费服务，有些老年人也难以接受。所以我们需要增加对老年人的补贴，拓展社会保险的范围，使老年人

有能力来满足自己的养老需求。一是要增加对老年人的补贴，如高龄补贴、护理补贴、养老服务补贴等相关福利补贴，尤其要落实对失能、失智、失独老人的补助制度，改变过去只对养老机构进行投入的单一做法，对每个入住养老机构的老年人也给予一定的补贴，加大老年人自由选择的权利，激励那些做得不太好的养老机构进行改进，以吸引更多老年人入住。二是要推进养医结合，将基本医疗保险融入养老服务。因为虽然现在很多民营或民办非营利的养老机构内部都配置了自己的医院，能向机构内入住老年人提供医疗服务和药品，但大多数养老机构内的医院并没有纳入医保，对药品价格也没有实行无差价制度，所以老年人在机构内的医院看病拿药普遍偏贵，而很多老年人都患有慢性病，需要长期服药或治疗，这样就不利于他们利用身边的医疗资源。所以，卫生部门应对这些养老机构内设医院、医疗点出台专门的政策，放开限制，降低准入门槛，通过医保政策体现对养医结合的支持，使他们能够更便捷地为老年人服务。三是要在社会保险的基础上探索建立长期照护保障制度。我国现有的社会保险五大险种中，大多是针对就业阶段的失能险种，所以无法满足老年人护理服务的需求。我国可以通过“先试点、后扩展”的方式，探索建立长期护理保障制度，采取与商业银行、保险公司合作的模式，政府、单位和个人共同缴费、风险分担的方式，对有支付能力的老年人鼓励其购买长期照护保险，对无支付能力的老年人给予补助，以此来使老年人愿意接受照护，从而推动长期照护保障制度的发展。通过这些扶持政策和措施来提高老年人的支付能力，使他们敢于消费、乐于消费、放心消费，愿意从市场购买相应的养老服务，最终促进养老服务业的发展。

### （二）转变传统的养老消费观念，创造社会化的养老氛围

我国现阶段的老年人，大多经历过经济困难时期，因此崇尚节俭，生活节约，很多还有要把钱留给子女，认为养老是子女不可推卸的责任，因此购买养老服务的意识不强，甚至对养老机构有着本能的排斥，更加不愿意花钱住进养老机构。所以要加强引导，改变老年人及其家人对社会化养老服务方

式的偏见，接受购买养老服务的消费理念。一方面，要加大宣传，通过政府部门和养老机构的宣传，让老年人及其子女了解社会化的养老方式，从而愿意去了解社会化养老服务的信息，体验社会化养老的服务方式，使其在体验过程中消除抵触心理，并产生依赖感，从而改变老年人的消费心理。另一方面，养老机构要通过了解老年人的消费需求，打造如家般的养老氛围来吸引老年人。养老机构以老年人的需求为主导来提高服务质量，丰富服务内容，让老年人及其家人对机构产生安全感和归属感，从而改变传统的家庭养老观念。

# 参考文献

[1] 柴效武．一种以房养老的贷款方式：住房反抵押贷款［J］．金融教学与研究，2004（3）：46－48.

[2] 柴效武．以房养老——理念与模式［M］．北京：清华大学出版社，2017.

[3] 柴效武，余中国．住房养老保险模式及其微观经济效应分析［J］．人口与经济，2004（3）：70－75.

[4] 陈海钰．英国、日本社会养老服务体系研究及其经验借鉴［J］．湖北经济学院学报（人文社会科学版），2017，14（6）：72－74.

[5] 陈辉．PPP 模式手册：Public－private－partnership guide：政府与社会资本合作理论方法与实践操作［M］．北京：知识产权出版社，2015.

[6] 陈健，黄少安．遗产动机与财富效应的权衡：以房养老可行吗?［J］．经济研究，2013，48（9）：56－70.

[7] 陈莉，卢芹，乔菁菁．智慧社区养老服务体系构建研究［J］．人口学刊，2016，38（3）：67－73.

[8] 陈丽．“公办民营”机构养老服务模式研究——以北京市月坛街道敬老院为例［D］．北京：首都经济贸易大学，2015.

[9] 陈其一，海然，王勇．浅析日本养老服务事业体系发展经验的启示［J］．河南建材，2015（1）：126－128.

[10] 陈滟冰．人口老龄化背景下我国城市养老服务体系建设研究［D］．南京：南京大学，2015.

[11] 陈颐，叶文振．台湾人口老龄化与产业结构演变的动态关系研究

[J]. 人口学刊，2013，35 (3).

[12] 陈易恒. 供给多元化视角下的养老服务体系建设研究 [D]. 西安：西北大学，2019.

[13] 陈友华，施旖旎. 最后一根救命稻草：以房养老的美国经验与在中国的实践 [J]. 国际经济评论，2016 (6)：8，146－157.

[14] E. S. 萨瓦斯著. 民营化与 PPP 模式：推动政府和社会资本合作 [M]. 周志忍译. 北京：中国人民大学出版社，2015.

[15] 封丹. PPP 模式试水养老产业 [J]. 科技智囊，2015 (7).

[16] 付晶. 我国社会养老服务体系建设存在的问题及对策建议 [J]. 中外企业家，2020 (19)：248.

[17] 高迪. 智慧社区养老模式评价研究 [D]. 青岛：青岛理工大学，2018.

[18] 耿永志，王晓波. "互联网＋" 养老服务模式：机遇、困境与出路 [J]. 深圳大学学报 (人文社会科学版)，2017，34 (4)：109－114，122.

[19] 龚艳萍. 互联网＋社区＋居家养老产业发展研究——以荆门市为例的养老产业 PPP 项目思考 [J]. 荆楚学刊，2016，17 (1).

[20] 关鑫. PPP 模式在养老机构建设中的应用研究 [D]. 大连：东北财经大学，2013.

[21] 郭柯. "公建民营" 养老机构在发展方面的问题研究——以成都市温江区择一城为例 [D]. 成都：西南财经大学，2016.

[22] 郝丽，张伟健. 基于大数据的 "医疗—养老—保险" 一体化智慧社区养老模式构建 [J]. 中国老年学杂志，2017，37 (1)：226－228.

[23] 郝涛，徐宏，岳乾月等. PPP 模式下养老服务有效供给与实现路径研究 [J]. 经济与管理评论，2017，33 (1)：119－125

[24] 何佳玲，郝红莲. 养老产业 PPP 项目的风险分析及对策研究——以河北省为例 [J]. 经营者管理，2017 (3).

[25] 何圆圆. 我国 "智慧养老" 存在的问题与对策研究 [D]. 济南：山东大学，2019.

[26] 黄民安. 发展住房反抵押市场对我国居民和社会福利的影响[D]. 北京：清华大学，2013.

[27] 黄易，谢中欧，李玙璠. PPP 模式在养老产业中的应用前景分析[J]. 科教导刊，2017 (26).

[28] 贾素平. 养老机构管理与运营实务 [M]. 天津：南开大学出版社，2013.

[29] 姜若愚，刘奕文，杨子江. 中国健康养老产业运营实务丛书：养老地产开发运营模式 [M]. 昆明：云南大学出版社，2014.

[30] 李超. 中国老龄产业发展研究 [M]. 北京：中国人民大学出版社，2015.

[31] 李莉. 养老产业 PPP 项目新模式的探索研究 [J]. 管理观察，2017 (2).

[32] 李梅花. 日本、韩国人口老龄化与老年人就业政策研究 [D]. 长春：吉林大学，2014.

[33] 李云凤. 公办民营式养老机构运营模式研究——以北京市 H 老年公寓为例 [D]. 北京：中国青年政治学院，2013.

[34] 李仲生. 欧盟人口老龄化与劳动力不足 [J]. 西北人口，2008 (5).

[35] 刘柏惠. 养老服务体系的国际比较与可行选择 [J]. 改革，2016 (4)：124-133.

[36] 刘洪海. 我国社会养老服务体系建设研究 [D]. 天津：天津大学，2012.

[37] 刘杰锋，朱沙，曾胜. 以房养老：理念、模式和经验 [J]. 西部论坛，2014，24 (3)：32-39.

[38] 刘秀红. 美国老年社会保障政策的历史考察 [J]. 安徽师范大学学报（人文社会科学版），2002 (2)：167-171.

[39] 刘一楠. 民办养老产业“盼”政策落地 [J]. 宁波经济（财经视点），2015 (10).

[40] 刘云. 政府在智慧居家养老服务中的作用研究 [D]. 西安：西北

大学，2017.

［41］柳如眉，柳清瑞．人口老龄化、老年贫困与养老保障——基于德国的数据与经验［J］．人口与经济，2016（2）．

［42］卢德平．略论中国的养老模式［J］．中国农业大学学报（社会科学版），2014，31（4）：56－63.

［43］陆云亮．智慧养老存在的问题及对策研究［D］．徐州：江苏师范大学，2018.

［44］罗艳，石人炳．虚拟养老院服务质量评价体系初探［J］．华中科技大学学报（社会科学版），2016（5）．

［45］马光德，郑生钦，司红运等．PPP模式下的养老地产战略联盟研究［J］．项目管理技术，2016，14（8）．

［46］马凯旋，侯风云．美国养老保险制度演进及其启示［J］．山东大学学报（哲学社会科学版），2014（3）：88－95.

［47］马骁．当代瑞典养老服务体系研究［D］．济南：山东大学，2016.

［48］孟晓苏．论建立"反向抵押贷款"的寿险服务［J］．保险研究，2002（12）．

［49］倪明选，张黔，谭浩宇，罗吴蔓，汤小溪．智慧医疗——从物联网到云计算［J］．中国科学：信息科学，2013，43（4）：515－528.

［50］牛毓政，王赛松，毛新宇．PPP模式应用于居家养老的案例分析［J］．企业改革与管理，2017（6）．

［51］钱雯蕾．基于PPP模式的宁波市养老服务产业现状分析与对策研究［D］．武汉：武汉纺织大学，2017.

［52］桑培东，陈晓蓁．基于PPP模式的我国养老地产发展模式［J］．工程建设与设计，2016（7）．

［53］沈芷薇，杨裕澄．基于PPP模式的我国养老产业发展的路径研究［J］．中国集体经济，2018（4）．

［54］史雨婷．基于医养结合的社会养老服务体系研究［D］．保定：河北大学，2017.

[55] 水名岳. 以房养老：方案与对策 [M]. 上海：东方出版中心，2018.

[56] 宋全成，崔瑞宁. 人口高速老龄化的理论应对——从健康老龄化到积极老龄化 [J]. 山东社会科学，2013 (4).

[57] 睢党臣，彭庆超. “互联网 + 居家养老”：智慧居家养老服务模式 [J]. 新疆师范大学学报（哲学社会科学版），2016，37 (5)：128 - 135.

[58] 台恩普，陶立群. 促进老龄产业发展的机制和政策 [M]. 北京：科学出版社，2009.

[59] 王海霞. PPP 模式应用于我国养老机构建设的研究 [D]. 北京：财政部财政科学研究所，2014.

[60] 王维，刘燕丽. 农村养老服务体系的整合与多元建构 [J]. 华南农业大学学报（社会科学版），2020，19 (1)：103 - 116.

[61] 王卫利. 改为浅析中国养老产业 PPP 模式下的发展 [J]. 大陆桥视野，2017 (14).

[62] 王玮. 积极老龄化视角下我国养老服务体系建设研究 [D]. 长春：吉林大学，2019.

[63] 王延中，龙玉其. 我国养老服务体系建设的进展、问题与对策 [J]. 中国浦东干部学院学报，2018，12 (2)：122 - 129.

[64] 魏华林，金坚强. 养老大趋势：中国养老产业发展的未来 [M]. 北京：中信出版社，2014.

[65] 吴萍，吴珊珊. 养老机构地产 PPP 项目合作伙伴选择研究 [J]. 建筑经济，2016，37 (7).

[66] 吴玉韶，王莉莉等著. 中国养老机构发展研究报告 [M]. 北京：华龄出版社，2015.

[67] 武志红. 我国运行 PPP 模式面临的问题及对策 [J]. 山东财经学院学报，2005 (5).

[68] 席恒，任行，翟绍果. 智慧养老：以信息化技术创新养老服务 [J]. 老龄科学研究，2014，2 (7)：12 - 20.

[69] 肖文印. 我国老龄房地产业理论研究现状与思考 [J]. 老龄科学

研究，2014，2（3）：11－20.

［70］熊景维，钟涨宝，李奥奇．保障替代、代际契约与信息引致："以房养老"参与意愿的影响因素——基于武汉市中老年人调查数据的实证分析［J］．人口研究，2017，41（1）：46－58.

［71］闫青春．养老机构的"公办民营"与"公建民营"［J］．社会福利，2011（1）.

［72］杨团．公办民营与民办公助——加速老年人服务机构建设的政策分析［J］．人文杂志，2011（6）.

［73］姚东旻，李军林．条件满足下的效率差异：PPP模式与传统模式比较［J］．改革，2015（5）.

［74］尹银．日本的养老经验与对策［J］．外国问题研究，2009（2）：17－22.

［75］张瑾．我国养老服务体系建设重点问题探究［M］．北京：中国经济出版社．2018.

［76］张婧．PPP模式在准经营性基础设施项目中的风险管理模型研究——以昆明新亚洲体育城为例［D］．昆明：昆明理工大学，2007.

［77］张俊浦．日本养老经验对我国社会养老服务体系建设的启示［J］．改革与战略，2014，30（8）：136－140.

［78］张雷，韩永乐．当前我国智慧养老的主要模式、存在问题与对策［J］．社会保障研究，2017（2）：30－37.

［79］张苏，王婕．健康老龄化与养老服务体系构建［J］．教学与研究，2013（8）.

［80］张晓杰．医养结合养老创新的逻辑、瓶颈与政策选择［J］．西北人口，2016（1）.

［81］张洋．我国社会养老服务体系完善研究［D］．长春：东北师范大学，2016.

［82］张志雄．社区互助养老服务体系构建研究［D］．长沙：湖南师范大学，2016.

［83］章晓懿，刘永胜．利益相关者理论视角下的养老机构运行风险研究［J］．上海交通大学学报，2012（6）．

［84］章勇．基于 PPP 模式的土地储备项目的实用性研究［D］．昆明：昆明理工大学，2013．

［85］赵佳寅，袁毅，崔永军．我国虚拟养老院的信息化服务模式建设研究［J］．情报科学，2014（2）．

［86］赵晓芳．健康老龄化背景下“医养结合”养老服务模式研究［J］．兰州学刊，2014（9）．

［87］浙江省发展和改革委员会课题组．加快发展浙江老龄产业——关于发展浙江老龄产业的研究和建议［J］．浙江经济，2011（4）．

［88］中国 PPP 产业大讲堂．PPP 模式核心要素及操作指南［M］．北京：经济日报出版社，2016．

［89］周迪雯．以 PPP 模式支持我国社会养老机构建设的对策研究［D］．昆明：云南财经大学，2013．

［90］邹继征．我国养老体系完善与养老产业发展研究［M］．北京：新星出版社，2015．

［91］左美云．智慧养老的含义与模式［J］．中国社会工作，2018（32）：26－27．

［92］左美云．智慧养老的内涵、模式与机遇［J］．中国公共安全，2014（10）：48－50．

［93］左显兰，张君华．虚拟养老院：社区居家养老服务模式的升级［J］．改革与战略，2013（9）．

［94］Albert P. C. Chan，John F. Y. Yeung，Calvin C. P. Yu，Shou Qing Wang，Yongjian Ke. Empirical Study of Risk Assessment and Allocation of Public－Private Partnership Projects in China［J］. Journal of Management in Engineering，2011，27（3）．

［95］Alfen H W，Kalidindi S N，Ogunlana S et al.，Public－Private Partnership in Infrastructure Development：Case Studies from Asia and Europe［M］//

Public – Private Partnership in Infrastructure Development: Case Studies from Asia and Europe, Vol 7. Bauhaus – Universität Weimar, Faculty of Civil Engineering, Chair of Construction Economics, 2012.

[96] Asheem Shrestha, Toong – Khuan Chan, Ajibade A. Aibinu, Chuan Chen, Igor Martek. Risks in PPP Water Projects in China: Perspective of Local Governments [J]. Journal of Construction Engineering and Management, 2017.

[97] Chien Hsien Lee, Yue – Hwa Yu. Service Delivery Comparisons on Household Connections in Taiwan's Sewer Public – Private – Partnership (PPP) Projects [J]. International Journal of Project Management, 2010, 29 (8).

[98] De Li Yao, Ze Chao Du, Yang Hu. Application of EFQM – Based Excellence Model in PPP Projects [J]. Applied Mechanics and Materials, 2012, 1801 (174).

[99] Diana Car – Pušić. PPP Model Opportunities, Limitations and Risks in Croatian Public Project Financing [J]. Procedia – Social and Behavioral Sciences, 2014, 119.

[100] Eziyi Offia Ibem. Public – Private Partnership (PPP) in Housing Provision in Lagos Megacity Region, Nigeria [J]. International Journal of Housing Policy, 2011, 11 (2).

[101] Gurjar N. Public – Private Partnerships in Projects [M] //A Forward Looking Approach to Project Management. Springer Singapore, 2017.

[102] Hariati Abdullah Hashim, Maimunah Sapri, Sheau – Ting Low. Public Private Partnership (PPP) Facilities Management for Healthcare Services in Malaysia [J]. Journal of Facilities Management, 2016, 14 (4).

[103] Hrovatin N. Public – Private Partnerships in Slovenia: Reverse Financial Innovations Enhancing the Public Role [M] // Innovations in Financing Public Services. Palgrave Macmillan UK, 2010.

[104] Ismail N, Izumi T, Shaw R. Malaysian Experiences: Public – Private Partnership Involvement in Disaster Risk Reduction in Community Resilience in Ma-

laysia [M] // Disaster Management and Private Sectors. Springer Japan, 2015.

[105] Jasper Kim, Michelle Han. Education Financing and Public – Private Partnership Development Assistance Model [J]. Procedia – Social and Behavioral Sciences, 2015, 177.

[106] Jinbo Song, Danrong Song, Xueqing Zhang, Yan Sun. Risk Identification for PPP Waste – to – Energy Incineration Projects in China [J]. Energy Policy, 2013, 61.

[107] Jonas Jakaitis, Narimantas Kazimieras Paliulis. Public – Private Partnership: Improving Landscape Quality of Modern Communities [J]. Journal of Architecture and Urbanism, 2013, 37 (1).

[108] Khalid Almarri, Paul Blackwell. Improving Risk Sharing and Investment Appraisal for PPP Procurement Success in Large Green Projects [J]. Procedia – Social and Behavioral Sciences, 2014, 119.

[109] Lina María Sastoque, Carlos Alejandro Arboleda, Jose Luis Ponz. A Proposal for Risk Allocation in Social Infrastructure Projects Applying PPP in Colombia [J]. Procedia Engineering, 2016, 145.

[110] LiYan Tang, Qiping Shen, Eddie W. L. Cheng. A Review of Studies on Public – Private Partnership Projects in the Construction Industry [J]. International Journal of Project Management, 2009, 28 (7).

[111] Mario Arata, Marcello Petrangeli, Francesco Longo. Innovative Approaches to Implement Road Infrastructure Concession through Public – Private Partnership (PPP) Initiatives: A Case Study [J]. Transportation Research Procedia, 2016, 14.

[112] Mohan M. Kumaraswamy, Aaron M. Anvuur. Selecting Sustainable Teams for PPP Projects [J]. Building and Environment, 2007, 43 (6).

[113] Nikolai Mouraviev, Nada K. Kakabadse. Conceptualising Public – Private Partnerships [J]. Society and Business Review, 2012, 7 (3).

[114] Olesen N. European Public – Private Partnerships on Cybersecurity –

An Instrument to Support the Fight Against Cybercrime and Cyberterrorism [M] // Combatting Cybercrime and Cyberterrorism. Springer International Publishing, 2016.

[115] Raymond E. Levitt, Kent Eriksson. Developing a Governance Model for PPP Infrastructure Service Delivery Based on Lessons from Eastern Australia [J]. Journal of Organization Design, 2016, 5 (1).

[116] Robert Eadie, Phillip Millar, Rory Grant. PFI/PPP, Private Sector Perspectives of UK Transport and Healthcare [J]. Built Environment Project and Asset Management, 2013, 3 (1).

[117] Rodríguez – Monroy C, Coello N, Calvo F. Application of Public Private Partnerships to the Spanish Airport System [M] // Industrial Engineering and Complexity Management. 2013.

[118] Schwalb L. Public Private Partnerships im Empirischen Feld Lokaler Politik und Ihrer Steuerung [M] // Kreative Governance? VS Verlag für Sozialwissenschaften, 2011: 21 –25.

[119] Shuibo Zhang, Ying Gao, Zhuo Feng, Weizhuo Sun. PPP Application in Infrastructure Development in China: Institutional Analysis and Implications [J]. International Journal of Project Management, 2015, 33 (3).

[120] S. Thomas Ng, Yoki M. W. Wong, James M. W. Wong. Factors Influencing the Success of PPP at Feasibility Stage – A Tripartite Comparison Study in Hong Kong [J]. Habitat International, 2012, 36 (4).

[121] Suhaiza Ismail, Fatimah Azzahra Harris. Challenges in Implementing Public Private Partnership (PPP) in Malaysia [J]. Procedia – Social and Behavioral Sciences, 2014, 164.

[122] Suharman Hamzah, Sakti A. Adisasmita, Tri Harianto, M. Saleh Pallu. Private Involvement in Sustainable Management of Indonesian Port: Need and Strategy with PPP Scheme [J]. Procedia Environmental Sciences, 2014, 20.

[123] Tie Lan Teng, Jing Feng Yuan, Qi Ming Li. Analysis of the Forma-

tion Path of the Residual Value Risk in Public Private Partnership Projects Based on SEM Method [J]. Advanced Materials Research, 2015, 3716 (1079).

[124] Tong Yang, Ruyin Long, Wenbo Li. Suggestion on Tax Policy for Promoting the PPP Projects of Charging Infrastructure in China [J]. Journal of Cleaner Production, 2018, 174.

[125] Yelin Xu, Albert P. C. Chan, Bo Xia, Queena K. Qian, Yong Liu, Yi Peng. Critical Risk Factors Affecting the Implementation of PPP Waste - to - Energy Projects in China [J]. Applied Energy, 2015, 158.

[126] Yelin Xu, Chengshuang Sun, Miroslaw J. Skibniewski, Albert P. C. Chan, John F. Y. Yeung, Hu Cheng. System Dynamics (SD) - Based Concession Pricing Model for PPP Highway Projects [J]. International Journal of Project Management, 2011, 30 (2).

**图书在版编目（CIP）数据**

PPP 模式促进老龄产业发展研究/张韬著．—北京：
经济科学出版社，2021.4
ISBN 978 -7 -5218 -2534 -3

Ⅰ.①P… Ⅱ.①张… Ⅲ.①政府投资 - 合作 -
社会资本 - 应用 - 老龄产业 - 产业发展 - 研究 - 中国
Ⅳ.①D669.6

中国版本图书馆 CIP 数据核字（2021）第 081458 号

责任编辑：宋艳波
责任校对：孙　晨
责任印制：范　艳　张佳裕

**PPP 模式促进老龄产业发展研究**
张　韬　著
经济科学出版社出版、发行　新华书店经销
社址：北京市海淀区阜成路甲 28 号　邮编：100142
总编部电话：010 - 88191217　发行部电话：010 - 88191522
网址：www.esp.com.cn
电子邮箱：esp@esp.com.cn
天猫网店：经济科学出版社旗舰店
网址：http://jjkxcbs.tmall.com
北京季蜂印刷有限公司印装
710×1000　16 开　20 印张　300000 字
2021 年 4 月第 1 版　2021 年 4 月第 1 次印刷
ISBN 978 -7 -5218 -2534 -3　定价：76.00 元
**（图书出现印装问题，本社负责调换。电话：010 - 88191510）**